민족지도자 안재홍 연보 3

민족지도자 안재홍 연보 3

초판 1쇄 발행   2022년 12월 31일

편   자 | 황우갑
펴낸이 | 윤관백
펴낸곳 | 선인

등   록 | 제5-77호(1998.11.4)
주   소 | 서울시 양천구 남부순환로 48길 1
전   화 | 02)718-6252 / 6257
팩   스 | 02)718-6253
E-mail | sunin72@chol.com

정   가   23,000원

ISBN 979-11-6068-765-1   94900
ISBN 979-11-6068-431-5   (세트)

※ 이 책은 평택시의 후원으로 제작하였습니다.

민족지도자 안재홍 연보 3

황우갑 엮음

(사)민세안재홍선생기념사업회 기획

선인

자신의 내면적 사명을 수행하며 영혼을 위해 사는 것이야말로,

가장 효과적인 사회생활의 개선에 봉사하는 길이다.

- 레프 톨스토이, 『인생이란 무엇인가』 -

　일제 강점기에 9번에 걸쳐 7년 3개월이라는 경이적인 옥고를 치른 안재홍이 감옥에 있을 때 읽었던 책의 목록에는 러시아의 대문호 레프 톨스토이의 『인생이란 무엇인가』도 있다. 톨스토이가 15년간의 구상을 거쳐 동서양 여러 성인들의 경구와 함께 인생에 대한 자신의 성찰을 담아 일기 형식으로 쓴 이 책은 1910년대 동경에 유학중인 조선인 유학생들에게도 많은 영향을 끼쳤다. 당시 일본 와세다대학에 유학중이었던 민세는 늘 일기를 쓰면서 하루 일과를 반성하고 불면의 밤을 보냈다. 때로 극히 예민해져서 신경증에 걸린 적도 있다. 대단한 독서가였던 민세는 아마 일본어판으로 번역된 톨스토이의 여러 소설도 읽었을 가능성이 크다. 영미권 문학평론가들이 추천한 세계 1위 소설 작품이 톨스토이의 『안나 카레리나』라고 한다. 여기에 등장하는 주인공 레빈은 민세(民世)라는 호를 지으며 '늘 민중과 함께 가라. 즉 민중의 일을 함께 가도록 하라'고 다짐하며 농민도(農民道)의 중요성을 일깨우고 농촌 계몽을 강조했던 청년기 민세의 생각과 많은 부분에서 유사성을 발견할 수 있다. 추후에 톨스토이의 수필과 소설을 꼼꼼하게 읽어보며 민세의 삶에 큰 영향을 끼친 톨스토이의 사상을 분석해보는 것도 흥미롭겠다는 생각을 하게 됐다.

　이번에 발간하는 『안재홍 연보 3』은 민족지도자 민세 안재홍이 1919년 3·1운동 직후인 그해 11월 대한민국 청년외교단 사건으로 1차 옥고를 치른 이래 시대일보 논설기자를 시작으로 조선일보 주필과 부사장으로 활동하면서 3차례의 옥고를 치르는 1928~1929년 시기의 주요 활동과 글을 연보형식으로 묶은 것이다. 『안재홍 연보 2』가 신간회 창립이 있던 1927년 한해의 활동을 정리한 것에 비해 3차례의 옥고가 있던 이 시기는 감옥에 있는 기간이 많아서인지 글의 양이 상대적으로 적다. 이 시기 조선일보 부사장이었던 민세는 1929년 5월에 생활개신운동을 7월에는 문자보급운동을 전개했다. 또한 만주에 있는 조선동포들의 문제에 많은 관심을 가지고 재만동포옹호운동에도 적극 참여했다. 이번 발간 자료에도 그동안 정리가 된 적이 없는 다수의 글들을 실었다. 1929년 9월 하순 광주와 무등산 일대 답사자료는 2005년 발간된 『민세 안재홍 선집 6권』에는 일부만 실려있는 자료였다. 다행히 2020년 조선일보 창간 100년 기획으로 나온 '조선뉴스 라이브러리 100'의 자료의 도움을 받아 전문을 다 실을 수 있게 되었다. 기존 연보 작업과 마찬가지로 이번 『안재홍 연보 3』도 가능한 원문의 뜻은 살리되 현대어로 풀었다. 3권 작업도 역시 2015년 한국학중앙연구원 지원으로 나온 '안재홍 전집DB' 작업이 큰 도움이 되었다. 자료 정리에 힘써주신 정윤재·김인식·이진한 교수님과 윤대식 교수님을 비롯한 민세 연구자들께 감사드린다. 한국 근·현대를 읽고 정리하는 역사 자료로써 조선일보의 소중한 가치도 한껏 느낄 수 있었다.

이 『안재홍 연보 3』도 안재홍기념사업회 강지원 회장님과 여러 이사님, 민세선생 유가족 여러분, 지인들의 꾸준한 격려가 있어 나올 수 있었다. 3권 표지 작품 사진 사용을 허락해 주신 이수연 작가님께도 감사드린다. 또한 이 책은 평택시의 지속적인 후원이 있어 출간이 가능했다. 정장선 평택시장님과 이창현 복지정책과장님, 이은희 보훈팀장님, 오정은 주무관님께도 감사 드린다. 부족한 원고를 편집해서 한 권의 소중한 책으로 만들어 주신 도서출판 선인 윤관백 사장님과 편집자님께도 고마움의 뜻을 전한다.

아내와 두 딸들의 응원은 늘 큰 힘이 됐다. 가끔 "아빠는 맨날 민세 할아버지만 생각한다"는 두 딸들의 불평도 듣지만 성인이 되면 아버지가 왜 그토록 이 일에 몰두했는지를 알게 되는 날이 오기를 바란다. 역사는 왜 민세와 같이 공동체를 위해 고군분투한 사람을 기억해야하는지 알려주고 싶다는 신념 하나로 이 작업에 참여하고 있다. 『안재홍 연보』발간은 엮은이의 능력이 여러 가지로 부족해서 1934~1938년 전통이 부정되고 '조선다움'이 천시되던 암울한 시기에 고향 평택 두릉산방에서 절친이었던 위당 정인보와 함께 다산 정약용의 문집『여유당전서』교열에 몰두했던 일에 비할 바는 아니다. 다만 이 작업이 훗날 여러 연구자가 참여하게 될『안재홍 전집』발간에는 커다란 도움을 줄 수 있으리라 생각한다. 민세에 대한 이해를 넓히는 데 벽돌 한 장을 놓는 심정으로 연보 발간에 꾸준히 힘쓰고 있다. 민세 연보 완간까지 건강을 잘 관리하며 무사히 이 작업을 마칠 수 있기를 하느님께 기도드린다.

2022년 11월 30일
민세선생 탄생 132주년에
엮은이 황 우 갑 씀

목 차 _____

제1장
민족지도자 안재홍
1928~1929년 이야기

■ 민족지도자 안재홍 1928~1929년 이야기

　민세는 일제 강점기 국내 독립운동을 이끈 핵심 인물이다. 1919년 3·1운동 직후 대한민국청년외교단 사건으로 1차 옥고를 치른 이래 조선일보 필화, 신간회운동, 군관학교 사건, 조선어학회 사건 등으로 9차례 걸쳐 7년 3개월 동안 옥고를 치렀다. 또한 민세는 1924년 시대일보 논설기자를 시작으로 조선일보 주필·부사장·사장을 지냈고 해방 후 한성일보 사장을 역임하며 언론을 통해 민족의식 고취에 힘쓰며 다수의 논설과 시평을 발표했다. 민세는 1930년대 이후 일제의 식민사학에 맞서 한국 고대사와 단군연구에도 힘썼다. 1934년 9월 위당 정인보와 함께 다산 정약용 선생의 문집 『여유당전서』전 76권을 교열 간행하며 조선학운동을 실천했다. 해방 후에 민세는 건국준비위원회 부위원장, 국민당 당수, 좌우합작 위원, 미군정 민정장관, 2대 국회의원 등으로 활동하며 통일민족국가 수립에 힘썼고 『신민족주의와 신민주주의』, 『한민족의 기본진로』 등을 집필 대한민국 건국의 이념적 기초를 제공한 정치가이자 정치사상가였다.

　『안재홍 연보 3』은 1928~1929년의 주요 활동과 쓴 글을 정리한 것이다.

　1927년이 신간회의 창립과 함께 총무간사로서 전국을 누비며 각 지역 지회창립을 독려했던 가장 행복하고 희망에 찬 시기였다면 1928~1929년은 언론 필화와 신간회 민중대회 사건 등으로 3차례의 옥고를 치르며 생애 두 번째 고난을 연거푸 겪던 시기였다. 『안재홍 연보 2』의 자료를 통해 확인한 것처럼 1927년 시기 안재홍의 거침없는 비판적 항일 사설은 일제의 입장에서는 눈엣 가시와 같은 것이었다. 그러기에 1928~1929년 시기의 연속적인 옥고는 이미 예견된 것이나 다름이 없었다.

요약하면 1928년에는 신간회운동의 민족협동전선 구축에 힘쓰다가 일제에 대한 비판 사설로 2차례 옥고를 치뤘다. 1929년 초에 감옥에서 나온 민세는 4월 조선일보 부사장에 취임해서 생활 개신운동, 문자보급운동을 전개하고 9월에 광주와 무등산 일대를 답사하고 기행문을『조선일보』에 연재했다.

민세는 1928년 1월『조선일보』에「보보전진의 신일년」,「재만동포와 제대책」등을 기고했고 25일 이관구가 쓴 사설「보석지연의 희생」으로 투옥되었다. 2월에는 초에 보석으로 나와서 15일 신간회 창립 1주년 기념식에 참석 축사를 하고「가증할 파쟁」을 기고했다. 3월에는「야인도와 노동도」,「보통교육과 기회균등의 문제」,「실제운동의 당면문제」등을 기고하고 월남 이상재 1주기 추모식에 참석했다. 4월에는「사안에 비춘 천도교」,「공학실시와 군사교련」,「구명운동」등을 기고했으며 언더우드 박사 동상 제막식에 참석하고 조선물산장려회 이사로 취임했으며 28일에 금고 4개월의 판결을 받고 2차 옥고를 치렀다. 5월에『별건곤』에「내가 자랑하고 싶은 조선 것」을 기고하고 소년조선총동맹 주최 제1회 경성어린이날 행사에 참석 축사를 했고 사설「제남사건의 벽상관」을 썼으나 이로 인해 21일 금고 8개월이 구형되어 3차 옥고를 치렀으며 조선일보는 5월 7일부터 9월 21일까지 신문발행이 정지되었다. 이에 5월 28일 보석이 취소되어 서대문형무소에 수감되었고 1929년 1월 26일 출옥하였다. 이후 고향 평택군 두릉리에 내려와 진위 만기사와 온양온천 등에서 요양을 했다.

민세는 1929년 4월 2일『조선일보』부사장에 선임되었으며「경남도의 제2 성명서」,「조선인 이주가 더 급하다」를 기고했고 생활개신

간담회에 참석했다. 5월에는 『신생』에 「과학지식에 대하여」를 기고하고 「생활개신에 대하여」, 「생활개신을 고조함」, 「생활개신을 선양함」을 기고하고 생활개신운동을 본격 전개했으며 조선비행학교 개교, 소년소녀 기행렬, 상공연합 대운동회 등에 참석했다. 6월에는 「흉년과 그 예방책」, 「하기와 귀향학생」, 「통일난과 통일에의 요구」를 기고하고 중등학교 야구 연맹전과 남녀현상웅변대회와 제1회 전조선여자농구선수권 대회에 참석했다.

7월에는 「의외 공소한 조선지식」, 「소년조선의 동요」, 「귀향학생 문자보급반」, 「귀향 남녀학생 제군에게」 등을 기고하며 한글보급과 문맹퇴치운동의 필요성을 강조하고 생활개신연구회 행사 등에 참석했다. 8월에는 『조선지광』에 「생활개선문제에 대한 나의 소견」을 기고하고 『조선일보』에 「약진, 그러나 물러서서」, 「온돌탄」, 「소년조선의 동요」, 「어린이에게」를 썼다. 9월에는 『삼천리』에 「삼천리 선구자론」을, 『별건곤』에 「경성에 와서 무엇을 배울 것인가」를 기고하고 「재외 조선인의 국제적 지위」를 썼으며 신간회 경성지회 강연회와 조선권투구락부 발족식, 근화여학교 졸업식에 참석했다.

10월에는 『조선일보』 광주·전남지역 간담회 참석차 무등산과 증심사, 탑산공원 등을 답사하고 기행문을 연재했다. 또한 제1회 경평축구대회와 제1회 경성소년축구대회에 참석 축사를 하고 「소위 정신적 병합문제」를 썼다. 또한 조선어사전편찬위원회에 발기인으로 참석했다. 11월에는 『삼천리』에 「계모의 비극」을 기고했으며 「광명 없는 조선」을 썼고, 월간 『중성』 동인으로 참여했으며, 전문학교 축구연맹에 참석 축사도 했다. 12월에는 「무언:무언은 위대하냐?」, 「세계는 언제 평화할까?」, 「침울한 조선의 겨울」을 썼다. 24일에는 신간회 민중대회 사건으로 불구속 송치되어 4차 옥고를 겪었다.

제 2 장
1928년

■ 1928년

○ 1928년 1월 1일 보보전진(步步前進)의 신일년(新一年)

『조선일보』에 신년을 맞아 「보보전진(步步前進)의 신일년(新一年): 투쟁적(鬪爭的) 결속(結束)의 도정(途程)에」라는 제목으로 사설을 썼다. 신간회 창립 1주년을 맞이하며 그 각오를 다지는 내용으로 1928년에는 심각한 억압의 상황을 극복하기 위한 피땀어린 노력이 필요하고 대중적 훈련과 정진으로 투쟁적 결성의 길로 굳게 나갈 것을 호소하고 있다.

　어떠한 끊임없이 일어나는 대중의 분망(紛忙)한 동작 속으로 줄기차게 지속하던 1927년은 이제 또 지나갔다. 간 것을 뒤받아서 오는 것을 열어야할 뜻깊은 1928년의 첫날을 맞이하였다. 의의(意義) 많으나 또 무한한 파란을 각오하게 하는 다음의 1년은 헌걸차게[1] 우리 앞에 대여서는 것이다. 우리 2천 3백만 대중은 어떠한 의기(意氣)와 결심으로 이 신년을 맞이할까? 삭풍한설(朔風寒雪) 천지도 오히려 얼듯한 이 장엄숙살(莊嚴肅殺)한[2] 기상속에서 끝없이 솟아나는 감격·약동·뜨거운 의식의 아래에서 이 신 1년을 맞이하지 아니할 수 없는 것이다. 오뇌(懊惱)로부터 투쟁(鬪爭)에! 이렇게 우리는 1927년의 첫날에 부르짖었다. 그리하여 장지익신(壯志益新)[3]한 신일년(新一年)!을 맞이하

---

1)　늠름하고 당당하게.
2)　매우 냉랭하고 쌀쌀한.
3)　큰뜻을 더욱 새롭게 하는.

기를 약속했다. 회의와 절망의 운무(雲霧)중에서 한줄기 광명을 찾고 있는 광야(曠野)에 널리 대중을 바라보면서 그윽히 그러나 심각하게 기대하는 그들의 마음속을 체현(體現)하여서 국면전개의 새로운 투쟁을 준비할 것을 선서하면서의 부르짖음이었다.

이제 이 의의(意義) 많았던 옛 1년이 가고 의의(意義) 많은 새 1년이 옴에 임하여 우리는 더욱 전의(戰意)를 고무하면서 일념맹진(一念猛進)하지 아니할 수 없다. 그러나 동지여! 아니 우리 2천 3백만 대중이여! 피로하냐? 그 피로하냐? 어찌 더불어 투쟁적 결속의 여정으로 보보전진(步步前進)할 결심을 하지 아니할 것이냐?

그 내재적 요구에 입각하고 또 세계적 정세에 책응(策應)해서 전민족적 정치투쟁의 수도(首途)[4]에 오르려고 준비하던 1927년은 다사(多事)했다. 억압과 반동이 의연히 발작하는 중에도 퇴영(退嬰)·겁나(怯懦)[5]함이 없이 다음으로부터 다음에 자못 웅맹(雄猛)한 투쟁을 대중의 손에 잡아쥐게 되었던 지난 1년은 패배의 1년인 양 그 실은 무한한 전의(戰意) 고조와 투력(鬪力) 함양의 1년이었다. 보아라 석권천하(席捲天下)의 형세로 발전되는 민족단일정당 수립운동을 중심으로 중외(中外) 각지에서 일어나는 지방적이요 그러나 전선적(全線的)인 규탄·폭로·항쟁적이던 운동은 가장 존귀한 역사적 작업으로써 우리에게 부과되었던 것이 아니던가? 모멸과 유린! 그리고 음울하고 암담한 속에서 오히려 항쟁과 개척의 웅맹한 길을 헤치고 나온 우리의 지난 1년의 회고와 한가지로 전개되려는 새로운 1년의 전선(戰線)에 안마(鞍馬)를 끌를 사이 없이 그대로 곧장 나서지 아니할 수 없는 것이다.

그는 구름과 노을과 같이 늘어서있는 호대(浩大)한 적진의 형

4) 앞길.
5) 겁이 많고 마음이 약한.

세를 바라보면서 또 승리의 날이 아직도 가깝지 않은 것을 인식하면서 오직 보보수책(步步樹柵)·행행습진(行行習陣)하는 엄준 또 침통한 순난적(殉難的)⁶⁾ 전진을 해야 할 것이다. 2천 3백만 대중은 모두 함께 이 전개되는 전선(戰線)을 형성하게 하기 위하여 또 성세(聲勢)를 더욱 웅장(雄壯)하게 하기 위하여 통일·집중의 길로 나와야 할 것이다.

반동과 억압의 기세는 과거의 일이라고 볼 수 없다. 아니 우리는 오히려 더욱 심한 반동과 억압을 예감할 수 있는 것이다. 뿐만아니라 우리 조선인은 지금 도리어 해내 해외를 통해 공전(空前)한 수난기에 빠져있는 것이다. 규탄폭로와 항쟁적인 고양(昂揚)하는 대중동작이 1년을 가진 것은 겹겹이 닥쳐오는 해내·해외에서의 수난을 의미하는 것이요, 재만(在滿) 수백만 동포의 머리 위에 떨어지는 재난과 한가지로 일본에 있는 수만 노역하는 동포들이 각각(刻刻)으로 당면하는 모든 사고까지 아울러 우리 조선인은 실로 들어닥치는 비보(悲報)에 경악을 말할 겨를조차 가지지 못하는 것이다. 이 위난과 모멸이 거의 세계적으로 우리에게 집중됨을 볼 때 어찌 참연(慘然)·의연(毅然)히 그 단련과 항쟁을 통해서 일조(一條)의 혈로(血路)를 열기를 제각가 피와 땀과 다무는 입과 부르르떠는 주먹으로 결심하지 아니할 자이냐?

우리는 비애를 말하지 않고 더욱 낙망을 생각하지 않는다. 그러나 누가 이 중중첩첩(重重疊疊)한 대중적 수난의 시기에 있어서 허위의 환희와 헐가(歇價)⁷⁾의 장담을 할 자이냐? 보아라 지나간 미증유(未曾有)의 수난이 우리 조선인을 휩싸고 있는 것을 당면해서 누가 그 배족적(背族的)⁸⁾인 한때의 편안함을 탐낼 자이냐? 나오라! 민족적 총역량을 집중하여서 점진적 훈련을 겪어

---

6) 국가 사회적 위기에 처해 의로이 목숨을 바침.
7) 싼값.
8) 민족을 배반하는.

가면서 투쟁적 결속을 굳건히 해야할 이 1년에!

이것을 국제적 정세에서 보자! 안정을 그리워서 돌진하려는 자본주의 제국가의 총연합적 체계는 자연붕괴의 도정에서 헐떡이듯 발악하는 영제국을 중심으로 세계 이르는 곳마다 그 독염(毒焰)[9]을 발휘하고 있다. 그리고 위난을 겁내는 양 도리어 성장의 보무(步武)를 내디딛는 사회주의국가의 파괴적 위력을 대상으로 신구 양대 진영은 갈수록 그 전의의 첨예화를 조장하고 있다. 또 중도에 좌절하여 거의 치명상을 생각하게 하는 중국의 국민혁명운동은 의연히 세계의 신화란(新禍亂)의 원소를 발효시키고 있다. 그리하여 열강의 사이에서 촉성되는 신군비확장의 경향은 자본주의 국가의 자체의 충돌을 준비하는 듯, 더욱 세계적 화란이 가까워옴을 직감하게 한다.

안으로 대중적 수난이 지나간 미증유(未曾有)의 준열을 체험하게 하고 밖으로 세계적 화란(禍亂)의 수레바퀴가 시시각각으로 닥쳐오는 것을 보고 되려 단념과 무관심, 또 나태의 미워할 정치적 죄악을 저지를 자는 없을 줄 안다. 그러므로 우리는 부르짖는다. 민족적 총동원을 하여라! 그리하여 우리의 머리위에 떨어지는 위난을 움켜잡고서 대중적 훈련과 전진으로 투쟁적 결성의 길을 굳건하게 나아가게 하여라! 웅맹하게 그러나 가장 주도면밀한 초기의 용심(用心)[10]으로 이 당면한 역사적 순간을 나아가자! 2천 3백만 조선인 대중이여!(『조선일보』, 1928년 1월 1일, 1면 3단).

---

9) 독가스.
10) 마음을 씀.

〈사진 1〉 안재홍 신년 사설 「보보전진의 신일년」 (『조선일보』 1928. 1. 1)

O 1928년 1월 1일 1927년의 세계대세

『조선일보』에 「1927년의 세계대세」라는 제목으로 1월 8일까지 7회 연재했다. 당시 국제정세의 본질적 특징을 강고해진 자본주의 국가와 무산계급 국가의 대립상태의 첨예화라고 분석하고 있다.

1917년은 러시아혁명이 성취되던 해이다. 주의와 사상의 공명 혹은 배치되는 여하를 묻지 아니하고 그것은 세계사상 하나의 중대사항이다. 지금 우리가 보내는 1927년은 1917년 이래 반듯한 10주년에 상당했다. 1918년은 세계대전란이 그 옛날 미증유의 대참화를 끝맺은 해였다. 이 세계의 대전란이 인류생존의 운동 사상 획기적인 신기원을 만들게 한 점으로 보아서 퍽 중대한 사건인 것은 떠들 필요가 없다. 그리고 지금 우리가 맞이하는 1928년은 또 전란 종식후 10주년이 되는 것이다. 오늘날의 사회적 정세에 있어서 10주년의 세월은 짧지 아니한 과정이 되는 것이요. 따라서 변동되는 세계의 정세는 또 명백한 역사적 특

징을 가지게 되는 것을 일반의 구안자(具眼者)[11]는 체시(諦視)[12]
하게 되는 것이니 1927년 세계대세는 이러한 의미에서 자못 가
치와 흥미를 가지는 것이다.

　1928년 직후에 있어 이러한 비평을 시도한 자가 있다. 니콜
라이 레닌[13]은 파괴 세력의 본존(本尊)이요 로이드 조지는 건설
세력의 총수(總帥)라고 한 것이니 여기에는 일부의 진리가 있다.
즉 레닌으로 대표 또는 상징되는 소비에트 러시아는 전세계 신
흥계급을 그 동지로 현상타파·사회변혁의 힘의 원천이 되려는
것에 대해 로이드 조지[14]로 대표되는 영제국은 항상 보수 세력
을 대표하여 현상유지 자본주의 옹호의 호방책(護方策)을 파지
(把持)하는 본진이 되던 것이다. 이 형세는 오늘날에 와서 한층
명백하고 또 위험성이 증대되었다.

　즉 자본주의 안정을 추구, 구가하는 열국(列國)은 볼드윈과 체
임벌린의 영국 보수당의 영국, 아니 소위 완강파(頑强派)의 책동
조차 움직이는 자연적 붕괴의 과정에서 헐덕이면서 발악하는 영
제국을 중심으로 자못 광란적 약진을 하려함에 대해 내홍(內訌)
과 역전의 소식이 때때로 적측에 경희(驚喜)[15]를 돕게 됨을 불계
(不計)하고 그 경제적·정치적 제조건에서 자못 강고한 기초를
쌓아올린 소비에트 러시아는 또한 10년 이래 일찍이 없던 공포
의 주체로서 중첩(重疊)한 적진속에 걸립(傑立)[16]하게 되었다.

　그리하여 강고해진 자본주의 국가와 강고해진 무산계급 국가
의 대립상태의 첨예화, 이것이 현하 국제정세의 본질적 특징을
짓고 있는 것은 논자의 정견이 있는 바로 이미 독자의 견해를 부

---

11)　식견과 안목이 있는 사람.
12)　충분히 꿰뚫어 보다.
13)　레닌(V. Lenin)(1870~1924) 러시아 10월 혁명을 주도하여 세계 최초의 사회
　　주의 국가 소련을 건국한 지도자이자 혁명가.
14)　로이드 조지(D.G.Lloyd)(1863~1945) 1차 세계대전 시기 영국의 총리를 지낸
　　정치가로 현대 복지국가의 청사진을 제시함.
15)　몹시 놀라 기뻐함.
16)　뛰어나서 우뚝솟음.

칠 바 아니다. 자본주의 국가의 전체계와 무산계급국가의 대립
관계는 거의 전세계적으로 모든 방면에서 그 갈등의 현상을 나
타내니 유럽 대륙에서와 영제국에서와 기타 전동방 피압박민족
의 나라에서 온갖 형태로 발로됨을 열거할 수 있다.

그리고 이러한 주체적인 방면을 떠나서 자본주의 국가 자체내
의 충돌과 갈등이 또 심상치 않은 역사적 작업을 인간세계에 가
져오려하고 있다. 아르코스하우스의 침입, 영국과 러시아의 단
교는 그 가장 선명한 예이요, 북경에서 러시아대사관을 수색한
사건을 책두(策頭)[17]로 최근 광동의 공산당소탕사건 같은 것은
그 간접적 발로인 것이다.

요컨대 전동방 피압박민족의 반제국주의적 운동을 통해 자본
주의국가와 무산계급 국가와의 대립형태는 모든 순간에서 파괴
의 위협을 보지(保持)하고 있는 바이거니어와 중국의 국민혁명
운동에 대한 열국(列國)의 무력간섭 기세가 짙어지는 것과 한가
지로 무거운 국제적 분위기를 항상 부동적(浮動的)인 불안의 생
각을 품게하는 것이다.

즉 첨예화한 양대세력의 관계로 하여금 시시각각으로 구차한
평강을 깨뜨리는 시기에 접근하게 하는 것이다. 그리고 반항제
국주의의 피압박민족의 동맹의 성립같은 것은 이에 관한 일단
의 빛줄기를 더하게 되었다. 이외에 국제경제회의, 해군군축회
의를 중심으로 추이와 전개된 열강간의 정세와 남북아메리카에
서 강렬하게 발로되는 미합중국의 제국주의 정책 또는 그의 동
방에 대한 진출과 책동이라든지, 정변 이후 일본의 적극정책 주
장같은 것은 모두 세계대세를 지배하는 경위(經緯)가 되는 것이
다(『조선일보』, 1928년 1월 1일, 1면 3단).

---

17) 필두(筆頭), 처음.

O 1928년 1월 3일 재만동포의 안정과 민족단일당의 완성

『조선지광』에 「당면 문제에 대한 제견해: 재만동포의 안정과 민족단일당의 완성」이라는 제목으로 기고했다. 만주지역에 살고 있는 조선동포들이 쫓겨나는 2가지 주요한 원인을 제시하고 중국인들에게 조선인이 처해있는 현실을 이해시키고 이 문제가 1928년 신간회운동이 해결해 나가아할 핵심 과제임을 이야기하고 있다.

현하 당면한 문제로는 우선 재만동포(在滿同胞)의 안정문제를 말하겠습니다. 이 문제야 말로 그 질로 보아서는 퍽 복잡합니다. 무엇보다 재만동포가 압박과 구축(驅逐)[18]을 당하는 것은 일본의 대륙정책의 앞잡이라고 하는 점에 있는 것이 중요한 원인인고로 이것은 조선과 중국간의 외교문제로써 보다도 조선인이 민중적으로 그 처지를 선명히 하고 그 태도를 일치하게 하여 문제를 근본적으로 해결해야 할 것입니다.

다만 외교상으로 일시 호도(糊塗)하면 언제든지 다시 자행(恣行)될 것이요 외교상 적의(適宜)한[19] 구실을 만들어가지고 또 구축(驅逐)을 단행하게 될 것입니다. 봉천(奉天)에 있는 모청년이 중국청년에게 물어 재만동포구축문제에 관한 여론 환기를 종용(慫慂)[20]할 때 중국청년은 자기가 친일파라는 모해를 받을 위험이 있는 고로 할수 없노라하고 조선인 청년회에 동행하기를 청하는 말에 "조선인과 러시아인은 위험시하는 중이니 내가 조선청년회를 방문하기는 어렵다"고 거절하였다 합니다. 한편으로는 일본 대륙정책의 앞잡이라 하고 한편으로는 노농러시아인과 공명되는 사람들이라고 정반대되는 의혹과 배척을 받는것입니다.

---

18) 쫓겨남.
19) 적당한.
20) 잘 설득하고 달래어 권하다.

이러한 이중의 의혹중에 있는 재만 수백만동포를 위하여 진정한 조선인으로서의 처지를 석명(釋明)[21]하고 그 경제적 안정을 구하는 이주자로서의 근거를 잡게하는 것이 무엇보다 필요하겠습니다.

이는 재만동포 자기들이 통일적으로 운동할 일이요, 또 조선 내에 있는 일반민중의 합법적인 운동이 퍽 필요할 것입니다. 이는 아마 신년 벽두에 걸쳐서 가장 긴요한 당면 문제로 알고 있습니다. 그러나 이것은 오히려 특수한 문제입니다. 그리고 민족유일전선으로 단일당의 결성운동이 당면한 역사적 과정에 있어서의 최대 문제입니다.

지금 집필하는 때까지 이 단일당의 결성을 위한 신간회의 조직운동이 벌써 그 지회의 100곳을 돌파하게 되었습니다. 양으로 보아서는 그 조직이 퍽 신속한 것을 인정할 것입니다. 금후에는 질로 보아서 더욱 견고한 결속이 될만한 훈련이 있어야 할줄 압니다. 이러한 긴 말씀은 다 할수 없지만 어쨌든 민족적 총역량을 집중하는 점으로 보아서 금후에 양으로도 더욱 각지방을 샐틈 없이 조직하면 좋을 것이요, 더욱이 사상 각체계에 있어서 이론적·정책적 결성을 지속하여 행여나 급조한 대립적 경향이 없도록 하는 것이 가장 긴절한 당면문제인가 합니다. 그리고 최종으로는 현하에 있어서 모든 일에 □□의 직능을 하다시피하는 3개 신문이 중요한 문제에 관하여 한층 일치한 보조(步調)를 가지도록 하는 것이 과히 적지않은 문제입니다. 이것은 잘 될 수 있을 줄 믿습니다(『조선지광』 75호, 1928년, 1월호).

○ 1928년 1월 7일 동생 안재학 독일 유학 마치고 귀국

한국 최초의 공학사로 1925년 8월 14일 독일로 유학을 떠나 빌헬

---

21) 사실을 설명하여 밝힘.

름 2세 화학연구소(현 막스프랑크연구소)에서 수학한 셋째 동생 안
재학이 귀국한다는 소식이 조선일보에 실렸다.

　　　일찍이 경도제대공학과(京都帝大工學科)를 졸업하고 연희전
　　문학교(延禧專門學校)에서 교편을 잡고있다가 더욱 연구를 하기
　　위해 지금으로부터 3년 전에 백림(伯林)으로 떠나 당지 빌헬름
　　2세 화학연구소에서 2개년간 화학공업(化學工業)의 연구를 마
　　치고 다시 불란서 파리(巴里)에 이르러 약 반년간 공업에 대한연
　　구 시찰을 하던 안재학(安在鶴) 씨는 그간 구주(歐洲) 각지를 만
　　유(漫遊)하고 7일 오전 9시 50분 경성착(京城着) 특급차로 귀국
　　할터이라하며 더욱 일찍이 동경제대법과(東京帝大法科)를 졸업
　　하고 귀국하여 시내 휘문고보(徽文高普)에서 교편을 잡다가 다
　　시 영국(英國)에 건너가 캠브리지 대학(劍橋大學)에서 오묘한 학
　　술을 연찬하던 박석윤(朴錫胤) 씨도 우수한 성적으로 학업을 마
　　치고 안재학 씨와 차를 같이하여 서시베리아선으로 동일 동시에
　　귀국한다(『조선일보』, 1928년 1월 7일, 2면).

○ 1928년 1월 10일 재만동포와 제대책

『조선일보』에 「재만동포와 제대책」이라는 제목으로 1월 12일까지
3회 연재했다. 만주에서 조선인이 쫓겨나는 7가지 주요 원인을 제시
한 후 이 문제에 대한 구체적인 대책이 수립되고 시행될 필요가 있
음을 강조하고 있다.

　　　재만동포의 생활안정문제가 우리의 당면 문제중 가장 큰 것
　　중의 하나인 것은 일반이 승인하는 바이다. 그리고 지금 우리는
　　이에 관해 어떠한 감상적인 애처로운 호소보다도 확고하고 구체

적인 대책을 수립하고 실행함을 요한다. 이미 다소의 대책을 말한바 있지만 아직도 결정적으로 되지 않은만큼 한가지로 모이는 규정을 파악하지 못했다. 우리는 이제 결정적인 대책을 검토하기 전에 먼저 다시 조선인 구축(驅逐)의 원인을 열거한다.

1. 조선인 집단이주에 대한 민족적 염증
2. 산동(山東)·직례(直隸)의 이민과 조선인 이민의 경쟁
3. 조선인의 발전은 즉 일본의 대륙정책의 전위로 보는 것
4. 조선인 무장단의 활동에 관련 일본과의 국제문제 분규
5. 조선인으로 적화(赤化)의 선봉되는 분자가 있다는 것
6. 이로써 일중교섭(日中交涉)에 이용하고자 하는 것
7. 조선인을 입적(入籍)하게 하거나 혹은 기타의 방법으로 재정의 궁핍함을 보충하고자 하는 것 등이다.

'조선인은 적화(赤化)의 선봉이 되는 것이다'! 이는 소위 배일 조선인을 쫓아내기 위한 선전으로 되는 때가 있다. '조선인은 일본대륙정책의 전위이다'! 이는 또 배일적 정치가들에 의해 혹은 배일을 한 방편으로 삼는 인간들에 의해 선전되는 바이다. 이와 같이 이용·악용되는 조선인의 처지에 관해 우리는 이제 감상적 추탄(愁嘆)을 하려하지 않는다. 다만 이에 대한 현실적 비판을 지나서 조선인의 진정한 입장을 석명(釋明)하고 그 영구의 방책을 민중들과 함께 수립하기를 기약한다.

그리고 이 문제에 관해 가장 주의되는 것은 조선인의 입적에 관한 가부(可否)의 문제이다. 조선인 이주에 관해 중국인의 지주들은 도리어 환영하는 편이요 반드시 혐오함은 아니다. 그들이 배척하는 것은 국가적 견지에서 하는 것이요 개인적 견지에서는 오직 직례(直隸)·산동(山東) 방면에서 전란에 쫓겨온 자들이 소작권·노동권 등을 중심으로 다소의 충돌이 있을 수 있으나 그도 아직 중대화하기에는 도달하지 아니하였다. 요컨대 이민족인 더

구나 제국주의 국가인 일본의 인민으로서의 조선인으로서 그의
국가적 견지에 의해 배척·구축(驅逐)되는 것이다.

　만몽(滿蒙)에 나아간 조선인이 어떤한 정치적 불평을 품은 바
있는 것은 사실이다. 그러나 그는 극히 소수의 일이요 대다수는
오직 경제적으로 생활안정을 구함일 뿐이다. 하물며 정치적 불
평이 있다 할지라도 그는 중국에 대하여는 아무 관련이 없는 바
요, 따라서 중국 위정자의 간섭을 구할 성질의 것이 아니다. 뿐
만 아니라 중국 위정자가 그의 본의에 있어서 조선인의 특수한
정치적 불평을 적대시한다 함을 듣지 못하였다. 조선인 무장단
의 활동이 다소 국제적 분규를 일으킴으로써 그들로서 염기(厭
忌)하고 배척을 기획하는 것은 당연하다 하려니와 이문제는 따
로 해결될 길이 있을 것이요, 또 근본적 원인이 여기에 있지 아
니한 것은 명백하다.

　조선인 적화(赤化) 선전설이 만주 위정자의 신경을 자극함이
있다하나 이것도 대체로 무실(無實)하고 과장된 일이다. 만일 있
다 하면 홀로 조선인에 국한한 일이 아닌 재만중국인과 각지로
부터 진입한 중국인 적화(赤化)의 노력자는 반드시 조선인만 한
정하지 아니할 것이다. 이로써 일중(日中) 교섭에 이용하고자 하
는 것은 외교상의 관례로보아서 부인할 수 없을 것이다. 그러나
만일 일시의 이용책이라고 하면 오히려 해결하기 어렵지 않지만
만일 현대적인 민족문제·인종문제의 발단으로서라면 그는 도
리어 내외인사의 심절(深切)한[22] 고려를 요하는 바이다(『조선일
보』, 1928년 1월 10일, 1면 1단).

○ 1928년 1월 25일 조선일보 사설 보석지연의 희생으로 수감

　1월 21일 『조선일보』에 이관구가 쓴 사설 「보석지연의 희생」으로 2차

---

22)　깊고 절실한.

옥고를 겪으며 서대문 형무소에 수감되었다. 이 사설은 일제의 감옥제도와 고문, 감옥 안에서의 비인도적 처우에 대한 비판을 담고 있다.

지난 21일부로 발행된 본보 사설의 '보석 지연의 희생'이라고 제목한 기사는 당시 행정 처분으로 삭제를 당하였던바 재작 25일 아침에는 그 기사로 인하여 경성지방법원 검사국에서 돌연 활동을 개시하는 동시에 중야(中野) 차석 검사의 지휘 하에 송전(松前) 검사가 서기와 예심계의 좌좌목(佐佐木) 통역과 종로서 고등계 형사를 대동하고 본사와 주필 안재홍 씨 사택과 편집인 백관수 씨 사택과 논설반 기자 이관구 씨의 사택을 수색한 후 안재홍·이관구·백관수 3 씨를 검사국에 소환하여 늦도록 취조한 후에 백관수·안재홍 양 씨는 결국 서대문형무소에 수감되었다(『조선일보』, 1928년 1월 27일, 2면).

지난 25일 이른 아침부터 경성지방법원 검사국서는 돌연히 긴장한 빛을 띠고 종로경찰서의 응원을 얻어가지고 동검사국 차석 중야(中野)검사와 송전(松前)검사가 조선 사상계통(思想系統)의 일에 가장 정통하다는 검사국 식산(植山) 서기와 예심 좌좌목(佐佐木) 서기며 종로서 고등계 대삼(大森)·토정(土井)외 형사 수명을 대동하고 자동차 두대로 시내 견지동(堅志洞)에 있는 조선일보사로 가서 논설반실(論說班室)을 엄중히 수색한 후 지난 19일부와 21일부 발행 조선일보와 기타 신문을 압수한 후 조선일보 편집인 백관수(白寬洙) 씨를 검사국으로 소환 취조하는 한편으로 다시 대를 나누어 시내 당주동(唐珠洞) 15 번지에 있는 조선일보 논설반 기자 이관구(李寬求) 씨의 가택과 평동(平洞) 75 번지에 있는 조선일보 주필겸 발행인 안재홍 씨의 가택을 엄중히 수색한후 두 사람을 역시 소환하여 재판소 구내 유치장에 유치를 시킨 후 취조하는 중이라는데 사건의 내용에 대하여는 아직 발표치 아니하나 탐문한 바에 의하면 지난 21일부 발행 조선일보 사설(社說)이 압수된 일이 있었는데 역시 그 사설이 문제되어 사법권(司法權)의 활동까지 보게된 듯하다더라.

  양씨 수감
  별항 조선일보 필화사건으로 검사국에 소환된 이관구(李寬求)·백관수(白寬洙)·안재홍(安在鴻) 세 사람은 중야(中野) 검사와 송전(松前) 검사가 담임이 되어가지고 동법원 검사실 문앞에 순사까지 세워 외부인의 출입을 엄금한 후 비밀리에 취조를 계속중이더니 오후 5시 30분경에 이르러 이관구 씨만 석방하고 안재홍 씨와 백관수 씨는 구인장을 발하여 자동차로 서대문형무소에 수감(收監)하였다는데 지금까지의 필화사건(筆禍事件)으로 사법권이 활동한 예는 여러번 있었으나 취조를 마친 후 즉시 수감까지 한 일은 없었다는바 검사국에서는 종로서원과 연락을 취하여 가지고 계속 활동하는 중이라고 한다(『동아일보』, 1928년 1월 27일, 2면 1단).

O 1928년 2월 3일 보석 출감

『조선일보』에 백관수가 쓴 사설 「보석지연의 희생」으로 수감되었다가 이날 보석으로 출감했다.

  필화사건으로 기소되어 수감 중이던 본사 편집인 백관수 씨와 발행인 안재홍 씨는 3일 오후에 보석(保釋)으로 출옥하였다.
  (『조선일보』, 1928년 2월 4일, 2면)

  조선일보 필화사건으로 동사 주필 안재홍 씨와 편집인 백관수(白寬洙) 씨가 수감되었다는 것은 이미 보도한 바와 같거니와 미리부터 출원중이던 보석(保釋)이 지난 3일에야 허가되었음으로 두사람은 동일 오후 5시에 보석 출옥되었다.

(『동아일보』, 1928년 2월 5일, 2면 10단)

○ 1928년 2월 15일 신간회 창립 1주년 기념식

신간회 창립 1주년 기념식에 참석 축사를 했다.

신간회에서 창립 1주년을 성대히 기념한다 함은 별항 보도와
같거니와 동 회 본부에서는 경성지회와 연합하여 기념식을 거행
하기로 되어 당일 오후 2시에는 시내 천도교 기념관 안에서 경
성에 재적한 회원은 1,300여 명과 사회 각 방면의 유지를 망라
회합하여 성대하고도 장엄한 식을 거행하겠고 밤에는 오후 7시
부터 종로 청년회관에서 기념 음악회를 아래와 같은 순서로 개
최하리라고 한다.

기념식 순서
15일 오후 2시 천도교 기념관
개회 주악
개회사 권동진
식사 안재홍
주악
기념사 홍명희
축전 축문 낭독
내빈 축사
답사 허헌
폐회 주악

음악 대회 순서

일시 : 2월 15일 오후 7시

장소: 중앙청년회관

제1부

주악 합창대 바이올린 독주 무도 피아노 독주 독창 바이올린 독주 합창 무도

제2부

주악 가야금 독주 무도 독창 잡곡 회원 유희 등 기타

(『조선일보』, 1928년 2월 15일, 2면)

○ 1928년 2월 24일 조선일보 필화사건 재판

『조선일보』에 백관수가 쓴 사설 「보석지연의 희생」 관련 공판이 있었다. 허헌, 김병로, 김용무, 이인 등이 변호사로 재판에 참여했다.

본보의 필화사건으로 발행인 안재홍 씨와 편집인 백관수 씨가 기소되어 수감 후 보석되었다 함은 이미 보도한 바이거니와 이 사건의 공판은 오는 24일 경성지방재판소의 말광(末廣) 재판장과 중야(中野) 검사 입회하에 개정될 터인데 이 필화 사건의 변호를 담당한 변호사 제씨는 다음과 같다.

최진 허헌 김병로 이승우 한국종 김용무 이인 권승렬 김태영 조헌식 강세형 강야박일(岡野博一)(『조선일보』 1928년 2월 11일자 2면).

본보 필화 사건의 안재홍·백관수 양 씨에 대한 공판은 어제 24일 오전 11시 40분에 경성지방법원 제4호 법정에서 말광(末廣) 재판장의 단독 심리로 중야(中野) 검사와 최진, 이승우, 권승렬, 김병로, 허헌, 한국종, 이인, 김용무 등 10여 명 관계 변

호사의 입회 하에 개정되었는바 우선 전례와 같이 두 사람의 주
소, 성명 등을 물은 후 백관수 씨부터 사실 심리를 시작하여 12
시 반경에 두 사람의 심리를 모두 마친 후 변호사의 증인 신청이
있었으나 각하되어 검사의 논고에 들어가려 할 때에 안재홍 씨
의 지난 대정(大正) 9년(1920년) 제령 위반으로 복역하다가 15
개월 12일의 형기를 앞두고 가출옥된 것이 검사의 전과 조서에
누락되었다 하여 이것을 다시 조회하기로 하고 재판은 연기하는
동시에 다음 기일은 추후 통지하기로 하고 오후 1시경에 폐정되
었다.

　(『조선일보』, 1928년 2월 25일. 2면)

○ 1928년 2월 28일 가증할 파쟁

『조선일보』에 「가증(可憎)할 파쟁(派爭)」이라는 제목으로 기고했
다. 임진왜란 당시의 동인·서인간 당쟁으로 인한 폐해의 역사적 교
훈을 제시하면서 신간회운동에 있어서의 파쟁(派爭)현상을 강력히
비판하고 일제에 맞서 싸우기 위한 정신 전투력의 분산과 힘의 약화
를 가져옴을 일깨워 자성을 촉구하고 있다.

　　"조정의 대신들, 오늘 이후에도 누가 동서분당을 말하겠느
　냐?(朝臣今日後 誰復言東西)" 이것은 한양조 선조대왕이 용만
　(龍灣)[23]인 파천지(播遷地)로부터 돌아와서 동서분당하여 사쟁
　(私爭)에만 열중하고 조선의 천하 팔성(八城) 민생이 강한 이웃
　일본의 침입 아래 어육(魚肉)이 되어 버림도 모른체 하게 되었던
　당시 조정의 대신들에게 원망하듯, 하소하듯 그 단장(斷腸)의 비
　통을 부친 말이었다. 적국의 전쟁준비가 바야흐로 급급하고 국

---

23)　의주에 있던 중국 사신을 접대하던 곳.

가의 위태함이 누란(累卵)과 같은 판에서도 안에서는 오즉 야살 궂은[24] 동서분당(東西分黨)의 싸움이었고 적국에 사절로 갔던 자들도 오직 당쟁의 견지에서 갑을(甲乙)을 다투어서 일찍이 현실의 파지(把持)에는 뜻하지 아니했다.

그래서 이산한 민심(離散), 퇴폐한 정령(政令), 해이한 군비는 적병이 장구(長驅)[25]한지 한달 남짓 시체가 땅에 깔리고 여염이 텅비고 도시가 재떨이가 되고 궁궐이 자갈밭이 되는 웅대한 참극을 이른 것이었다. 용만(龍灣)의 한 귀퉁이 의주(義州)의 신산(辛酸)한 풍상(風霜)으로부터 돌아와서 이 놀라운 상란(喪亂)의 자취를 보고서 조신(朝臣) 오늘날 이후에도 누가 다시 동서(東西)의 분당(分黨)을 말할것이냐?고 너무 감상적이고 퇴폐적인 것이 아니냐?

그러나 선조가 가고 임진란이 가고 북로남왜(北虜南寇) 걸러큼 들이닥치는 340년의 오늘날까지 이 망국의 근본 원인인 파쟁의 악습은 그쳤느냐? 아니 완화되었느냐? 오늘에 있어서 어찌 오히려 이 파쟁의 화를 갈수록 자아내느냐?

통일을 주장한다. 유일전선을 말한다. 단일당을 촉성한다. 귀일당(歸一黨)을 운위하고 있다. 그러니 파쟁은 드디어 그칠수 없다. 결국은 자파에 의한 자파의 패권장악에 의한 통일·유일·귀일·단일을 의미하는 것 같으면 드디어 없을 수 없는 것이다. 파쟁의 청산이란 말뿐이요 드디어 영원한 되풀이를 면치 못하는 것이다. 파쟁은 역사과정의 발전단계에 없지 못할 필수의 조건이라 한다. 만일 이것을 이상화하여 볼 때 우리는 또한 그를 수긍하는 것이다. 각각 다른 견해에 다른 주의와 정책으로 그의 이론을 전개·투쟁·극복·획득하여서 궁극의 강고한 통일을 성취하는 것은 바람직한 일이다. 그러나 현실에 있어서의 파쟁은 결국 항상 피악박자로서의 정신 전투력의 분산과 마손(磨損), 쇠미

24) 너그럽지 않고 적대적으로 대하는.
25) 말을 몰아 쫓아감.

(衰微)를 오게 하는데 지나지 않고 그 내면폭로(內面暴露)의 계
제(階際)²⁶⁾를 시어 적앞에 제공하는데 지나지 않는 것이다. 객관
적 스파이 작용에 지나지 않는 것이다. 가련한 그들의 벗과 동지
는 이리하여 곱게곱게 흑수(黑手)에 내어주고 마는 것이다. 파
쟁을 서로 배척하는 결국의 파쟁자와 자웅인 파쟁의 상대자, 그
리고 거의 모두 다함께 돌아가지 아니할 수 없는 조선인의 선구
자·식자와 전위분자(前衛分子)의 운명이야말로 슬프다.

서에 노대(老大)한 대공화국이 있고, 동에 노쇠한 약소민족이
있으니 전자(前者)는 중국, 후자(後者)는 조선, 다소의 차이는
있으나 그 해방을 요함은 모두 긴절(緊切)하다. 그러나 전자는
군권의 장악이 가능한 후진국가라는 포화(砲火)를 쓰기를 아이
와 같이하는 파쟁무리가 있어서 산 백성의 피를 흘리고 형세를
바꿔 일으키려는 대업(大業)으로 하여 무러무러 제국주의 국가
의 큰입속에 집어넣으려 하며 후자는 국가적 기능을 발휘할 수
없는 식민지의 인민이다.

오직 수다스러운 글과 말의 포화(砲火)로만 여기는 소소한 파
쟁군(派爭群)들에 의해 맨손의 선구자란 자들도 모두 머리를 나
란히 해 원치않는 곳으로 취하게 하는 것이다. 금일의 형세는 다
만 용만회가(龍灣回駕)의 날에 비할 자 아니다. 그러니 조신(朝
臣)이 아닌 선구자·식자들은 오히려 다시 파쟁을 말하는가? 어
찌 숙연히 옷깃을 바로 잡지 아니할 때이냐?(『조선일보』, 1928년
2월 28일, 1면 1단)

○ 1928년 3월 1일 생존운동의 구원(久遠)한 도정(途程)

『조선일보』에 「생존운동(生存運動)의 구원(久遠)한 도정(途程)」이
라는 제목으로 기고했다. 민족운동과 사회운동이라는 두 가지 운동

---

26) 일이 시작되는 순서나 절차.

경향의 역사를 소개하면서 인류 역사에서 민족과 민족의 대립적 이해 관계는 소멸되지 않으며 각 민족이 처한 객관적 특수성에 대한 이해가 중요함을 강조하고 있다.

인류는 그 천성으로 정치적 동물이라고 갈파한 바는 만세에 바뀌지 않는 격언이지만 정치란 그것이 결국 지배권의 장악문제라 할 것이다. 지배의 문제는 다만 인류 생활의 고급 유희로 볼 것이 아니라 인류생존의 근본적 본능인 생존의 의욕에서 요구되는 바이다. 그런고로 넓게 보아서 정치문제를 중심으로 한 인류의 역사―흥망자취를 연장해온 구원(久遠)한[27] 운동에 돌아보아 피지배자와 지배자들은 비록 각각 다른 처지에 설지라도 항상 생신(生新)한 교훈을 반성하여 얻는 것이다. 이에 의하여 무릇 자기의 욕구에 열중하거나 혹은 그 세위(勢威)에 마취되어 편견의 초조(焦燥)를 하는 자에게 냉정한 정해(正解)에 돌아가게 하는 것이다.

생존운동을 논하는 자 두가지 체계를 들을 수 있다. 하나는 민족운동의 이름으로 되는 자이고 하나는 사회운동의 이름으로 되는 자이다. 인류역사는 계급 대립의 역사라고 단정하는 자가 있으니 이렇게 견해(見解)함이 또한 정확하려니와 계급대립의 형태가 비로소 명백하여지기는 최근대의 일이었고 민족운동이란 오히려 그 구원(久遠)한 경로를 찾을 수 있다. 조선인이 만선(滿鮮)의 경상(境上)에 처하고 서남으로 황하의 유역에 진출한 이래 반만년에 허다한 화란(禍亂)의 자취를 거듭한 것은 더 말할 것도 없고 동이(東夷)·서융(西戎)·남만(南蠻)·북적(北狄) 등 새외민족(塞外民族)이 화하(華夏)에 교침(交侵)함으로 존화양이(尊華攘夷)의 배타적 자위 사상을 고취한 것은 공구(孔丘) 씨를 중심으로 한 중국 선진(先秦) 정치사상의 기축을 지은 자였다.

---

27) 아득히 멀고 오래 된.

기타 역대의 제민족이 소위 '화란입주(亂華入主)'[28]의 제사변을 일으킨 것은 중국의 역사가 항상 민족문제로써 변환된 것이다. 만일 또 '한스'의 운동이 게르만인의 대이동을 자극하고 유럽 중세기의 소위 민족대이동으로 인한 4~5세 기간 참화를 지속하게 한 것 등은 인류역사에 있어서 아직 모두 춘몽과 같이 저버릴 수 없는 일이다. '케이세리크,[29] 알라리크'[30] 등에 의해 진행된 로마시 대약탈은 불멸의 서울의 경악할 몰락으로 당시 세계의 제패를 장악한 로마인으로 그야말로 웅대한 참극을 영원히 지은 것이었고, 1453년 5월 29일 몰락한 오스만 투르크에 의한 동로마제국의 멸망 같은 것도 모두 국민과 국민, 민족과 민족사이의 관계에 있어서 항상 문제되는 바이다.

역사상에 있어 국민적 갈등을 지속한 자 있으니 고대에 있어서 페르시아인과 그리스인, 로마인과 카르타고인의 관계가 현저한 것이다. 영국과 프랑스의 100년 전쟁, 20세기 처음까지의 러시아·터키의 관계, 최근까지의 독일과 프랑스의 관계도 모두 동일한 예에 속하는 것이다. 프랑스 1789년의 사변이 유럽을 중심으로 민족운동의 획기적 유치를 형성했고, 나폴레옹 실패 이후 더욱 웅대한 발전을 이루었다.

아시아와 아프리카 등 소위 동방의 제민족 사이에는 선진제국에 비할 수 없도록 모든 방면에서 낙오된 바 있었지만 1917년과 1918년의 1차 대전 종식기를 신기원으로 인류 생존운동이 또한 일대 약진에 들어가 반동의 급조(急潮)에 직면한 오늘날까지도 의연히 그 대세에 격동되어 있다. 어느 의미로는 오늘날 반동의 급조(急潮)는 곧 역사전환의 비상기가 질적으로 매우 첨예화한 것을 반증하는 바이다.

자기민족의 특질, 그 처한 바 객관적 특수성 그로 인해 번역되

지 않는 역사적 일도성의 파악같은 것을 그릇되게 하고 건듯하면 선의의 편견을 가지는 것이 지배되는 자가 빠지기 쉬운 병적인 약점이라 하면 목전에 표현되는 힘의 수량에만 마취되어 최대의 억압과 최대의 주구(誅求)[31]로 잘난체하거나 뽐내며 안심하는 것도 지배하는 자의 병적인 약점이라 할 것이다. 무릇 역사의 위에 남겨놓은 허다한 전례는 오직 약자의 실패사에 국한하지 않고 강자의 실책사(失策史)가 또한 자못 많은 것이다. 현대 과학의 진보, 그로인한 교통의 발달은 역사적 제조건에 일대 혁명을 일으킨 것은 사실이다. 그러나 구원(久遠)한 도정(途程)에서 경험한 바와 같이 민족과 민족의 대립적 이해 관계는 드디어 소멸됨을 볼 수 없다. 하물며 계급의식이란 자가 크게 그 사이에 궤일(潰溢)[32]하는 것있음이랴?(『조선일보』, 1928년 3월 1일, 1면 1단).

○ 1928년 3월 5일 야인도와 노동도 1

『조선일보』에 「야인도(野人道)와 노동도(勞動道) 1: 수난기의 조선인에게」라는 제목으로 기고했다. 독일의 역사적인 사례를 예로 들어 먹고 놀기를 중시하는 양반도를 비판하며 수난기에 있는 조선인은 투사적인 야인도(野人道)와 힘써 일하며 노동에서 진정한 가치를 찾는 노동도(勞動道)가 중요함을 일깨우고 있다.

　　농민도의 수립을 고조하였다. 조선이 농업국인 까닭으로서만이 아니고 그야말로 전민족 부침존망(浮沈存亡)의 갈림길에 있는 오늘날에 사멸로부터 탈출하려는 영구적 결사(決死)의 태도

---

31) 재물을 강제로 빼앗음.
32) 무너져 넘침.

로서 생존전선에 나서는 의식적 개조로서 이것을 주장한 것이었다. 그것은 즉 백의사립(白衣絲笠)으로 창백한 샌님의 얼굴을 가지는 퇴폐적인 양반도(兩班道)도 대신 흙속에 두다리를 박은 괭이와 가래 잡은 검은 옷 입은 일꾼의 도(道)를 고조하는 것이었다. 이것은 당연히 두둑한 벙거에 굵은 작업복을 입은 망치와 톱을 쓰는 노동도(勞働道)의 고조로 되는 것이다.

노동농민도의 고조! 이렇게 우리는 부르짖는 것이다. 이것은 즉 유식예찬(遊食禮讚)인 양반도 대신 한식체험(汗食體驗)의 야인도(野人道)-상놈도를 누르짖는 것이다. 그렇다! 야인도(野人道)! 강용질실(强勇質實)한 가운데 스스로 그 활로를 찾는 투사적인 야인도를 수난기에 있는 조선인은 모두 공명체감하고 각각 몸소 행하기를 착수해야 한다.

구시대의 유폐(流弊), 쇄국시기의 부산물 이 쇠망의 일대 원인인 유식예찬(遊食禮讚)의 양반도에 관해 우리는 더 긴 해설을 원하지 않는다. 그것은 무슨 계급적 감정을 고취해서 뒤늦은 양반정벌을 시도하고자 함도 아니요, 귀천상하를 통해 거의 일률로 침점(浸漸)[33]되었던 구관습의 악류(惡流)에 대해 우리는 오히려 그 크고 넓은 잔재를 쳐다보면서 그것의 극복과 없애버림을 의연히 고조할 필요를 때마다 당면하는 것이다. 참으로 세상 시국의 중대한 것, 조선인 수난의 더욱더 심상치않은 것을 돌아볼 때 누가 숙연히 이 결심이 없을 것이냐?

중부 유럽의 평원에 있어 사방을 제국민의 피박을 받는 독일의 인민이 프리드리히 대왕의 7년 전쟁을 치르고 간신히 그 두각을 들어내려 할 때 대나폴레옹의 철기(鐵騎)와 포화(砲火)가 라인강·엘베강 전유역을 황폐하게 만들매 왕실의 존귀한 자로부터 먼시골의 빈민에 이르기까지 그 생존을 위해 '부활전쟁' 승리의 확보를 위해 각각 그 필사의 연찬(研鑽)·실행(實行)·노작

---

33) 점점 스며들어 감.

(勞作)을 했던 것은 실로 장렬했다. 그들의 행정조직의 치밀한 개신, 군사학의 참신한 구성 등은 모두 특필(特筆)할 일이지만 그 보다도 한층 영구적이요 일반적인 것은 전인민을 통틀어 과학·기술·관리의 뛰어난 능력과 이 모든 것을 움직이는 원천인 노동역작(勞動力作)의 의욕에서 나온 것이다.

그들이 시대를 저주하여 그 전환을 혈서하고 세상 시국에 저항하여 그 개송(改送)³⁴⁾을 벼른 것은 뜨겁겠지만 관념으로 머리로 입으로만이 아니었고 팔이요 다리요 땀내 나는 먼지와 부상의 위험속에 담그는 몸둥이로써였다. 그것은 다만 화미(華美)³⁵⁾·도회(都會)·전당(殿堂)과 만인이 갈채하는 단상뿐이 아니었고 연구실에서 시험관에서, '한돌'의 밑창에서, 쪼약볕 내리쬐는 전원에서였다. 우선 인간으로서 개조·완성을 기약하면서 그들을 방해하는 시대의 질곡(桎梏)을 깨치려 한 것이다. 그것은 노동도였고 농민도였고, 야인도였다. 예나의 포성을 들으면서 오히려 변증의 철학을 대성하기에 노력한 헤겔의 일화는 출세간(出世間)의 서생도(書生道)의 발현인 듯, 그 실은 최후에 일이 이루어질 가능성을 위해 눈앞의 상황에 초초해하지 않는 생존에 끈덕진 독일인의 기백을 말하는 것이다. 이것 또한 배울만하지 않은가?(『조선일보』, 1928년 3월 5일, 1면 1단).

○ 1928년 3월 6일 야인도와 노동도 2

『조선일보』에 「야인도(野人道)와 노동도(勞働道) 2」라는 제목으로 기고했다. 근로역작의 중요성을 강조하며 땀내고 피흘리면서 생활의 전야(戰野)에서 고투하는 노동도(勞動道)의 실천이야말로 사회의 기축을 움직일 수 있는 힘있는 항쟁이 될 것임을 역설하고 있다.

---

34) 고쳐 보냄.
35) 환하게 빛나며 곱고 아름다움.

조선인은 예로부터 중국의 일을 퍽 높여 존경하고 사모했다. 그러나 그 분수로는 퍽 중국을 모르는 인민이었다. 중국은 문자의 나라요, 허례(虛禮)의 나라이지만 또 일반인민이 실제적이고 산업적이어서 철저하게 생활화한 인민은 드물다. 그들의 근로역작(勤勞力作)함과 생활수단으로 필요한 한가지 재주를 반드시 가지게 되는 것은 물론이요 그 인민의 자위(自衛)를 위한 산업적 협동은 조선인이 멀리 미치지 못하는 점이다. 관혼상제의 예가 대체로 중국의 것을 새로이 수입한 것이지만 중국의 인사와 같이 만사를 주판(籌板)에 물어보고 결행하는 자는 없다. 조선인과 같이 평시에 있어서는 생산적이지 않고 관혼상제 등 허례에 그 생활의 기초까지 위태롭게 하는 인민은 드물 것이다.

최근 조선인의 생활에는 서구화(西歐化) 상당히 성행하고 있다. 서구화 그것을 우리가 반대함은 아니다. 그러나 항상 천박한 피상적 모방의 서구화는 도리어 민족성이 견실하지 못한 것을 개탄하게 하는 것이다. 사상과 운동에 있어서는 왕왕이 조선의 특수성을 비껴놓은 번역 경향에 빠지고, 경제와 산업에 있어서는 급속한 수요자·소비자가 되고 생산자로서는 너무 열악한 지위에 떨어지고 있다. 이것이 자본주의 공세 아래 비참한 패퇴라고만 결론 짓는 것은 너무 인간적인 책임을 회피하는 무기력을 표할 뿐이다.

시국에 큰 번복(翻覆)이 생기고 생활에 심각한 변동이 일어날 때 비장하고 침통한 일념으로, 갓 벗어놓은 옷을 풀고, 채찍 맞는 노예와 같이 스스로를 고역의 굴레에 넣으면서 10년간 칼 하나를 갈고 있는 용감한 선비와 같은 정신으로 과학·기술과 온갖 생활의 노작(勞作)위해 드러나는 민중적 경향을, 혈기있는 선구자는 그리운 듯 보고싶은 것이다. 그리하여 신고(辛苦)에 찌들린 주름잡힌 이마, 볕에 그을린 붉은 얼굴, 노작(勞作)에서 굵어진 툭툭한 뼈대로, 그 공지(公志)적[36] 결합이 문자와 같은 유일의

---

36) 공적인 뜻, 공동의 목표.

전선(戰線)을 이룸직한 일이다.

무릇 땀내고 피흘리면서 생활의 전야(戰野)에서 고투하는 노동도(勞動道)의 사도─강용한 야인집단의, 실제의 장애에서 발분한 심중(沈重)한[37] 항쟁이야 말로 참으로 사회의 기축을 움직일 수 있는 힘있는 항쟁이 될 것이다. 유식예찬(遊食禮讚)의 양반도의 분위기 속에서 성장한 영웅주의적 지도자의 사위인 까닭에 쓸데없는 파쟁(派爭)을 남발하는 것이다. 역경에 빠져서 강자가 발호(跋扈)하는 발길 밑창에서 오직 슬픔의 울음을 하는 자와 같이 반발적으로 모멸(侮蔑)함직한 자는 없다. 만일 입으로 헐뜯어 그 패몰(敗沒)해 가는 여정을 꾸미는 데 그치는 자와 같이 가련한 자도 없을 것이다. 오직 입 다물고, 주먹 쥐고 뼈져리게 계획하면서 후일의 발흥을 기대하는 자와 같이 장엄하고 통쾌한 맛을 가지게 하는 자는 없을 것이다. 우리는 이 점에 관해 실로 수난기에 있는 조선인 식자·선구자·일반 민중에게 때때로 큰 부족을 느끼는 바이다.

금년 동경에서 졸업한 조선인 유학생을 학과별로 살펴보건데 법과 55명, 정치과 30명, 경제과 31명, 철학과 신학을 합한 문과 31명, 상과 19명, 사범 88명, 미술 6명, 음악 2명이다. 이 외에 남녀체조학교 출신 20명, 공업과 17명, 공수(工手) 2명, 고등잠실(高等蠶室) 5명, 의학 6명, 농업 1명, 비행 1명, 여자가정과 2명으로 합계 215명의 졸업자중 법학·정치·문과 등 정신과학에 속한자가 181명이고 순수한 기술노역자로서 나설만한 자는 공업 이외 34명이니 대체로 퍽 수효가 적어서 보잘 것 없는 형편이다.

이것은 일본에 국한하지 않고 유럽에 유학한 자도 동일한 형편이어서 미국 유학생도 문학·교육학을 수학한 자가 80%에 가까운 상황이다. 무릇 비상한 시기에 처해 시국의 변동을 이해하

---

37) 생각이 깊고 침착한.

고 민중의 지도를 신속히 하며 정치적 투쟁으로 민중과 함께 성함과 쇠퇴함을 다투려 하는 곳은 옳다고 하겠지만 이와같이 온갖 식자들이 몰아서 대부분 내실없는 문학적 방면에 치우치는 것은 도리어 세상의 폐습이 오히려 병점(病點)[38]을 짓는 것을 알 것이다. 불리한 시국이 산업자(産業者)·노작자(勞作者)로 하여금 그 직업과 밥을 얻지 못하게 하니 우리는 이것을 잘 안다. 그러나 비상한 상황에 어려움에 처해서 인간적 결함을 돌아보아 노동도(勞動道)·야인도(野人道)의 고조는 늦출 것인가? 각계의 선구자는 이 점에 힘써 솔선하는 길을 강구해야 할 것이다 (『조선일보』, 1928년 3월 6일, 1면 1단).

○ 1928년 3월 25일 보통교육과 기회균등의 문제

『조선일보』에 「보통교육과 기회균등의 문제: 그들에게 무슨 포부가 있는가?」라는 제목으로 기고했다. 조선 본위 또 조선인 본위의 교육을 실현함이 중요하고 6년제 보통학교에서 후퇴해 4년제 보통학교의 보급 추진을 비판하며 교과서와 교원의 양성·임용에 있어서도 조선인 본위가 중요함을 강조하고 있다.

교육문제 특히 보통교육 문제에 관해 자못 번거로운 정도로 주장을 거듭했다. 교육문제가 일반적으로 중대한 바는 다시 논의함이 필요하지 않다. 조선의 현실정치 아래서도 우선 정당한 해결을 요하는 중대한 문제 중의 하나로 잠시도 소홀히 할 것이 아니다. 조선 본위 또 조선인 본위의 교육을 실현하도록 함이 일대안목(一大眼目)이요 그의 민중화—기회균등이 일대안목이요 교육과 실생활이 어떻게 잘 연결되고 합치되겠는가가 또 일대안

---

38) 병적인 현상.

목이다.

　이제 조선의 통치당국자는 이 교육의 기회균등에 관해 일정한 포부가 있다하니 그 내용이 어떠하며 그 실제효과는 어떠할 것인가? 최근 화전민(火田民)의 정리문제에 관해 이미 구체적인 안을 얻었다는 그것과 아울러 우리가 알고 싶은 일이다. 교육문제는 전체에 뻗치는 것이요 대학·전문·고등·보통 등을 합해 일률적으로 그 체계를 지은 것으로 거의 상호불가분의 관계를 가진 것으로 그 일부분만 운운할 바는 아니다.

　그러나 지금 논의되는 바는 보통교육에 집중되는 것이요 6년제 보통학교를 보급하는 것보다 4년제 보통학교를 보급해 허다한 입학난을 완화학고 미취학 아동에게 되도록 기회를 균등하게 하자 함이란다. 이것은 첫째 재정난의 견지에서 논의한 바로 놀라운 바는 아니지만 문화정치의 소리와 한가지로 왕년에 개정되었던 6학년제 보통교육을 철폐함은 아닐지라도 대체로서 4학년제 본위에 무조건 뒷걸음 치는 것은 현실을 존중한다 하더라도 수긍할 수 없고 너무 소극적인 교육정책이라는 데 누구든 일치할 것이다. 보통교육의 기회균등은 원래 옳지만 그 실현에 관해 가장 고려해야할 바이다.

　최근 통치당국은 보통교육의 교과서를 개정한다고 하거니와 이에 관하여서는 별도의 논의가 필요한 것이라 여기에서 자세히 말할 수는 없다. 그러나 조선 본위 또 조선인 본위의 교육을 위한 견지에서 깊이있는 고려에 의한 교재의 채택과 안배를 요하는 바이다. 교과서의 개정이 이러해야 할 것은 물론이려니와 교원의 양성과 임용에 관해서도 대체로 조선인·본위로 할 것이요 다만 급조한 정략 본위에서 나온 일본인 본위 혹은 군용(軍用)의 계책은 버릴 것이다. 이것은 인건비의 경감, 조선인 실직자의 구제와 그로 인한 여러 가지 병폐의 방지 등 소위 일거양득의 효과가 있을 것이다.

　4년제 본위에 관련해 우리는 일찍이 주장한 바 있다. 6년제의 교육을 마칠지라도 전체가 상급학교에 진학하는 것이 아니고 그 대부분은 다소의 급료를 구해 취직을 원하고 기타는 또 가사에 종사하나 오히려 농상공(農商工)등 필요한 역작(勞作)에 익숙하지 못한 경향으로 왕왕 병폐가 생기는 바이다. 이에 관해 근본적으로 보통교육제도를 개선해 오직 상급학교 취학의 확실성이 있는 자는 6년을 수료하게 하고 기타 일반은 4년제의 수료와 동시에 실업보습화(實業補習化)한 5·6학년에 취학하게 해서 그 제도와 시설을 연결하고 합치하게 할 것이다. 그리할 뿐아니라 이러한 상급학교에 취학하지 않는 아동들을 위해 취직·취업·자영의 길을 열도록 할 것은 물론이다.

현재 조선에는 허구한 학생들이 시험의 귀문관(鬼門關)[39]을 앞에 두고 쓸쓸히 사방으로 방랑하는 참상을 보게된다. 이는 허다한 국외유출의 생활 무리와 한가지로 조선의 현실이 낳은 필연의 대참상이라 할 것이다. 여기에 관해서는 물론 부분적으로 고치기에는 곤란한 바있지만 보통교육에 있어서 이미 개정(改正)함이 있고 소위 일군일실업학교안(一郡一實業校案)을 구현함이 있다. 그리고 그들로 취직·취업의 길을 열기로 노력함이 있다 할진대 그것은 현재에 비해 우선 한층 진보인 것을 인정할 것이다. 그리하여 고보(高普)와 전문(專門)과 대학(大學)과 기타 공학제로 된 각종학교가 모두 일본인 본위가 되고 그 졸업 후 상황까지도 일본인 본위가 되는 상황으로서는 이러한 부분적 개혁론이 결국 연목구어(緣木求魚)의 한탄을 면하지 못할 것인가?(『조선일보』, 1928년 3월 25일, 1면 1단).

○ 1928년 3월 27일 실제운동의 당면문제 1

『조선일보』에 「실제운동의 당면문제 1: 신간회는 무엇을 할까?」라

---

39) 저승 입구의 문.

는 제목으로 기고했다. 신간회운동의 주요 실천과제로 문맹퇴치와 농민교양에 힘쓰며, 조선인 경작권의 확보와 일본에서 들어오는 외래 이민을 방지하고 조선인 본위의 교육이 필요함을 주장하고 있다.

　　의외로 대회의 금지를 당한 민족단일정당의 구성과정에 있는 신간회는 최근 자못 조용한 가운데 형세의 전환을 기다리고 있어서 그 대회해금(大會解禁)과 한가지로 가장 견실한 동작을 하기를 기약하고 있다. 신간회의 주와와 강령에 관해서는 우리가 이미 상세하게 아는 바임으로 이제 이야기를 피하는 바이지만 특수한 정세하에 있는 조선의 현실에서 그들은 어떠한 구체적 방침으로 그 당면한 직능을 다해야할 것인가? 이는 신간회원 된자 뿐 아니라 자타와 내외가 아울러 주목하는 바이거니와 더욱 현재 그 책임을 지고있는 신간회 간부 모두는 깊은 고려가 있을 바이다.

　　당면문제의 구체적 방침으로 첫째, 농민교양에 적극적인 노력을 들것이니 경제적으로 낙후한 조선에서 동작역량(動作力量)의 기본인 전인구의 83%를 차지하는 농민층에 놓여야 할 것은 길게 말할 바 아니다. 농촌으로 농민에게로 농민의 교양운동의 소리는 문맹타파(文盲打破)의 소리와 한가지로 높아진지 오래여서 가장 두드러진 운동으로 벌써 3~4년의 시일을 지내온 바이니 이제 그 필요를 다시 논증하지는 않는다. 신간회에서 규정한 바가 아직 그 현실기에 들지 아니했고 경성지회와 본부대회의 의안이 전자(前者)는 금지 후자(後者)는 미발표로 일반에게 공개되지 못함이 유감이라고 할터이나 이러한 것이 이미 정한 방침이라고 할진대 주저없이 그 적극적 진출의 방책을 수립하고 실현해야 할 것이다.

　　둘째, 경작권의 확보와 외래이민의 방지를 들 것이니 조선토(朝鮮土)·조선인(朝鮮人)이 먼저 그 자연의 부원을 개척하여 그 향토 주인으로서 생존 번영을 꾀하는 것은 인간자연의 요구로써 누구든지 이것을 구속·장애할 수 없는 바이니 조선인은 당연히 이것을 요구하는 것이요, 그것의 실현을 위해 단결과 행동을 요구하는 바이다. 현재 남북 비옥한 수천년 이래의 토지를 등지고 경작권을 원하지 않는 이주민들에게 내맡기고 집단적으로 국경 밖으로 나가는 것은 숫자적으로 번거로운 예를 들 것도 없이 모든 이의 마음을 서늘하게 하는 바이다. 작년 1년 동안 강원도에서만 약 7천명의 고국을 떠나는 사람들이 있었다. 경기도에서는 2만 4천~5천명의 이산(離散)을 본 것 같은 것은 그 소소한 한 예가 될 뿐이거니와 이것이 조선인의 민족적 생존을 위해 절대 위협인 것은 물론 소위 동양평화의 전체적 형국으로 보아서도 결국은 깊은 화인(禍因)을 민족관계에서 조성하고 있는 것이다. 조선인으로서 취학·취직·취업 등 각종 우월권을 요구할 바 많지만 우선 경작권의 확보와 이를 근본적으로 저해하는 외래이민의 방지가 가장 긴급한 요구이다.

셋째, 조선인 본위의 교육의 확보이니 일반적으로 교육의 혁신과 개정을 요함도 현실정치의 아래에서 실현임을 요구하는 중대한 문제의 하나인 것은 우리가 항상 문제를 갈고 의논을 거듭한 바이다. 우선 당면과정에 있어서 조선인 본위의 교육을 획득하고 확보하기 위해 노력하여야 할 것이다. 근래 수년 이래 선구자들의 지도와 대중의 자연생장적 경향은 벌써 이를 요구하고 있다. 작년 겨울 교육문제 설치의 의논이 있을 때 이미 그 결의의 발표가 있었다. 대중교화 수립운동은 당연히 조선인 본위의 교육 확보운동과 합류·병행되어야 할 것이다. 이도 또한 조선인의 문화적 생명의 순당한 발육과 세계문화에 대한 독자적 특성의 견실한 발휘를 위해 가장 자연적인 요구가 되는 것이다. 이 3개의 항목은 조선 현재 민중적 요구의 가장 중요한 일부를 구성하는 것인만큼 신간회로서 당면 과정에 대한 중요강령의 일부가 되고 또 그 실현을 위하여 가장 과학적인 방책을 수립해야 할 것이다 (『조선일보』, 1928년 3월 27일, 1면 1단).

○ 1928년 3월 28일 실제운동의 당면문제 2

『조선일보』에 「실제운동의 당면문제 2」라는 제목으로 기고했다. 신간회운동의 구체적인 실천 과제로 언론·집회·결사·출판의 자유 획득 운동과 협동조합 운동을 지도·지지하며, 색의단발 권장으로 백의와 망건 폐지가 필요함을 주장하고 있다.

신간회의 당면한 구체 방침으로 어제 제시한 3개 조항 이외에 넷째, 언론·집회·결사·출판의 자유 획득과 이를 위한 운동이니 이 점에 관해 우리는 과거에 적지않게 고정된 관념에 의한 정치적 깨끗함 소위 절개주의(節介主義)에 끌린 바 많았다. 그것은 물론 과거의 그것이 틀렸던 것이 아니고 대중의 정치의식이 너무 저급한 때에 있어서 그들로 하여금 우경적(右傾的) 타협성(妥協性)에 있어서 몽롱마비(朦朧痲痺)하게 할 위험성이 많았기에 과거에 있어서 고결한 지사류의 절개주의가 조선인의 정치적 전야를 얼마큼 깨끗하게 할 직능을 다했다고 할 것이다. 그러나 오늘날의 조선인 대중은 오히려 절개주의를 버린 후 적극적인 투쟁행동으로 진출하게 해야 할 것이다. 그 제1보에 있어서 조선인의 정치행동을 막고있는 언론·집회·결사·출판의 지나친 구속을 풀고 자유를 획득하는 것이 가장 긴급한 요구가 되는 것이다. 이것은 이미 대중이 여론화하고 있거니와 더욱 각성하지 못한 대중을 향해서도 그 이유를 힘써 밝혀야할 것이다.

다섯째, 협동조합운동을 지도·지지할 것이다. 이 문제에 관해 한마디로 그 가부를 결정할 것 아니요 다수의 논의를 요구하는 바이다. 이것을 간단히 논의할 수 없지만 소위 부르조아의 생활 능력이 있는 구성원을 지지해 그 파멸과 약진의 사상을 가지는 프로레타리아로 변하는 것을 방지하는 수단으로서의 협동조합과 소비조합, 생산공동체 기구로서 각종 상업중개자와 특수 세

력을 가지고 번식하는 상업중개자의 착취 정도를 없애고 소비자
로서 생활의 기초를 보유하며 그 행동역량을 증진하게 하는 기
관으로서의 협동조합은 그 본질이 서로 틀림과 마찬가지로 각각
다른 입장에서 찬반의 논의가 구구하다 할 것이다. 우리의 지도
정신과 지지하고자 하는 목표가 두가지 중 어디 있어야 할 것은
명확하게 기다리지 않고 스스로 판정될 것이다. 이중 삼중의 유
통과정에서 착취에 넘어지는 무산각층의 인민을 대다수로 포용
하고 있는 조선인에게 소비조합에 구성 부분을 두는 협동조합운
동을 지도·지지하는 것은 확실히 당면한 하나의 중요 조항이 될
것이다.

　여섯째, 색의단발의 권장으로 백의와 망건의 폐지를 고조할
것이다. 색의가 즉 염색한 옷인 것은 일반이 아는 바이요 백의폐
지 색의 착용은 최근 새로이 선구자들이 역설하는 바로 되었지
만 이미 그 자세한 말의 논쟁보다 대중의 획기적 단행을 지도·
선전·고조하여야 할 것이다. 이 유식(遊食)의 표상이요, 쇠퇴
의 기호인 망국의 망령을 상상하게 하는 백의 폐지에 관해 우리
는 이미 수차례 논술한 바 있고 또 적지않은 반향을 대중 사이에
일으킨 바이거니와 신간회로서는 우선 그 회원들을 필두로 하여
이것의 단행을 꾀할 것이요 외부의 단체에서도 일률적으로 힘써
행하여 민중적 결심의 일대표상으로 삼을 것이다. 왕년에 일진
회(一進會)가 일어나매 단발흑의(斷髮黑衣)로 그 몸의 장식을 스
스로 구별한 바 있어서 색의단발 역사상 일대 오점을 남긴 것을
회고할 수 있으나 이런 것은 반드시 그런 단체에 국한해서 생각
할 것이 아니고 의연히 생활개신(生活改新)과 민족적 결심의 일
대 표상으로 힘써 실천할 필요가 있는 것이다.

　(『조선일보』, 1928년 3월 28일, 1면 1단).

○ 1928년 3월 30일 월남 이상재 선생 1주기 추모식

월남 이상재 선생 1주기 추모식에 참석해서 약력을 보고했다.

　　이미 보도와 같이 작년 3월 30일에 엄연히 영원의 세계로 떠
나간 일대의 거인이요, 만인의 사표이시던 월남 이상재 선생의
1주기를 당한 시내 각 단체에서는 시내 수표정 42번지 조선교육
협회 안에 있는 월남선생추도회준비회의 주최로 오는 30일 오후
3시부터 시내 종로중앙기독교청년회관 대강당에서 개최하리라
는바 당일의 추도식 순서는 다음과 같다.

　　사회 권동진
　　주악
　　개회사
　　약력 안재홍
　　추도사 윤치호
　　동상 유억겸
　　동상 송진우
　　동상 민태원
　　동상 신석우
　　유음 조선 청년에게 : 레코드 취주(吹奏)
　　추도가 미정
　　일동 묵상
　　주악
　　폐회
　　(『조선일보』, 1928년 3월 26일, 2면).

○ 1928년 4월 2일 국제정세

『조선일보』에 「일주일별(一周一瞥)」란에 당시 국제정세에 관한 시평을 썼다. 제네바 국제연맹의 군축위원회에서 러시아의 군축안이 받아들여지지 않고 미국은 군비 확장을 통해 제국주의적 진출을 도모하고 있다고 분석했다.

소비에트 러시아의 강국화와 자본주의 여러 국가의 대립 관계가 최근 국제정세의 중추적 틀이 되는 것이다. 자본주의 여러 국가의 상호간 모순에 의한 암투와 갈등이 또 크고 작은 파란을 국제정국의 위에 발현하는 것은 안목있는 사람들이 한가지로 눈앞에서 보고 있는 바이다.

3월 1일 개회되어 같은달 24일 폐회한 제네바 국제연맹의 군축위원회는 끝난지 열흘이 가까우니 벌써 과거의 일이지만 러시아의 군축안이 여러 나라의 반대로 예상과 같이 배척되었다. 영국의 주력함 제한이라는 제안도 또 비웃음 섞인 숙고중에 파묻히고 말았다. 러시아에 대해서는 자본주의 여러 나라의 총반대가 있었다. 영국에 대해서는 일본·미국 등 여러 나라가 서로 불만의 뜻을 표해서 그것도 또한 흐지부지 했다. 러시아의 군축안은 20만 이상의 육해군 병력을 가진 국가는 그 50%의 삭감, 군함 1만톤 이상의 금지·확장의 금지 등이 그 주요안이었다. 영국이 제안한 것은 1921년 워싱턴 조약에 의한 주력함 제한을 3만 3천톤으로 개정해서 앞으로는 3만톤 이하로 군함포는 구경 16인치를 13인치 반으로, 주력함 연령 20년이던 것을 25년으로 연장하자는 것이다. 이외에도 잠수함 완전폐지 문제에 관해서는 언제든지 응할 준비가 있다는 것을 발표했다.

러시아의 제안은 말하자면 세계적 폭로전이다. 거기에는 자기들의 전술이 있는 것이지만 영제국의 제안안도 또 아전인수(我

田引水)인 것은 떠들 필요가 없다. 영국은 이미 쇠약함을 느끼는 데 미국은 바야흐로 약진적 군비확장을 단행하기에 여유가 있어서 제국주의적 적극 진출을 도모하고 있다. 71척의 각종 군함을 20년 계획으로 건조한다는 월버 해상안이 참패했더라도 오히려 1만톤 순양함 15척 건조안에 상당히 속마음을 두고 있는 미국을 향해 끝없는 대함거포주의(大艦巨砲主義)를 제한하고 함대 수명의 연장으로 어쨌든 현재의 우세를 유지하고자 버둥대는 작년 가을 부리치만 씨 이래 최후의 고심의 빛이 보인다. 그리고 대전란 당시 독일의 잠항정 습격에 의해 영제국이 해상의 패권도 까딱하면 날라갈뻔 하던 생각을 하면 잠수함 폐지를 운운하고 김칫국부터 마시려는 심사가 볼만하다.

영제국의 이러한 고심에는 웅대한 비애가 세계사의 넘어가는 페이지속에 움직이고 있는 것을 보게 된다. 그리고 부전협약(不戰協約)의 제안자로서 니카라과·파나마(巴拿馬)와 따위와 약소한 국민에 대해 일고의 여지도 아니두고 군사력으로 집어세우려는 평화주의 미국에서 뭇솔리니 추종의 전중(田中) 씨 정권의 일본과 한가지 슬쩍슬쩍 힘들이지 않고 동안(同案)을 웃어넘기려는 것은 당연의 당연이다.

정말 뭇솔리니는 최근 이탈리아 전국을 들어서 자기의 완전한 지배하에 두려고 친선거법(新選擧法)을 제정하여 파시스트 이외 의원의 당선을 금지하고자 교황청의 소년단체까지도 해산하기로 해 그의 임마누엘 황제에게는 앞서 언급한 법안을 재가하지 말까 그렇지않으면 스스로 퇴위할까의 문제가 된다고 한다.

전자(前者) 부라티아노 씨와의 충돌로 루마니아의 왕실에서도 파란이 있었고 이탈리아에서도 이 소식이 있다. 유럽이 아니면 볼 수 없는 형세이다. 군축문제 이외에는 미국에는 큰 일이 없고 일미친선설(日米親善說)조차 웬간치 않게 높을 즈음이다. 일본 정국은 따로 말한바 있다. 북벌의 소리가 높은 중국의 남경정부(南京政府)를 중심으로 한 군사운동도 최근에는 혁명적 기백이

흠씬 빠졌고 풍옥상(馮玉祥)·염석산(閻錫山)과 호응해 대거 북
진을 한다는 것도 지금까지는 그다지 놀랄 사실이 없다. 일본을
두루 돌아다니다가 급히 돌아간 장개석(蔣介石)이 서산파(西山
派)와 분리되고 친무한파(新武漢派)와는 대립되고 광동의 이제
침(李濟琛)과도 간신히 미봉할 즈음이며 풍(馮)·염(閻) 1인이 얼
마쯤 위혁(威嚇)[40]을 낼는지 최근 이제침(李濟琛)은 장씨와 제휴
하고 친무한파(新武漢派)가 또한 북벌을 협동한다 하니 꽤 기이
하다 할것이나 그 하회(下回)[41]를 보지 않고는 속단하기가 어렵
다(4월 1일 오후 2시)(『조선일보』, 1928년 4월 2일, 1면 3단).

○ 1928년 4월 5일 사안(史眼)에 비춘 천도교(天道敎)

『조선일보』에 「사안(史眼)에 비춘 천도교 (天道敎): 그의 70년 기
념을 듣고」라는 제목으로 글을 썼다. 천도교 창립 70주년을 맞이하
여 동학 발생의 시대적 배경과 천도교로의 변천과정을 살펴보고 그
종교사적 특징을 평가하고 있다.

　　종교와 현대의 관계에 관해 우리는 여기서 말하지 않는다. 다
　만 수백만을 일컫는 교도와 창도 70년을 기념하는 천도교(天道
　敎)가 근세 조선사에 있어서 어떤 인과의 연쇄 위에 놓여있는 것
　과 그로 인해 조선의 민중에게 얼마쯤의 사회적 작업을 하는가
　를 제3자의 입장에서 고찰함에 그치는 것이다. 처음에는 혹세무
　민(惑世誣民)하는 이단으로서 위정자에게는 탄압이 되고 상층
　식자에게는 비웃음의 되었다. 갑오년(1894년)에는 일청전역(日
　淸戰役)의 도화선을 짓던 동학란을 필두로 전후를 거듭해 크고

---

40)　힘으로 으르고 협박함.
41)　어떤 일의 결과나 상황.

작은 파문을 조선 말년 사상사에 미친 천도교에 관해서는 조선의 현대인으로서 타탕한 견해를 지녀야할 가치가 있다.

현실 사회의 끝없는 중생들을 대하며 연민과 분노와 고뇌의 정이 먼저 인도적이고 순수한 사랑의 샘에서 솟아나오는 것은 선구자의 가슴이 항상 같은 바이다. 그러나 그 구제와 해방의 수단에 있어서 이상의 피안으로 귀의를 제도(濟度)하고 권력층 사람들의 윤리적 반성을 촉구하여 사회생활의 조건을 개선하려는 자도 있다. 혹은 연민의 대상인 억업받는 대중에게 기대하여 투쟁적인 단결의 힘에 의해 스스로 해방하기를 꾀하는 자가 있게 되는 것이다. 전자(前者)는 종교가 후자(後者)는 가장 급진적인 현대의 선구자로 되는 것이다. 이러한 수단의 차이로 인해 왕왕(往往) 서로 빙탄(氷炭)같은[42] 처지에 대립하게 되기까지 되는 것이다.

70년 전에 있어서 경주(慶州)의 일각(一角)으로부터 일어나 광제창생(廣濟蒼生)의 대원(大願)을 걸고 동학(東學)의 이름으로 학정(虐政)과 궁핍(窮乏)의 광야(曠野)에서 헤매는 조선인 민중의 사이에 외치고 일어선 수운(水雲) 최제우(崔濟愚)의 그것은 전자(前者)인 듯 도리어 후자(後者)에 귀착(歸着)되고 만 것이다. 그는 지방 명문의 출신이라 하나 사실은 일촌부자(一村夫子)의 신분이었다. 촌부자(村夫子)로서 일어나 일세의 풍운(風雲)을 자아냈고 조선에 있어서 적지 않은 역사적 작업을 계승하게 하니 그와 천도교(天道敎)는 훌륭한 바 있다 할 것이다.

역사적 기연(機緣)과 사회적 대의식(大意識)을 떠나서는 독자적으로 위대한 한 개인이 주조(鑄造)될 수 없다. 그럼으로 수천년 수난의 연속인 조선사와 오백년 퇴세(頹勢)의 말기인 한양조 고종 전후의 환산(渙散)한[43] 조선사회를 경위(經緯)와 원야(原野)로써 하지 않고서는 최수운(崔水雲)이 발흥(勃興)할 수 없던

---

42) 서로 조화가 될 수 없는.
43) 뿔뿔이 흩어진.

것이다. 수천년의 수난은 곧 처음 피의 무참한 흘림이었다. 수천년 거듭한 한화주의적(漢化主義的)·숭외적(崇外的) 경향(傾向)의 발호(跋扈)는 당연히 일찍부터 확립했어야할 조선 마음의 무참한 짓밟힘이었다.

그리고 당연히 옹획(擁獲)[44]되어야했던 것은 예나 이제나 걷잡을 수없던 고통중에 납작해진 백의인(白衣人)인 민중의 그것이었다. 이 3자의 기괄(機括)[45]을 남먼저 일어보고 그 모험의 첫걸음을 내딛은 이는 최수운(崔水雲)이었다. 그가 단두대에 올랐고 그 뒤를 따르는 이들이 그의 간 곳을 가게된 것은 차라리 당연한 인연일 것이다.

지내천(地乃天)·인내신(人乃神)의 사상은 구원(久遠)한 원시시대로부터 조선인의 생활을 일관한 바이다. 천지산천(天地山川)의 명칭으로 가옥·신체·혈통 등에 대한 명명(命名)–즉, 그들의 명사에 관한 언어학적 견지로도 넉넉히 이를 증명할 수 있다. 접주접장(接主接長)의 명칭이 멀리는 남계(男系)와 여계(女系)의 추장을 중심으로 병교합체(兵敎合體)의 부락정치(部落政治)를 경영하던 지어버이(夫)·지어머니(婦)의 제도와도 연접(連接)하고 전란때에는 그의 전구(前驅)[46]로서 나서던 '압장'–읍차(邑借)–혹은 '지업장' 등 중세 정치조직과도 비슷하게 서로 합문(合吻)[47]되는 명목(名目)이니 최수운(崔水雲)과 그의 후계자들이 이를 명백하게 의식하였는지는 모를 바이나 동학의 명칭에 상응하는 것이다.

임진병자(壬辰丙子) 두차례의 역(役)에 남에 패하고 북에 굴하여 정부의 위력(威力)이 돌아보아 빙신(憑信)할 수 없으니 울흥(蔚興)하는[48] 민중의 분만(憤懣)이 조선학(朝鮮學)의 구성과

---

44) 지지하고 획득해야 하는.
45) 틀을 세우다.
46) 어떤 행렬의 맨 앞에 가는.
47) 서로 일치하는.
48) 성하게 부쩍 일어나는.

발표도 되고 폭력으로 일어나는 자는 전에는 홍경래(洪景來) 의 조솔(粗率)[49]함이 있었고 후에는 삼정(三政)의 난의 일규적(一揆的)[50]인자 있었으니 최수운(崔水雲)이 간소한 이론과 조약(粗約)한 계획으로 오히려 민중을 움직이는 매력을 발휘한 진인(眞因)[51]이다.

그 때문에 동학당(東學黨)의 사람들이 대소(大小)의 파문(波紋)으로 중요(重要)한 역사적 작업을 계승하게된 것이다. 그러다 수운(水雲)이 워낙 미진(未盡)한 바 있으려니와 분립하여 합일하지 못하는 오늘날의 천도교(天道敎)도 이 역사적 작업에 있어서 그 세력을 감살(減殺)하게 하는바 없지 아니할 것이다. 이는 수난기에 있는 조선인으로서는 적지 아니한 유감(遺憾)이다. 그들의 의의(意義)있는 기념(紀念)에 임하여 큰 감촉(感觸)이 있기를 바란다(『조선일보』, 1929년 4월 5일, 1면).

○ 1928년 4월 9일 주간 국제정세

『조선일보』에 「일주일별(一周一瞥)」란에 당시 일본 정국의 불안, 중국 대륙의 상황, 영국과 동방 여러 나라의 갈등 관계 등 한주간의 국제정세에 관한 시평을 썼다.

지속으로부터 추이에 그 역사적 과정을 밟고있는 최근 한주간의 국제정세는 일본 정국의 불안과 재해산 기세가 농후하고 중국 남북전국(南北戰局)의 발전과 대외 교섭의 변동, 영국의 동방 제국민과 갈등 관계 등이 가장 중요한 현상이 될 것이다.

7일 동경전(東京電)은 정부로서 재해산이 피할수 없는 것을

---

49) 거칠고 경솔함.
50) 같은 경우나 경로.
51) 진짜 원인임.

결의하고 은밀하게 선거준비를 한 바 있다 한다. 이는 즉 정부당의 승산이 없음을 말하는 것이다. 해산의 공포가 민정당(民政黨)과 중립을 위협해 다소 동요의 기미가 있고, 민정측에서는 당원의 결속을 위해 물샐틈없는 준비를 하고 있다하니 만일 야당이 잘 싸워서 임시의회로 하여금 불신임안 상정까지 가고 부득이하게 재해산 단행까지 간다하면 일본 정국의 추세를 위해서는 가장 주목할만한 사태가 되겠다. 정부 양당의 제1당 다툼은 화역(花域)·충도(沖島) 두사람으로 나눠 화역(花域) 218, 충도(沖島) 217로 백중지세이다. 무산당(無産黨)의 진출은 재해산의 기회를 타면 더욱 활발하다 할 것이니 지배벌(支配閥)의 사람들로서는 가장 고민거리가 될 것이다.

영국 보수당의 지노비에프 적서사건(赤書事件)의 고지(故智)가 얼마큼 전중(田中) 씨의 내각에 의해 조술(祖述)하게 될수 있는지는 알수 없으나 재해산으로 확호(確乎)한 일이 이루어질 가능성이 없는 일본의 정부당은 자못 곤란할 것이다.

일본의 정국은 불안한 중에 오히려 십수일의 암중대전(暗中對戰)을 하고 있으려니와 중국의 남북전(南北戰)은 봄의 따뜻한 기운을 맞이해 바야흐로 용무(用武)[52]의 지경에 드는 것이다. 북경의 7일 소식에 의하면 봉천군(奉天軍)이 총공격작전을 시작하여 5일 이해 활동을 개시한 것을 전한다. 장작상(張作相) 등이 조문벌(鴈門閥)의 측면으로 나아가고 정태선(正太線)에서는 정경(井陘)을 확실히 점령했으며 하남에서는 장하(漳河)의 북안(北岸)을 완전히 봉천군이 손에 잡고 있으며 산동방면에서도 손전방(遜傳芳)·장종창(張宗昌)·제옥업(褚玉璞)군이 장개석군의 북상을 맞서고 있다 한다. 풍옥상(馮玉上)군은 황하 이북의 웅주(雄州)인 소향(蘇鄉)에 진영을 두어 위하(衛河)를 따라 주력을 모았고 장학량(張學良)·양우정(楊宇霆)등 봉천파의 중추는 직례(直

---

52) 군대를 부림.

隷)의 남단인 한단(邯鄲)에 본영을 두고 멀리 장하(漳河)를 경계선으로 서로 수영(戍營)[53]을 다투게 되었으니 지금의 형세로는 산서(山西)와 산동(山東)에 향하여는 수세(守勢)를 가지고 경한선(京漢線)인 풍옥상에 대해서는 적극적인 진출로 그 자웅을 결정하려는 것 같다. 그들의 승패는 보도가 구구(區區)하여 쉽게 단정할 수는 없으나 소위 내선작전(內線作戰)의 교묘함을 발휘할 가능성이 있을 것이다. 장(葬)·풍(馮)·염(閻) 3인의 결속과 대응책이 어떠한 정도까지 철저한지는 의연한 의문이다.

산동 방면에는 태안(泰安)·열주(兗州)로 제령(濟寧)을 중심으로 독산호(獨山湖)의 동서를 끼고 방어전에 노력하고자 하는데 재기한 이후 다시 옛날의 위력은 없는 장개석(葬介石)은 최근 어찌되었던 광동파(廣東派)와 무한에 옹거한 광서파(廣西派)와도 제휴한 바이고 따로 부하병력을 편제해 그 세력의 만회에 애를 쓰고 있는데 남방파(南方派)로 지목되는 3인자에게 올해 의미하던 새로운 혁명의 기백을 기약할 수 없는 것은 앞서 쓴 글에서도 말했다.

이와 같이 전국(戰國)이 발전됨에 의해 그들 속에 선전되던 관세회의(關稅會議)는 저절로 유야무야로 돌아가고 남북외교(南北外交)의 통일문제도 또 환상에 그치고 마는 것 같다. 최근 영국공사 람손 씨가 남경에서 광동까지 돌면서 서면춘풍(西面春風)에 추파(秋波)를 흘린 바 있었고 성공하지 못한 뒤를 미국 공사 맥마레씨가 갑자기 남경의 국민정부(國民政府)와 절충하여 남경사건(南京事件)의 단독해결을 발표해 영국도 영국이려니와 만몽적극정책(滿蒙積極政策)이라면 남을 뒤를 따르는 것을 허락하지 않는 일본으로서도 거기에는 그만 뒷전에서 멀쓱하니 처다보게 되었다.

이집트가 완전한 독립을 요구하느니 인도와 중국의 혁명운동

---

53) 국경을 지키는 일.

에 말할 수 없이 골병이 드는 영제국은 이와같이 동방 제민족의 이반(離叛)·항쟁(抗爭)이 갈수록 깊은 걱정 속에 근심하게 된다. 이집트의 주장은 영국주둔군의 철수 이외에 모든 임감정치(臨監政治)[54]의 배제를 주장하는 것이다. 영국은 소위 1922년 선언 유지를 주장함이니 즉 스에즈운하 방비권(防備權)의 보류, 외적의 이집트 침입 방비, 이집트에 있는 외국인의 생명과 재산 보호, 수단(Sudan)의 지배권 규정 등이다. 이집트는 이 모든 조건에 반대하고 아울러 수단(Sudan)의 지배권을 다투게되어 항쟁해 영국은 노동당까지 이집트의 해방을 반대하고 국제연맹에 위임하기를 주장하니 국제연맹이 이를 해결할 힘이 없는 것은 물론이요 이집트인의 희망을 고려할 여부조차 의문이다. 그러나 중국과 인도에서 곤란한 경험을 가진 영제국은 그야말로 최후 발악적인 고압책을 가지게 되는 것이니 이집트 문제는 커다란 분규의 불씨가 되는 것이다. 방금 세계 1억 5천만의 회교도는 결속해서 유럽에 반항하거니와 영국 통치하에 있는 인도·이집트·기타 아시아와 아프리카 8~9천만의 회교도는 갈수록 단결해서 영제국에 반항하고자 하니 이 또한 영국의 중대한 암(癌)이 될 것이다(4월 8일 오후 1시).

(『조선일보』, 1928년 4월 9일, 1면 5단).

○ 1928년 4월 15일 공학 실시와 군사교련

『조선일보』에 「공학 실시(共學實施)와 군사교련(軍事敎練): 조선인으로서의 견해와 주장」이라는 제목으로 글을 썼다. 일본인과 조선인의 융화를 위한 맹목적인 공학실시는 억압을 강제하려는 것으로 조선인 본위의 교육이 시급함을 주장하며 일본군 헌병 출신의 교관에

---

54) 임시로 정권을 맡기는.

의한 군사 교련 실시에 대해 비판하고 있다.

조선 위정의 수뇌자 경질된 이래 병비(兵備)의 충실, 소농의 보호, 교육의 신방침 등 신정책 수립을 위해 적지 않게 서두르고 있다. 병비(兵備)의 충실, 소농의 보호 등은 아직 그 구체안을 못보았고 이제 함께 논할 겨를도 없지만 초등교육의 기회균등 대책에 관해서는 지극히 일반적인 방침이 발표된 것 이외에는 상세한 계획을 엿볼 수가 없다. 물론 일반적인 방침에 대해서도 우리는 상세한 논평을 유보하고 있거니와 초등교육의 기회균등이라는 제1차 계획 다음으로 중등교육의 조선인·일본인 공학안(共學案)이라는 것이 발표되었다. 당국의 발표에 의하면 내선융화(內鮮融和)의 기초로서 이 공학의 실시를 촉진하고자 한다 하거니와 이 문제는 가장 진중한 고려를 요하는 것이다.

조선 본위 또는 조선인 본위의 교육실시를 요구하는 것은 최근 가장 두드러지게 나오고 있는 교육에 관한 여론이다. 그것은 인간 성정(性情)의 자연적 요구에 근거한 정당한 요구라 할 것이다. 이것은 조선인의 장래 번영은 그 민족문화의 거스르지 않는 발전을 충실하게 유도함에 있는 것이다. 조선인 문화의 자연스러운 발전은 조선 본위 또는 조선인 본위의 교육을 실시함으로써 비로소 기약할 수 있는 것이기 때문이다. 그러나 중등교육의 조선인·일본인 공학안(共學案)은 더욱이 이 정신과 배치(背馳)되고 그 실시의 거리를 멀게 하는 것이니 찬성의 뜻을 표할 수 없다. 내선융화(內鮮融和)의 첩경(捷徑)으로 조선인과 일본인 남녀의 결혼을 장려한다 하니 남녀의 결합이 그 성정(性情)의 자발적 사랑을 기초로 한다면 이는 원래 인위적으로 강제할 바는 아니다. 내선융화(內鮮融和)의 견지에 의해 맹목적인 공학을 단행한다는 것은 도리어 억압으로 강제하려는 폐단인 것을 면할 수 없다.

현재의 초등교육에는 학교비(學校費)와 학교조합비가 그 부문을 따로해서 보통학교와 소학교가 전혀 별개의 재정 아래 있지만 고등보통(高等普通)과 중학에 있어서는 거의 전부가 국비로서 80% 이상을 지출하고 그 외의 잔액은 도지방비로 하여 재정 계통이 거의 동일하기에 공학의 실시가 가장 편리하다고 한다. 조선의 교육비 문제에 대해서도 논의한 바 있지만 첫째 공학과 함께하는 조선인 입학난(入學難)에 관해 우리는 심절(深切)한 연구가 필요하다. 경성제대 이하 각 전문학교·고등·기타실업학교로 현재 공학이 실시되는 교육기관에 있어서 일본인 본위의 시설·운영은 그 입학율에까지 절대적 결과를 내서 조선인 재학율이 많아서 30%, 적은데는 15% 내외에 불과할 뿐이다. 중등학교의 공학 실시 또 이와 같은 결과를 낼 수 있다는 것은 결코 기우(杞憂)라고 할 수 없다.

혹은 공학의 실시로 인해 민족적 경쟁심에 의한 조선인 학구열의 고양과 상급학교 입학의 편리 등을 생각하는 자가 있을 터이나 이것은 그 얻는 바가 잃는 것을 보충할 수 없을 것이다. 그리고 현재 공학하는 학교에서 조선인·일본인 학생 간에 항쟁과 충돌이 없음으로 금후에 범위를 확대하는 것이 한층 융화(融和)의 효과를 낼 수 있으리라 하지만 그것은 도리어 피상적인 생각이요 묵묵하여 항쟁이 없는 곳에 하등 친화(親和)의 행동도 없는 것은 그것이 즉 이면(裡面)의 불화(不和)를 말함이니 공학하는 학교의 조선인·일본인 학생들이 마치 물과 기름 같이 따로 돌고 있는 것은 일반이 잘 아는 바이다. 이 점으로 보아서 그들로서도 그다지 기대할 바가 없을 것이다.

마지막으로 조선인에게 군사교련 실시에 관해 한마디 하고자 한다. 왕년에 군사교련의 안이 조선에서 시작될 즈음 우리는 솔선해서 반대한 바 있다. 그것은 다만 군국주의 사상의 주입을 반대한다는 일반적인 견해를 따르기 보다는 그 실시와 한가지로 그들 군헌(軍憲) 출신의 교관에 의한 교육의 지배를 방지하기 위함이었다. 그러나 그는 조선인이 나약하여 상무(尙武)의 기풍이 결핍되어 있고 분산적이어서 규율적 훈련이 결여된 것을 예찬함

을 뜻하는 것은 아니다. 그럼으로 조선인 학생에게 일률적으로
군사교련을 실시 그 가득한 나태한 기운과 문약(文弱)의 경향을
쫓아내는 것은 옳다. 그러나 다만 군헌(軍憲)인 교련교관으로 하
여금 교육을 지배하는 것을 방지함은 가장 유의할 점이다(『조선
일보』, 1928년 4월 15일, 1면 1단)

○ 1928년 4월 16일 주간 국제정세

『조선일보』에 「일주일별(一周一瞥)」란에 한주간의 일본과 유럽 중
국의 국제정세에 관한 시평을 썼다.

정국의 불안과 재해산 기세가 짙어 저기압이 뚜렷하게 혼미하
고 있는 일본 정계는 1천 수백명의 대규모 검거로 내외의 이목
을 놀라게 한 공산당 사건의 발표와 동시에 노동농민당의 해산
과 같은 당 소속 2대 의사(議士)의 제명설로 야당 위협의 비책
을 발휘하고 정우회(政友會)의 파시스트적 진출을 위해 온갖 수
단을 병용하는 최중(最中)에 있다. 노동당 이외에 무산 2개 단체
의 해산뿐 아니라 노동당의 재조직을 하지 못하게 하고 각대학
의 소위 좌경 교수와 학생 등에게까지 그 강압의 손을 펴서 일찍
이 건국회(建國會)의 주장하던 바가 그대로 실현되어 가는 형편
이다.
그러나 적화(赤化)의 선풍 구대륙을 한번 지난 후 영국·프랑
스 등 여러 국가의 반동정책과 중유럽 여러 나라의 분열과 힘이
약해진 틈을 타서 백색독재(白色獨裁)[55]의 정권을 수립하고 지
금 임마누엘 황제와 맞걸어서 세계 이목의 초점을 짓다시피하
는 이탈리아의 뭇솔리니를 그대로 일본에서 기대하기는 여러 가

---

55) 겉으로는 자유민주주의를 내세우면서 독재 정치를 하는 것.

지 정세가 허락하지 않는 것이다. 영·미 열강의 백색지지, 중국 국민혁명의 꺾어짐, 아직도 발전 단계에 있는 일본의 자본주의 등은 이 반동정치로 하여금 얼마큼 장래가 있다는 것을 수긍할터이나 그것이 또한 자체모순의 첨예화인 것을 표명하는 일본의 위정가는 고려할 냉정이 있어야 할 것이다. 최근 바야흐로 늦은봄 전쟁의 계절에 들어간 중국의 남북전쟁은 산서(山西)·경한(京漢)·진포(津浦) 각선(各線)에 모두 활기를 일으키게 되어 군무기와 군수품의 수송, 부상병의 후송 등으로 자못 격전 상태에 들어간 것을 알게하거니와 경한선(京漢線)에서는 봉천군(奉天軍)이 장하(漳河)를 건너서 풍옥상군(馮玉上軍)을 위휘(衛輝)방면으로 압박하였음을 전하였으나 지금까지 학보(學報)가 없었고 장개석군(葬介石軍)은 서주(徐州)의 전선(前線)으로부터 진출하여 13일 불효(拂曉)에 완전히 입성했다 하니 이는 상해에서 온 소식인만큼 아직도 단정하기 어려우나 임성역현(臨城驛縣) 일대의 산악부를 진출·점령하고 좌익은 척주(沂州) 일조(日照)에까지 위협하며 그 주력부는 서서히 □□·태안(泰安)을 공략하려는 것 같다.

장씨가 지금 어느 정도까지 북벌을 관철할 힘이 있는지는 의문이라 할 것이요 산동에 진출한 후 장작림(張作霖)과 타협하려는 복안을 가졌다는 것도 음미할만 하다. 이러는 동안 남에서는 남경정부와 미국 공사 사이에 남경포격사건(南京砲擊事件)에 대한 미중(美中)협정이 끝나서 미국측은 발포의 부득이함을 변명하며 애써 유감의 뜻을 표하고 중국측의 요구인 불평등조약 개정에 관해서는 "국민을 대표하는 정부가 성립만 하면 언제든지 그 교섭에 응하겠다"는 성명을 발표하는 정도에 그쳤다. 단독해결한 미국측의 성공으로 문제되는 페데랄 무선전기안도 미국측에 유리하게 해결된 것 같다.

남에서 패한 한풀이라고 할지 만주에 있어서는 도앙선(洮昻線) 문제를 중심으로 일본과 중국의 관계가 적지않게 분규하여 일시에는 무력 억압의 눈치까지 보이게되었다. 무력억압 등은 그들 상습적인 일이라 경탄(輕嘆)할 바 없으나 최근 일본의 만몽적극 정책과 대항해 봉천파(奉天派)의 배일 혹은 항일의 기세가 쉽게 완하될 듯 싶지도 않고 그 얼품[56]에 들어서 편벽되이 이중의 화(禍)를 받는 것은 재만(在滿) 수백만의 조선동포이다. 요즘 조선의 위정 수뇌자들은 구수회의(鳩首會議)를 한 결과 생전(生田)·천리(淺利) 두 사람의 급거 동행(東行)을 보게 되었으니 무엇인지 만주문제와 관련되는 것이라고 다소의 주목을 끄는 듯하다.

전주 중에 한참 문제되던 영국과 이집트 관계는 이집트인의 영국통치권 부인과 죽음을 각오하는 독립의 요구 등으로 미해결의 상태인데 인도의 최대 부원지(富源地)요 반영운동(反英運動)의 책원지(策源地)로 되어있는 환하(恒河)[57] 유역의 벵골지방에서는 영국제 면포에 대한 불매동맹을 결정해 그들의 경제적 총동원이라는 일단(一端)을 드러내고 있다. 이러한 단편적인 사실에도 동방제민족의 최근 경향이 뚜렷하게 드러난다 하겠다. 그러한데 양자(曩者)[58] 제네바 군축회의에서 군폐군축안(軍廢軍縮案)을 제창한 노농러시아의 수뇌자들은 부르조아 국가로서 군폐(軍廢)를 단행하지 않는 이상 그 포위공격에는 항상 완전한 방비가 있어야하겠다고 언명하고 또 조만간 전쟁이 있을 것을 지적하여 내년 10억 루불의 국방비를 예산할 것을 발표한 바 있다. 열강의 군비 확장경제과 노농러시아의 혁명적 군사준비 확대가 역사적 중대 현상인 것을 명심할 필요가 있다(4월 15일 오후 2시)(『조선일보』, 1928년 4월 16일, 1면 3단).

---

56) 다른 사람 때문에 당하는 괴로움이나 해.
57) 인도 갠지스강.
58) 지난번.

○ 1928년 4월 16일 조선일보 필화 금고 4개월

『조선일보』에 백관수가 쓴 사설 「보석지연의 희생」으로 금고 4개월이 구형되었다.

본보 필화사건(筆禍事件)의 속행공판은 예정과 같이 어제 16일 오전 10시경에 경성지방법원 제3호 법정에서 개정되었는데 피고인 안재홍·백관수 두 사람에 대한 심리가 끝난 후 검사는 신문지법(新聞紙法) 위반으로 각각 금고 4개월을 구형한 후 변호사의 변론에 들어가 변호사 권승렬, 최진, 유□희, 한국종, 허헌, 이인, 김병로, 김태영, 조헌식, 강세형, 이승우 등 제 씨의 변론이 끝난 후 결심하였는데 판결은 오는 28일에 언도하리라고 한다(『조선일보』, 1928년 4월 17일, 2면).

조선일보 필화사건의 발행인 안재홍(安在鴻), 편집인 백관수(白寬洙) 두사람의 신문지법위반(新聞紙法違反)에 대한 공판은 16일 말광(末廣) 재판장의 담임으로 경성지방법원 형사1호 법정에 열리어 입회 중야(中野)검사로부터 피고 두 사람에 대하여 각각 금고(禁錮) 4개월의 구형논고가 있었는데 열석하였던 최진(崔鎭)·이승렬(李承烈) 씨 등 변호사의 열렬한 변론을 시작하여 이승렬 씨는 재판장으로부터 주의를 받았으며 판결언도는 아직 미정이라고한다(『동아일보』, 1928년 4월 17일, 2면 3단).

○ 1928년 4월 26일 구명운동

『조선일보』에 「구명운동」이라는 제목으로 시평을 썼다. 이탈리아 청년이 미국 감옥에서 사형에 처하게 될 때는 전세계뿐만 아니라 조선에서도 대대적인 구명운동이 일어났는데 만주에서 압박받는 조선인 동포들의 구명운동에는 소극적인 현실을 비판하면서 각성을 촉구하고 있다.

구명운동(救命運動)! 이는 좀 절망적 기분을 섞은 감상적인 말이다. "나를 살려 주오, 살게 하여주오"하고 부르짖거나 "이 사람을 살려주오, 죽이지 말아주오"하거나 자동(自動)과 타동(他動)의 구별은 있을지언정 구명운동이란 것은 얼마큼 감상적이다. 절망적·감상적인 일은 왕왕 쓸모없는 기분으로 흐르고 마는 때도 많지만 최종적으로 심각미(深刻味)와 백열성(白熱性)을 띠게도 되는 것이다. 지난번에 지적했던 삿코반젯트의 두사람이 미국 재판소에서 7년 철창의 원억(冤抑)[59]을 입고 마침내 사형의 처결을 당하게 될 때 세계의 다수 인민들은 이에 대한 대대적인 구명운동을 일으켰던 것이다. 그것은 말과 같이 세계적이었다.

인간 만사가 모두 생존운동이라고 할수 있다하면 그것은 소극적 의미로 보아서는 결국 구명운동이라고 할 수 있는 것이다. 다만 그것이 추상적인 때 완만하고 구체적인 당면한 사실인 때에 한층 심각·통렬한 분별이 있을 뿐이다. 현하의 조선인은 대중적 수난기에 있으니 보보전진(步步前進) 입을 다물고서 드는 것이 곧 구명운동이다.

구명운동이 전 2천 3백만 조선인이 있는 곳에 있어야할 만큼 되었으니 조선인이 아닌 자가 조선인을 위하여 얼마큼이나 넓은 의미의 구명운동을 하는지 아닌지는 우리가 논할 바는 아니지만 조선인이 자로서 그 자신이 당면한 이 문제에 관해 얼마쯤의 철저한 의욕이 있는가? 혹은 쌍수를 들어서 막배(膜拜)[60]하도록 경의를 표함직한 사람도 적지 않지만 전체로 보아서는 도리어

---

59) 원통함을 억누름.
60) 감사를 드림.

요요(寥寥)하여[61] 들림이 없다고 아니할 수 없다.

최근 재만동포의 압박 받는 사실이 한번 만천하에 알려지니 그 옹호운동은 흡연(翕然)[62]히 한시대를 풍미(風靡)하려는 기세로 일어났다. 이 운동이 자못 번거로운 간섭 아래 거의 질식에 빠졌거니와 재만동포들의 수난 소식은 일찍이 끊이지 않고 지금도 오히려 그러하다. 압록강 오른편 동변팔현(東邊八縣)의 관전(寬甸)·통화(通化) 각지로부터 중동선(中東線) 철로 부근과 북만주·내몽고에 까지 그러한 것이다. 중동선 산시역(山市驛)에서 발생한 동포 한춘화(韓春華)의 무고한 총살사건으로 인해 같은 지역 이주문제는 불농동맹(不農同盟)을 필두로 학생은 동맹휴교, 농구자는 동맹파업을 해 비장한 동정을 표하게되었다. 이 운동은 이미 비참하게 죽은 한모(韓某)를 위해 구명운동의 효과에 미칠바는 아니지만 패여잔생(敗餘殘生)[63]으로 된 모든 동포를 위하여 참으로 비장한 구명운동이 되는 것이다. 국내외에 있는 동포여! 이에 태연할 수 있는가?

조선인은 훈련이 없는 인민이요 심각하게 자발성이 얕은 것 같다. 그들은 한번 느낀 바 있으매 곧 탈선적 행동을 일으켜 소위 부조(扶助)가 아니라 제사상 다리를 치는 실수를 하니 손님의 경험은 새로이 이를 증명함이다. 그러나 그들은 또 건망하는 인민이다. 어찌하여 질풍과 같이 오다가 질풍과 같이 가고 마는가? 귀신도 모를 깊고깊은 철창의 풍전등화와 같이 귀한 목숨이 까무락거리는 한지광(韓之光)·김세방(金世芳)·안호생(安浩生) 등 10인의 동포 하얼빈의 동외(道外) 14도가(道街) 제3 감옥에서 신음하는 소식에 대하여 그들은 의의있는 고려를 하였는가? 사코반젯트는 이탈리아의 청년이다. 그들이 미국의 철창에서 이슬과 같이 덧없는 목숨이 스러질 때 조선인은 세계의 명성에 부

---

61) 매우 쓸쓸하다.
62) 정도가 대단한.
63) 기울어져 가는 인생.

화뇌동해 구명운동의 입내를 내었다. 그러나 조선동포의 이슬같은 덧없는 목숨에 관해서는 어찌 그렇게 요요(寥寥)함이냐? 돌(咄)[64]! 속국근성(屬國根性)이라고 비웃음 당하는 점은 여기에 있지 아니한가?(『조선일보』, 1928년 4월 26일).

○ 1928년 4월 28일 조선일보 필화사건 금고 4개월 판결

『조선일보』에 백관수가 쓴 사설「보석지연의 희생」으로 금고 4개월 판결을 받았으며 이에 불복하여 공소하였고 후에 자신이 쓴 사설「제남사건의 벽상관」으로 형량이 늘어 8개월간의 3차 옥고를 치뤘다.

'보석지연(保釋遲延)의 희생'이라는 사설로서 문제가 된 본보 필화 사건의 판결은 예정과 같이 어제 28일 오전 11시경에 경성지방법원 제3호 법정에서 말광재판장으로부터 언도되었는데 그 결과는 본보 발행 책임자인 안재홍 씨에 대하여서는 검사 구형대로 금고 4개월의 체형을 언도하고 편집 책임자 백관수 씨에게는 벌금 100원에 처하였는데 공소하기로 결정하였다(『조선일보』, 1928년 4월 29일, 2면).

○ 1928년 4월 28일 언더우드(元杜尤) 박사 동상 제막식 참석

연희전문학교에서 열린 언더우드 박사 동상 제막식에 참석해서 조선과 미국과의 정치적 관계는 실패로 몰아갔지만 문화적으로는 굳건하게 연결하는 영구한 표상으로 이 동상을 제막한다는 헌납사를 했다.

---

64) 놀라 지르는 소리.

〈사진 2〉 언더우드 박사 동상 제막식 (『조선일보』 1928. 4. 28)

　30여년 선교생활로 우리 조선의 종교와 교육계를 위하여 막대한 공헌을 하던 故 언더우드(元杜尤) 박사[65]의 동상제막식을 28일 연희전문학교(延禧專門學校) 교정에서 거행하였다 함은 이미 보도한 바와 같다. 당일 식장에는 사회 각 방면의 내외 인사 수백명과 동교학생을 위시하여 세브란스 의학전문학교·이화학교·협성소학교 학생 천 여명의 참석으로 사람의 바다를 이룬 가운데 정각인 오후 2시가 되자 구세군 악대의 장엄한 주악을 비롯하여 순서를 따라 오화영(吳華英) 목사의 성서 낭독과 김종우 목사의 축도가 끝나자 사회 윤치호 씨의 제막식에 대한 간단하고 요령있는 식사와 이화전문학교 합창대의 감사찬송이 있었고 이순탁(李順鐸) 씨로부터 박사의 사업보고가 있었다.
　조선과 미국과의 정치적 관계에 있어서는 실패에 몰아갔지만 문화적으로는 굳건하게 연결하는 영구한 표상으로 이 동상을 드린다는 안재홍 씨의 의미 심장한 헌납사(獻納辭)는 모든 인사에게 많은 감격을 주었으며 언더우드 박사 영손(令孫)의 부드럽고 귀엽운 손으로 막의 줄을 잡아다니니 막이 내리며 두 팔을 벌리고 언더우드 박사의 동상이 나타나자 장내에는 땅을 혼들 듯한 박수의 소리가 그칠 줄을 모르고 한참이나 계속되었다. 박사의

---

65)　언더우드 (Horace Grant Underwood)(1859~1916) 미국 북장로교회 선교사로 연희전문학교를 설립하여 한국 근대교육발전에 힘썼다.

숭엄한 인격을 흠모한다는 송진우 씨의 기념사와 지인을 대표하여 박영효(朴泳孝) 씨의 축사가 있은 후 원한경(元漢慶) 박사의 유창한 조선 말로 감격한 답사가 있었고 그 뒤도 구세군 악대의 주악으로 제막식은 성대히 끝을 맞추었으니 때는 오후 4시경었다(『조선일보』, 1928년 4월 30일, 2면).

○ 1928년 4월 30일 조선물산장려회 이사 선임

이날 조선물산장려회 이사에 선임되었다.

조선물산장려회(朝鮮物産獎勵會) 본부 제6회 정기대회는 이미 보도한 바와 같이 지난 30일에 시내 경운동 회관안에서 각 지회 대의원 30여명의 출석으로 개최되었는데 정각인 오후 8시에 명제세 씨로부터 개회를 선언하고 의미 깊은 개회사가 있었으며 임시의장 오화영(吳華英) 씨의 사회 하에 의사를 진행하였는데 준비위원회에서 직성한 의안을 만장일치로 통과하고 이사 35인을 선거한 후 동 12시경에 대회들 무사히 마치었다.

당선된 이사 명단
안재홍 허 헌 문일평 장두현 명제세 김종협 백홍균 김정수 정수일 이규완 박승직 박천병 오화영 이종린 이동조 한용운 최두선 송진우 유전 이규원 박승빈 최규동 김미리사 유각경 장동섭 한평수 박종은 명제영 명해일 고양선 고덕환 심상민 금심무 황중 백기만(『조선일보』, 1928년 5월 4일, 4면).

○ 1928년 5월 1일 내가 자랑하고 싶은 조선 것

『별건곤 3권 2호·3호』에 「내가 자랑하고 싶은 조선 것: 건강과 총

명」이라는 글을 썼다. 조선인의 자랑거리는 건강과 총명으로 조선민
족은 체력상 여러 동양인 가운데 우수하며 예로부터 천재적인 용모
와 지혜를 발휘해왔음을 강조하고 있다.

　　조선인의 자랑거리는 건강과 총명이라고 생각합니다. 고대의
조선사는 동방에 있어서 모든 민족사이에 많은 무용(武勇)의 역
사를 남겼으니 무용(武勇)은 강맹(强猛)과 통하는 것이요, 강맹
은 곧 건강의 표상이라고 할 것입니다. 근고(近古) 이래 정치적
으로 오랫동안 역경에서 지내왔으나 비상한 시기에 발로되는 조
선인의 천질(天質)은 의연히 강맹한 본색을 증명합니다. 조선
인이 문약(文弱)해진 것은 사실이지만 그 혈관속에 차있고 흐르
고 있는 피에는 인간으로서 얼마큼이나 강맹(强猛)한 천질(天質)
을 잠그고 있는 것입니다. 일반적 건강으로 보아서도 소년기까
지 조선인이 체력상 동양 여러 민족가운데 자못 우수하다는 것
은 현대 학자들이 모두 증언하는 바입니다. 총명(聰明)에 관해서
도 조선인은 옛날부터 퍽 천재적인 용지(容智)를 발휘해 온 것이
사실이올시다. 역사상 적지않은 독창적 발명을 비롯해서 기타
총혜(聰慧)한 본령을 발휘한 것은 이로 열거할 것도 없고 현대에
있어서도 조선인이 개인으로서 그 우수한 재주와 지혜를 발휘하
는 일은 자타가 아울러 체험하는 바입니다. 작년에도 북미에서
스티븐슨 씨라는 심리학자가 하와이에 있는 동양 여러민족의 아
동들에게 정신실험(멘탈테스트)을 행한 결과 조선 아동이 가장
우수하다는 것을 발견하고 '스타프레스' 지상(紙上)에 발표한 것
이 있거니와 이러한 것을 기다릴 것 없이 조선인이 개인으로 유
년시대(幼年時代)에 퍽 총명한 소질을 가진 것은 명백합니다.
　　건강에 있어서 소년시대의 사망이 높음으로 자연도태(自然
淘汰)를 받은 결과 생존한 자는 대체로 모두 우수한 체력을 가
진 것이라 하지만 그것이 다소의 이치가 있을지는 모르나 건강

과 총명, 육체와 영혼 양방면을 아울러 우수한 천질(天質)을 가진 것이 무엇보다 자랑이라고 합니다. 그러나 이것이 성장된 이후에 있어서 점속적(漸速的)으로 저열화(低劣化) 또는 개인으로서 우월한 바가 공동적으로, 민족적으로 그 장점을 발휘하지 못하게 되는 것은 대부분 인위적 원인에 있는 것입니다. 여기에 관해서는 논할바 많지만 지금 말할 경우가 아닌고로 그만둡니다. 하여간 자랑과 한가지 가장 명심(銘心)할 바인가 합니다.(『별건곤』, 1928년 5월호, 12호·13호).

○ 1928년 5월 1일 주간 국제정세

『조선일보』에 「일주일별(一周一瞥)」란에 한주간의 국제정세에 관한 시평을 썼다. 일본 의회의 해산을 둘러싼 비민주적 행태를 비판하고 있다.

독일에서도 공산당 억압, 헝가리에서도 공산당 영수 체포, 좌익억압은 새로 거의 전세계적 파동을 일으켜 반동의 기세가 자못 절정을 넘어가려고 꼭두까지 올라가는데 뭇솔리니와 임마누엘 황제가 통과하는 길목에는 전기장치의 폭약을 터트려서 전량사(傳浪沙)의 철추본으로 적지 않게 천하의 이목을 놀랜 것은 이 세계상에서 제법 평범을 깨뜨리는 하다.

침체한 중인데도 오직 활기를 보이는 것이 일본의 정전(政戰)과 중국의 병전(兵戰)이다. 한편에는 현대식의 자본주의 민주주의가 거의 그 형태를 완성한 법치국가인 까닭에 국민의 선량(選良)이란 자가 일두십만(一頭十萬)을 호가하도록 좌우에 굴리어 정전(政戰)의 승패를 다투려하고 한편은 급진적 사상으로 날뛰는 좌익파(左翼派)의 책동이 왕성한 반면으로 의연히 봉건의 잔존형식인 군권(軍權)의 할거상태를 벗지못한 까닭에 일사수사

(一師數師) 혹은 일군수군(一軍數軍)을 거느린 장령(將領)들의 진퇴로써 그 전국(戰局)의 소장(消長)[66]을 결정하게 되는 것이 일본은 투표의 수, 중국은 조창자(操槍者)의 수로써 그 역량을 표현하는 차이가 있는데 퍽 흥미를 일으키는 것이다.

민정당원(民政黨員)의 유인매수로 광란적 노력을 계속하며 재해산의 음흉한 수단으로 협박함에도 그다지 신묘한 효능이 아직은 없어서 28일 오후 4시에는 제1차 수법인 3일 정회가 단행되었으며 5월 1일 개회될 때까지 앞서 언급한 유인 매수의 술책으로 야당진용을 어지럽게하고 그렇게하되 승산이 없을 때는 총사직을 결행하거나 재해산을 단행할 것이라 한다. 그러나 우리는 재해산으로 과연 승산이 있을까 의문이며 그 앞길도 혼란이라고 아니할 수 없다. 그런데 전중(田中) 씨의 정우회(政友會)는 절망적 상황에까지 갔는지는 우리로서 체험하지 못할 바이나 민정당(民政黨) 대의사(代義士)에 대하여 폭력배의 습격과 인치(引致)[67]하게 함은 최근 못보던 희극이요 정부측에서는 폭력취제법안(暴力取締法案)을 상정하던 날이었고 폭력배들은 이것으로 발재(發才)[68]의 최상수단으로 기뻐한다는 것이 어찌 일대 해학미를 깨닫게 한다.

좌우간 야당의 구속이 끝까지 굳을는지, 정부는 결국 재해산을 단행할지 우리의 뇌가 건전하다면 속단할 수 없는 것이 현재 일본 정국의 특색이다.

한편으로 전주 이래 산동의 북군 대패의 전국을 계속하는 중국의 남북전(南北戰)은 22~23일 이래로 적이 꺾어진 기세가 있으니 제령(濟寧)방면에서 동평(東平)·영양(寧楊)을 거쳐서 비성(肥城)·장청(長淸)을 향하는 풍옥상군(馮玉上軍)은 군사무기가 갖춰져있지 않을 뿐 아니라 연장되는 후방 진용을 정리할 필요

---

66) 쇠하여 사라지거나 성하여 자라남.
67) 사람을 강제로 끌어냄.
68) 재주의 발휘.

가 있었고 계하(界河)·곡부(曲阜) 일대를 지나 북상하는 장개석 군(蔣介石軍)은 태안(泰安) 부근 태산산맥(泰山山脈) 험준한 지세에 막혀 한때 점령했던 태안(泰安)까지도 빼앗기고 곤란한 중에 있었다. 풍옥상군(馮玉上軍)은 적러시아인을 섞은 몽고 기병대를 선봉으로 장청(長淸)·비성(肥城)을 확실히 점령하고 황하의 오른쪽을 따라 제남(濟南) 서쪽을 우회하여 29일까지 만덕점(萬德店)을 탈취하였다.

장개석군(蔣介石軍)은 28일 다시 태안(泰安)을 점령하고 태산(泰山)의 높은 산을 동쪽으로 돌아 내무(萊蕪)로부터 박산(博山) 부근을 통과하여 보집(菩集)·명수(明水) 등 교제철도(膠齊鐵道)의 인접 요지를 손에 넣었고 29일 이후에는 마침내 곽점(廓店)을 점령하여 제남(濟南)의 동쪽 5리 지점에 다다랐다하니 사실이라하면 장(蔣)·풍(馮) 양군은 거의 서로 다투어 제남(齊南)을 공략하려는 기색이 가장 명백하다 하겠다. 이와같이 양군이 모두 태안방면으로부터 진포선(津浦線)에 연(沿)하여 곧바로 북상하기를 피하는 것은 제남(濟南)의 정남(正南)인 역산산맥(歷山山脈)의 험하기가 진격군에게는 불리하기 때문이다. 교제철도(膠齊鐵道) 방면에서는 명수(明水)의 함락과 한가지 일본파견군은 즉시 전투준비를 마치고 점령지에서 일기병(一枝兵)이 급행하였으니 남북군(南北軍)에 대하여 중립을 발표한 그들의 장래가 주목할만 하다. 한편으로 봉천파(奉天派)는 경한선(京漢線)에서는 대명부(大名府)의 중요지점을 고수(固守)해 움직이지 않고 산동(山東)에 대하여는 덕주(德州) 방면에 봉천군(奉天軍)을 증파하여 천진(天津)의 방비를 굳게하려는 것 같으나 현재 사정으로는 후방병력의 부족으로 여의치 못할 것 같다. 좌우간에 제남(濟南)이 만약 함락되면 산동은 대체로 쓰러질 것이요 봉천군(奉天軍)은 대명(大名)·덕주(德州)의 선(線)에서 경진(京津)방어의 최후전(最後戰)을 하리라 관측된다(4월 30일 오후 2시 30분)(『조선일보』, 1928년 5월 1일, 1면 5단).

○ 1928년 5월 5일 어린이날 행사 참석 축사

정홍교의 조선소년총연맹이 주관한 제1회 경성 어린이날 행사에 참석해서 민태원 등과 함께 축사를 했다. 이 어린이날 행사는 경성 지역에서 처음으로 열렸다.

경성의 '어린이날'

수백만 어린이의 열망과 기대 아래에 조선소년총연맹(朝鮮少年總聯盟) 첫번째 '어린이날'은 전 조선적으로 소년만 50여만 명이 동원하여 기념식을 거행하게 되었는 바 소년운동의 최고 본영을 형성한 후 처음 거행되느니 만큼 상상해도 넘치는 성황을 이룰 것은 물론이려니와 특히 150여 군부(郡府)에서까지 기념을 하게 됨으로 실로 이날 조선 천지는 어린이들의 기쁨으로 차리라고 한다.

조선소년총연맹의 준비하여 온 어린이날의 기념은 경성에서도 유감없이 거행하게 되었다는데 이번에는 예년에 거행하던 어린이날의 성질과는 달라서 소년다운 소년운동기로 들어가는 초기 운동인만큼 모든 이의 주목을 끌것은 물론인바 총연맹의 유감없는 준비는 있으나 그러나 경성은 경성소년연맹 간부의 대부분이 중앙기관의 간부인 관계로 많은 지장을 면치 못하리라 하여 한층 더 힘을 다하여 준비 중인 바 수 많은 소년·소녀는 이미 소년회에 참가 여부에도 불구하고 많이 기(旗)행렬에 참가하기를 바란다고 했다.

기념식 순서

어린이날을 일반에게 알리기 위하여 아침 일찍이 우렁찬 나팔 소리와 함께 폭죽을 놉니다

아침 일찍이 6시－힘있는 선전지를 집집마다 나누어 줍니다.

9시부터 길가에서 지나다니는 어린 동무와 일반에게 선전지

를 드립니다.

낮 오후 1시에 수송동 수송 공립보통학교에서 옥외 축하식을
거행합니다.

식순

사회 고장환

식사 정홍교

어린이날 노래 일동 합창

축사 안재홍 이익상 민태원 이각종

답사 손득용

결의문 낭독 김명수

어린이날 노래 일동합창

어린이날 만세창으로 폐회

3군데 활동사진관에서는 필름으로 어린이날을 일반 애활가에
게 소개합니다.

재경 각 단체는 복등을 달아 더욱 의의있게 기념합니다.

(『조선일보』, 1928년 5월 6일, 3면).

O 1928년 5월 7일 주간 국제정세

『조선일보』에 「일주일별(一周一瞥)」란에 한주간의 국제정세에 관
한 시평을 썼다. 영국군의 이집트 철수, 프랑스의 정국 상황, 중국
산동지역 출병을 둘러싼 일본 정국의 상황을 비판적으로 분석하고
있다.

세계정국은 대체로 모두 평온하니 전란 이후 10년 창이(創夷)
가 아직 회복(恢復)되지 못하고 차기의 충돌은 그 기회가 성숙하
지 못해 그 질로서는 제2의 화인(禍因)을 자못 심각하게 양성하

고 있는 전세계적인 정세임을 따지지 않고 양으로는 심대한 파동을 일으킨바 없이 멀지 않아 여름 한산한 계절에 들어가려는 것이 금년봄 세계정세의 특색이 되었다.

이 가운데 영제국(英帝國)에 반항하고 철저한 독립을 부르짖던 이집트는 영국 주둔군 철수와 수단의 지배 등 제조건으로 된 국민회의의 배영안(排英案)이 영국의 무력(武力)사용 통첩에 의해 마침내 양보의 태도를 가지게 되었고 영국과 이집트의 위기도 우선 일단락을 짓게되었다. 이것은 오늘날 세계정세를 아는 자로서는 누구든지 예기하던 바로서 도리어 놀랄 바는 아니다. 이집트의 양보는 즉 세계반동정치의 원천(源泉)을 이루는 영제국(英帝國) 승리의 지속을 의미하는 것이다.

금년 유럽과 미국의 선거전(選擧戰)의 제1진을 맡은 프랑스는 또 포앙카레를 중심으로 한 우파 승리로 되어서 민주공화연맹(民主共和聯盟)이 149명(前 103명)으로 일대 발전을 이루었고 공화좌당 106명(前 36명), 보수당 15명(前 14명)으로서 모두 상당한 증가를 얻었고 사회급진당 126명(前 145명), 공산당 14명(前 26명), 사회당 101명(前 105명)으로 좌익 각파는 모두 적지않게 감소하였으며 이외에 독립급진당 55명, 사회공화당 47명, 공산사회당 2명으로 포앙카레[69] 씨 등 우익파를 지지하는 자가 적어도 370~80인, 많게 잡아서 460인으로 계산된다 한다. 포앙카레 씨 정권은 아직도 상당히 지속하리라 볼 것이요 세계적 반동의 기세가 장래를 점유함도 주목할 현상이 되겠다.

그러한데 재해산 단행을 크게 선전하며 정쟁중에 몰두한 전중(田中) 씨가 정권을 잡고 있는 일본은 그간 명정(明政)·무산(無産)·혁신(革新)·중립(中立) 각파와 민정당(民政黨)의 연합에 의한 야당의 전략이 거의 예상 이상의 성적을 나타내 마침내 문제의 초점에 되는 영목(鈴木) 내상(內相)을 사직하게 하고 양당의

---

69) 푸앵카레(Poincare)(1860~1934): 프랑스의 정치가로 제3공화국 9대 대통령을 지냈다.

보조를 혼란스럽게하여 당면 문제를 통과하고자 자못 누열(陋劣)과 초조함을 아울러 드러내는 상황이다. 내상(內相)의 사직으로 인해 얼마큼 느슨해졌으나 야당은 5표의 다수로 제1 항을 수정한 내상불신임안(內相不信案)을 통과했고 총괄적인 불신임에 대해서는 명정회(明政會)와 중립파의 태도가 확정되지 못해 자못 분명하지 않은 상태에 있다. 정부측에서는 총괄적 불신임안이 통과되거나 혹은 산동출병(山東出兵) 비용이 부결되는 때에는 재해산하기로 결정하기까지 되었다. 지금까지 일연탁생주의(一連托生主義)[70]를 표명하던 전중(田中) 내각이 영목(鈴木) 씨의 희생으로 국면을 호도(塗糊)하려 하는 것은 저열한 반입헌적 태도라고 각방면의 비난과 공격이 한참 성한 이때이니 우리는 쓸데없는 것을 덧붙이지 않는다.

5월 1일로 장개석군(蔣介石軍)이 산동의 수부(首府)인 제남(濟南)에 입성해 황하의 거대한 물결을 건너서 덕주(德州) 방면으로 북상하는 것도 일주 내외의 일이라 관측하는 사람들이 많다. 3일 오전부터 제남(濟南) 동서 상부지(商阜地) 일대를 중심으로 일본군과 중국군의 충돌이 생겨 금일까지 겁에 질려 전하는 바가 많고 응수(應酬)할 사이가 없고 일본군의 출동은 자못 호대(浩大)한 바 있어서 산동(山東)을 평탄하고 국민운동의 근저(根底)도 들러엎을 듯한 기세조차 없지아니하다. 그러나 일본측 주장과 남군측 발표는 모순되는 것으로 남군의 질서정연한 보도와 약탈과 살육의 보도가 모순 되는 것이 이것은 후일을 기다리지 않고서는 지금 단언함을 허락하지 않는 사정이다. 이와 같은 의외의 기회를 얻어서 장작림(張作林) 씨는 사의(退意)를 번복하고 장종창(張宗昌)은 반격을 준비하며 일본의 조야(朝野)는 까딱하면 우국우민(憂國愚民)의 분노를 드러낼 가능성이 있게 된 것은 분명하다. 그리고 황유(黃郛) 씨의 대일항의(對日抗

---

70) 서로 연대하고 의지해 나가려는 태도.

議)의 전문 같은 것은 더욱 제남사건(濟南事件)에 대한 정치적
흥미를 불러일으키는 바이다(5월 6일 오후 2시 30분)(『조선일
보』, 1928년 5월 7일, 1면 5단).

○ 1928년 5월 9일 제남사건(濟南事變)의 벽상관(壁上觀)

『조선일보』에 「제남사건(濟南事變)의 벽상관(壁上觀)[71]: 전중내각
(田中內閣)의 대모험」란에 사설을 썼다. 일본군이 중국 산동지역에
군사를 파견한 제남사건(濟南事變)에 대해 비판하고 있다. 이로 인
해 중국 남방지역에서 일본에 대한 배척 기운이 높아지며 무력으로
잠시 굴복을 시킬 수는 있어도 중국 민중들의 반항 기세를 진압하여
복종시키기는 쉽지 않을 것으로 평가했다. 민세는 이 사설로 3차 옥
고를 겪었다.

지난 3일로 시작된 제남사변(濟南事變)이란 것은 그간 보도가
매우 구구하여 그 진상을 알기가 어렵고 일본측 주장과 중국 남
군측의 주장은 왕왕 적지 않은 모순이 있어서 더욱 사건의 진상
을 알기 힘들게 한다. 일본측 보도를 종합하면 규율이 없는 남군
(南軍)이 약탈을 행함으로 그것을 제지하고자 어찌할 수 없이 두
군대의 격전을 보게되었다는 것이다. 또하나 남군의 일본군과의
충돌은 그 예정한 계획에 의한 것으로 아무개 장관(將官)의 지령
을 발견했다는 것 등이 구구하되 합치되지 않고 7일 동경발 소
식에 의하면 일본측의 무단 발포와 관민(官民)의 총살을 선전하
는 바 있다하니 이는 일본측의 보도와 배치되는 것으로 보통사
람으로서는 의연히 판단하기 어려울 것이다. 그러나 여기에 대

---

71) 직접 관여하지 않고 성공과 실패를 구경만 한다는 뜻.

해 일본측은 제3차 출병까지 단행하기로 되어서 육군이 산동(山東)에 출병하기로 되었고, 만일의 경우에는 교제철도(膠濟鐵道)의 보장·관리는 물론 산동 전지역의 보장(保障)·점령(占領)을 단행하고 남방 배일운동(排日運動)이 발발하는 경우에는 다시 3개 사단의 출병으로 상해(上海)·남경(南京)·한구(漢口) 등 남군의 근거지까지 점령하겠다는 기세를 표명하며 해군에 있어서도 자못 긴장한 상태에서 각종 함대의 출동을 보게되었다.

중국인측의 손해는 지금에 있어서 알 길이 없고 일본인측 손해는 가장 믿을만한 공보(公報)에 의하면 군 82명, 거류민 14명의 사망자가 판명되었고, 기타 다소의 행방불명자가 있으며 중경상자 60~78인에 달한다고 추정할 만하며 천진(天津)·북경(北京) 방면에서 오는 보도는 대체로 사상자 수를 과장하는 편으로 판명된 수로만 보더라도 상당히 중대하다고 하겠다.

요컨대 '타도일본제국주의(打倒日本帝國主義)'를 부르짖는 흥분한 하급 남군 장졸들과 일본군 사이에 충돌이 일어났고 그 얼품에 약탈행위까지 진행되었다는 생각이 든다. 이와같이 되어서 일본측의 무력적 강압의 기세가 높은 때에 장개석(蔣介石) 씨를 필두로 한 남군의 수뇌자들은 사건의 원만한 해결을 위해 당초부터 상당한 고심을 한 흔적이 있으나 어떤 사정이 있던지 그것이 관철되지 못했고 지금도 일본과 크게 충돌을 일으키는 것은 그 예정계획(預定計劃)을 저해하는 일이라하여 되도록 양보의 태도로 문제해결은 외교부에 위임하고 그 주력으로 황하를 건너 북벌(北伐)을 계속하고 적더라도 산동군(山東軍)의 반격을 방지하기에 노력하는 것 같다.

장씨의 이러한 태도가 얼마큼 그 관리하에 있는 각파(各派)에게 관철될는지 알 수는 없으나 일본군의 제남역(濟南驛)과 병영점령, 상부지(商埠地) 행정권의 장악 등 장씨의 부하 장졸 중에도 불만의 정서를 가지는 자가 많고 남방 일대를 중심으로 배일(排日)의 기세가 다시 높여지려하는 형편이니 사건의 진상은 일본측 최초 선전과 같이 그다지 중대하지도 않았다고 할 것이고 그 앞길을 속단하기 어렵다. 그는 장개석(蔣介石)으로서도 급진파(急進派)의 약기운동(躍起運動)과 일본과의 갈등으로 진퇴양난한 경우가 있을 것을 어찌하지 못할 것이고 일본으로써는 비록 무력으로 일시 힘써 굴복시킬 수 있다하더라도 그들의 민중적 반항 기세를 진압하여 복종하게 할 수 없는 까닭이다.

1870년 7월 13일 프로이센의 재생 비스마르크는 스페인 왕위 문제에 관한 '엠스' 전보를 발표하여 프랑스 공사의 프로이센왕 위협 사건을 선전하니 남독일의 여러 국가에까지 프랑스에 대한 응전을 고조하게 되었다. 1898년 2월 13일 당시 스페인령인 쿠바섬 하바나항에서 미국함 메인호의 폭발과 장졸 215인의 즉사 사건은 스페인측의 곡진한 조위(弔慰)가 있었음도 따지지 않고 이것이 스페인측의 계획같이 선전되어 미국민으로 스페인—미국 전쟁의 합리성을 뜨겁게 지지하였다. 아니 1801년 5월 대나폴레옹의 우세를 깨뜨리기 위해 영제국(英帝國)은 중립국인 덴마크의 수도 코펜하겐시를 포격하여 5천 수백인의 시민 희생자를 냈다.

국제간 분규의 기미는 자못 신묘(神妙)하여 췌마(揣摩)[72]하기 어려운 바 있으니 본 사변에 대해서는 오직 의미심장한 흥미만 가질뿐이다. 그러나 이로 인해 전중(田中) 씨의 만몽적극정책(滿蒙積極政策)과 대중국 간섭이 얼마큼 성공의 단계를 밟을는지는 큰 의문이요 창이만신(創痍滿身)한 개조후에 내각으로 국민을 몰아서 대외문제에 열중하게 하기에 얼마나 의외의 수확이 있을는지 흥미있는 점이다.

뿐만 아니라 1917년 당시 육상(陸相)으로 시베리아 출병을 단행하여 마침내 1910년 니항(尼港) 사건과 그로 인한 북화태(北樺太)의 보장점령 단행의 인과를 지었던 전중(田中) 씨가 오늘

---

72) 예측하거나 헤아림, 촌탁(忖度).

날 또 산동(山東)의 보장점령을 기획하게 된 것도 기억할 만한 사실이다. 요컨대 산동출병(山東出兵)과 사변의 발생 등은 의연 (依然)한 전중내각(田中內閣)의 대모험자인 것이다(『조선일보』, 1928년 5월 9일, 1면 1단).

○ 1928년 5월 21일 금고(禁錮) 8개월 구형(求刑)

조선일보 사설 「제남사건(濟南事變)의 벽상관(壁上觀)」으로 금고 (禁錮) 8개월이 구형되었다. 이후 5월 7일부터 9월 21일까지 조선일 보는 정간되었다.

조선일보 발행인 안재홍(安在鴻) 씨의 필화사건 공소공판은 21일 경성복심법원 고목(高木) 재판장의 담임으로 열리어 입회 하촌(河村)검사로부터 금고(禁錮) 8개월의 구형이 있었다. 이 사 건에 대한 1심 판결은 말광(末廣)재판장으로부터 금고 4개월의 판결이 있어서 피고 안재홍 씨가 그에 불복하고 공소를 하는 동 시에 같은 사건의 담임 중야(中野) 검사는 1심 판결이 가볍다 하 여 부대 공소를 하였던 것으로 오는 25일 동사건의 공소판결은 자못 주목된다고 한다(『동아일보』, 1928년 5월 23일, 2면 9단).

조선일보 발행인 안재홍(安在鴻)에 대한 필화사건의 공소공판 은 25일 경성복심법원 고목(高木)재판장으로부터 하촌(河村)검 사 관여하에 금고(禁錮) 8개월의 판결언도가 있었는데 1심 판결 보다 4개월이 늘었다고 한다(『동아일보』, 1928년 5월 26일, 2면 5단).

○ 1928년 5월 28일 서대문형무소 수감 (3차 옥고)

조선일보 사설 「제남사건(濟南事變)의 벽상관(壁上觀)」으로 금고
(禁錮) 8개월이 언도되어 보석이 취소되면서 서대문 형무소에 수감
되었다.

본보 안주필 수감. 25일에 금고 8개월의 언도를 받은 본보 주
필 안재홍(安在鴻) 씨는 이날 돌연 보석을 취소하고 서대문형무
소에 수용하였다(『조선일보』, 1928년 5월 30일, 5면).

조선일보 발행인 안재홍(安在鴻) 씨는 동보 필화사건의 책임
자로 지난 25일에 경성복심법원에서 고목(高木)재판장으로부
터 하촌(河村)검사의 관여하에 1심보다 4개월이 더하여 금고(禁
錮) 8개월의 판결언도를 받았다함은 이미 보도한바어니와 안씨
는 그동안 보석중에 있어서 사건만 심리되던중 28일 동사건의
담임 하촌 검사는 피고가 달아날 염려가 있다하여 동일에 돌연
보석을 취하하는 동시에 서대문서에 촉탁하여 씨는 동일 오후
5시경에 서대문형무소(西大門刑務所)에 수감이되었다는데 씨는
아직 공소를 포기하지 아니하였으므로 상고를 하게될넌지 또는
그대로 복역을 하게될는지 아직 알수 없다고 한다(『동아일보』,
1928년 5월 30일, 2면 10단).

조선일보(朝鮮日報) 필화사건의 피고 안재홍(安在鴻)은 저간
경성복심법원에서 금고 8개월의 판결을 받고 수감이 되어 동고
등법원에 상고중이던 바 지난 26일에 상고가 기각되어 그 이튿
날부터 즉시 복역을하게된 중이라는데 그의 건강상태에는 별다
른 이상이 없다더라(『동아일보』, 1928년 8월 3일, 2면 8단).

○ 1928년 11월 13일 형기 감형

형기 감형이 검토되었다.

별항과 같이 금번 은사에 은전을 입어 출옥할 이는 일러도 10일 오후 8시 이후라야 될터인데 금번 경성(京城) 서대문(西大門)형무소로부터 즉일 출감될 이중에 중요 인물들은 금번 은사에 치안유지법(治安維持法)이 제외될 듯함으로 별로 없을 모양인데 얼마전부터 출판법위반(出版法違反)으로 복역중인 안재홍(安在鴻) 씨는 즉일 출감하게 되리라더라(『동아일보』, 1928년 11월 11일, 2면 1단).

필화 사건으로 지난 7월 중순에 시내 서대문형무소에 수감된 후 고등법원에 상고가 기각되고 7월 27일부터 복역하게 된 안재홍은 금번 은사로 일반감형(一般減刑)에 들게 되어 금고 8개월에서 2개월을 감하여 명년 1월 25일이 만기(滿期)일로 복역을 마치고 26일 아침 6시에는 출감하게 될 터라는 바 특사와 특별감형령(特別減刑令)에 들는지는 아직 의문이라더라(『조선일보』, 1928년 11월 13일, 2면).

제 3 장
1929년

■ 1929년

○ 1929년 1월 26일 서대문 형무소 출옥

이날 3차 옥고를 치르고 서대문 형무소에서 출옥하였다.

일찌기 본보 필화사건(本報筆禍事件)으로 금고(禁錮) 8개월의
판결을 받고 고등법원에 상고하였다가 기각을 당하고 작년 7월
26일에 서대문 형무소에 수감된 안재홍은 작년 11월에 일반감형
(一般減刑)으로 그 형기(刑期) 4분의 1인 2개월의 감형을 받아 오
는 25일이 그 형이 만기로 되는날 그 다음날인 26일 오전 7시에
는 출옥(出獄)되리라고 한다(『조선일보』, 1929년 1월 21일, 2면,
1단).

본보 주필로 필화 사건에 기소되어 작년 7월 26일에 서대문형
무소에 수감 복역 중이던 안재홍 씨는 25일이 그 형기가 만기되
어 26일 오전 여덟 시에 출옥하게 되었는바 당일은 이른 아침부
터 형무소 문앞에 씨를 맞으려 모인 근 100명의 다수 환영으로
출감하였다고 한다(『조선일보』, 1929년 1월 27일, 2면).

조선일보(朝鮮日報) 필화사건으로 8개월동안 서대문 형무소
에서 복역중이던 안재홍(安在鴻) 씨는 26일 오전 7시에 건강한
몸으로 출옥하였는데 바로 자택으로들어가서 그간에 적체(積滯)
한 가사를 처리한 후에 어느 한가한 절(寺)[1]로 가서 얼마간 휴양

---

1) 수차례 옥고를 치른 안재홍은 감옥에서 나와 고향 평택으로 내려가 몸을 추스릴
   때 평택시 진위면 소재 만기사에서 요양을 했다. 고려때 창건한 이절은 안재홍의

하리고 한다(『동아일보』, 1929년 1월 27일, 2면 5단).

○ 1929년 3월 7일 큰형 안재봉 자선(慈善)

안재홍의 큰형 안재봉 씨가 고향 고덕면 두릉리 마을의 어려운 분들을 위해 자선(慈善)을 베풀었다는 내용의 기사가 『조선일보』에 실렸다.

경기도 진위군 고덕면 두릉리(京畿道振威郡古德面杜陵里)에 거주(居住)하는 안재봉(安在鳳) 씨는 그 동리(洞里)에 한해(旱害)로 인(因)하여 환세방책(換歲方策)이 낙막(落莫)한 극빈자(極貧者)들을 동정(同情)하여 4부락(四部落)이 되는 본동리(本洞里) 극빈호(極貧戶)에 백미 육십석(六十石)과 현금 육십원(六十圓)을 균일(均一)히 분급(分給)하여 환세(換歲)케 하였으며 그 인근 동민(洞民)들에게 전곡간대여(錢穀間貸與)하였던것까지도 전부(全部) 받지 않도록하였으며 그 동민(洞民)의 찬양(讚揚)함은 물론이요 인근 동(洞) 사람들도 씨(氏)의 후의(厚意)를 감사(感謝)한다고 한다(평택).
(『조선일보』, 1929년 3월 7일, 4면).

○ 1929년 3월 20일 김동환과 천안정거장에서 만남

고향 진위군(현재 평택시)에서 요양중 이날 잡지 『삼천리』의 주간 김동환은 온양온천 가는 민세 안재홍을 만났다고 회고하고 있다.

모친 남양 홍씨가 다녔던 절이다.

차를 놓치고 할 수 없이 나는 온양온천으로 향하였다. 객부를
보니 바로 내 앞 차로 『중성사(衆聲社)』의 이종린 선생이 떠나 버
렸다. 온천장 같은 치벽한[2] 곳에선 만나는 것도 한 가지 기연인
데 섭섭한 일이다. 또 돌아오는 길에 이번에는 천안 정거장에서
바로 온천장으로 가는 민세 안재홍 선생을 만났다. 이번 걸음은
남과 같이 노는 복이 무던히 없었던 모양이다. 나는 이제 50만
원을 던지어 부르주아의 향락장으로 무소 불비한 시설을 한 이
유명한 온천장을 해부하여 보리라.

　　(『조선일보』, 1929년 3월 20일, 3면).

○ 1929년 4월 2일 조선일보 부사장 선임

이날 조선일보 부사장에 선임되었다.

　　사고(社告)
　　금번 이사회의 결의에 의하여 아래와 같이 선임되었기에 삼가
　　근고(謹告)하나이다.
　　부사장 안재홍
　　4월 1일 조선일보사 백(白)
　　(『조선일보』, 1929년 4월 2일, 1면).

○ 1929년 4월 7일 경남도(慶南道)의 제2 성명서(聲明書)

『조선일보』에 「경남도의 제2 성명서」라는 제목으로 글을 썼다. 조
선인 본위 교육을 위해 1면 1교 정책을 지지하는 경남도 평의회 의원

---

2) 치우쳐서 구석진.

의 태도에 못마땅해 이들 14명을 해임한 경남도지사와 행정당국의 고압적 태도를 비판하고 이는 권력의 오용과 남용이라고 주장했다.

'제도 결함의 근본적 희생이다'. 해임된 경남의 14명 도평의회들의 부르짖음은 자못 비장하다. 1면 1교(一面一敎) 실현의 완급을 다툼으로 마침내 예산안의 반상(反上)[3]을 보게되고 그것이 화인(禍因)으로 수일 뒤에 수등(須藤)지사로부터 돌연 해임의 거조(巨措)[4]에 닥친 같은 14인의 도평의원에 관한 사건은 현실 조선의 정치적 원야(原野)[5]에서 발행된 일대 중요한 사건인 것을 각방면의 각층의 사람들이 한가지로 감촉·승인하는 바이다. 그들의 처지로 보아서 중대하고 전조선적 견지로서도 중요성을 잃지 않는다.

일면일교의 시설은 현 위정당국의 중요정책의 하나이다. 이미 정한 중요정책의 실시 방편에 관하여 14명이나 되는 그들의 이른바 민의창달(民意暢達)의 직능을 맡긴 도평의회원들을 일고의 여지도 없이 해임이라는 괵수(馘首)[6]로 한 것은 그다지 간단한 이유로 치어질 문제가 아니다. 해임의 이유가 조선지방비령(朝鮮地方費令) 제4조에 의함이라고 하거니와 개회한 지 7일간에 차라리 긴장하게 평의(評議)에 종사하였은즉 '직무를 게을리 하고의' 문구에 해당하지 않는다. 그들의 질문 또는 예산 반영상의 결의가 체면을 오손(汚損)하는 행위가 될 바도 아니다. 수등(須藤) 지사의 이유서는 예산상의 결의는 지사의 자문에 응하지 않는 의사표시라고 가장 중요하게 지적하였으나 적더라도 평의원의 다수가 예산산의 토의를 거부하였거나 그로 인해 참석을 거절하였거나 또는 소집에 응하지 아니하는 등 동령(同令) 제14조

---

3) 윗사람에게 거역함.
4) 큰일을 저지름.
5) 개척하지 않아 인가가 없는 벌판과 뜰.
6) 목을 자름.

에 해당한 행위가 없는 이상 자문에 응하지 않는 의사라고 부회(府會) 할 수 없는 것은 법리적 견해가 명료하다.

일면일교 문제에 관해 평의원 측은 소화 6년도[7]까지 실현할 것을 공약한 전임자인 송정(松井) 내무(內務)의 언질을 방패로 조속한 실현을 재촉함이었다. 도당국 측은 재정상태를 돌아보아 급속한 실현의 곤란을 이유로 하는 바이니 이 점에 관하여는 옳고 그름을 바로 단정하지는 않겠다.

편중편경(偏重偏輕)하는 그들의 태도가 이미 정한 방침인 조선인 교육의 시설에 대하여 무성의하다는 비난은 아니한다 할지라도 그 해임 단행의 경로에는 불순한 감정과 심사가 움직이고 있던 것을 볼 수 있다. 도평의회가 이른바 일개의 자문기관으로 결정적 결의권이 없다 하더라도 그 의사는 당연히 존중하여야할 것이니 그 반대로 인해 예산의 개편 및 재자문을 행한 것은 그 전례로 없지 않거니와 그야말로 맹찬순종(盲贊順從)[8]의 하잘 것 없는 태도를 벗어났다고 당장에 해임의 흑수(黑手)를 내두른 것은 아무리 보아도 존대심(尊大心)에서 나온 폭거라고 아니할 수 없다.

'결코 불신임이 아니라'고 재편성 제출을 요구하며 혹은 예산 이외의 의안의 심사 속행을 희망하는 의원들의 태도에는 결코 '자문에 응하지 않는 의사'가 보이지 않았다. 도리어 '1호 토의안 심의에 명백히 지사 불신임을 표명' 운운의 노기분기(怒氣憤氣)를 드러낸 수등지사의 태도에 관권을 자(藉)[9]하는 존대적(尊大的) 곡해(曲解)가 보이는 것이다. 동령 14조의 해석은 부결된 예산안에 대하여서도 '그의 자문할 사건을 처리함을 득(得)함'이 적용됨이 당연하다 할 것이다. 14인의 돌연 해임은 결국 그의 권력의 오용과 악용이다. 하물며 전후의 이유로 자기들의 처지만

7) 1930년.
8) 맹목적으로 칭찬하고 순종하는.
9) 빙자하는.

어디까지 곡호(曲護)[10]하려는 것은 그 승벽(勝癖)[11]을 만족하려
는 공명하지 못한 태도이다.

　도지사는 도평의회의 의장을 겸한다. 지방비령 시행규칙 제
12조에 의하여 의장은 회의의 개폐의원에 대한 발언의 금지와
취소, 또는 장외퇴출을 명할 수 있는 중대한 권리를 가졌다. 수
등지사의 이 직권을 행사하지 아니한 것은 행사 어용의원(御用
議員)에 의하여 자기들의 계획이 무난하게 성취될 것을 경신(輕
信)했음에 있다고 한다. 전에는 그의 당연한 직권도 아니 행사한
수등지사가 후에는 직권의 남용과 오용에까지 간 것은 최저 평
정한다 하더라도 불근신(不謹愼)의 심한 자요 그들을 승인·지지
한 위정 수뇌도 그 책임이 같게 되는 것이다. 최근 조선에는 좌
익의 탄압이 바야흐로 심하니 이는 우리가 이에 논하지 않는다.
그러나 모처럼 민의창달의 요구에 응해 공직자로서 진출한 그들
에게까지 이러한 고압적 태도로 일관하는 것은 가장 해석할 수
없는 뜻밖의 일인 것이다.

　(『조선일보』, 1929년 4월 7일, 1면 1단).

○ 1929년 4월 27일 조선인 이주가 더 급하다

　『조선일보』에 「조선인 이주가 더 급하다: 일본인 이주의 신계획」이
라는 제목으로 글을 썼다. 가뭄과 수해 등으로 인한 조선 농촌의 피
폐함에 대해 비판하며 조선인의 생활을 위해 우선권을 주고 일본인
이민의 제한이 필요함을 강조하고 있다. 아울러 북서 국경지대에 땅
이 있다면 조선인이 먼저 이주하도록 하는 것이 필요함을 역설하고
있다.

---

10)　간곡히 보호하는.
11)　이기기를 좋아하는 태도.

경제의 파탄, 농촌의 피폐 그리하여 유리(流離) 또 유리하는 조선인의 생존문제는 크고 깊고 또 넓다. 일반적인 이 문제가 이미 너무 크거늘 다시 2~3만여 호. 146만 7천여 인의 화전민 문제가 근본의 숙제로 많이 걸려있다. 하물며 작년 남북 한수재(旱水災)로 인한 만명을 헤아리는 조선민 문제가 덮쳐있다. 우리로 하여금 근본적 문제를 번설(煩說)[12]함을 두어두라 할지라로 현실의 정치적 조건하에 있어서 조선인의 생존권 옹호문제는 가장 큰 합리한 문제로써 이는 우리의 당연한 의무요 또 권리이어야 하겠다.

작년 이래 경기도에서만 4,325호에 24,005인의 이주로 인한 감소가 있었으나 일반적인 이촌(離村) 상태의 일례였고 올해 3월에는 전남 한도에서만 일본에 도항한 자가 4천여인이요 영동 한 군에서 올봄 이주자가 2천인이니 한수재(旱水災)로 인한 기근민(飢饉民)의 유리상태(流離狀態)의 일반(一斑)을 말함이다. 만몽(滿蒙)에 가매 더욱 심한 조선인 배척이 있고, 일본 도항에는 또 저지의 정책이 걸리는 것이다. 그러나 이러한 수난을 뻔히 알면서 대거 국경을 넘으려는 유리군(流離群)의 그것은 다만 소위 감상적인 시인의 값싼 애조(哀調)가 아니요 시들 수 없는 동포애에 끓는 자들의 골수에 사무친 우려를 격성(激成)하는 것이다. 이는 조선인의 인간으로서의 생존권을 위하여 또 조선인을 중심으로 본 대국의 영향을 보아서 어떠한 위정자이고 결코 등한히 볼수 없는 큰 문제이다.

한수재(旱水災)에 인한 기근민 구제책을 위하여 위정당국은 최근 120만원을 지출하였다. 토목사업을 주로 하여 이재민의 노역 수입으로 구제의 실적을 얻으려는 당국의 방침이 얼마쯤 관철될는지는 속단하기 어려우나 우리는 원래 다만 보시적(布施的) 구휼(救恤)을 요함만이 아니요 그의 산업적 안정책을 구함이

---

12) 번거로운 설명.

당면의 급무인 것을 주장하는 것이다. 이를 위하여는 우선 조선의 부원(富源)을 조선인 본위로 개발하게 함이니 토지와 어구(漁區), 삼림 등 조선의 자연을 마땅히 향토의 주인인 조선인의 생활을 위하여 우선권을 주고 이를 위하여는 일본인의 이민은 차라리 제한 혹은 중지함을 주장한 것이었다.

그러나 종래의 위정당국의 태도는 항상 이에 배치되었으니 금년의 예로 볼지라고 공공단체에 융자를 위한 식산은행(殖産銀行)을 통해서 5백만원의 저리 자금을 부면(府面) 금융 수리조합 등에 융통하는 외에 군산의 불이농장(不二農場), 평강의 산업조합, 웅기의 두만강 농장 등을 필두로 각지에 일본인 농민·어민의 집단적 이주를 실행하기에 급급한 형편이다. 앞서 3곳 중 먼저 이주하는 1,700호의 유민(遺民)에게 매호 300원 합계 51,000원의 보조비를 주는 것은 그 보호를 풍족하게 함을 알려니와 이것으로 오히려 지지부진하다고 생각하는 동경정부는 총독부로부터 필요한 토지를 지출하게 하고 대륙진출에 대한 호적지(好適地)로 국경 부근의 광대한 토지를 개척하게 하여 일본인은 물론 조선 청년도 이주 계획을 실행키로 한다고 한다.

최근 북조선의 교통 발달과 아울러 그들의 대자본 진출이 이 방면에 집중되는 것은 현저한 일이거니와 이러한 국가적 사업으로 적극 진출하는 밑에 더욱 그 급속한 동태(動態)가 있을 것을 예상하게 한다. 그러나 북서 국경지대에 만일 인민 수용의 여지가 있다하면 먼저 조선인 본위—유리(流離)하는 조선인 이주를 조성하는 것이 더욱 급한 것이다.

두만강의 좌안(右岸) 경원평야(慶源平野) 일대가 이미 두만농장으로 되었다. 무산군의 모지점에는 10만여 정(町)의 옥야(沃野)가 있다는 것을 기억한다. 그렇지 않더라도 가장 광대한 지역에 가장 희소한 7만 7백 60여에 459,585인의 농업민으로서 한 호당 평균 경작면적 3정 8보(三町八步)의 최대 면적을 달하는 함북과 그 다음 순위인 평북 일대에는 비록 중첩한 산악지대를 제하고서도 오히려 농업민의 이주지가 되는 것이니 화전민의 이전과 중남조선의 잉여 인구, 한수재(旱水災) 기근민으로 토지 개량의 큰 자금을 따라서 이 방면에 이주하는 것은 가장 합당한 또 합리한 일일 것이다.

현재 홍원군의 수재민 1,000호는 매호당 삼림 2정(町) 경작지 2정(町) 으로 신흥군(新興郡) 안산면 일대에서 이전키로 하여 그 일부가 출발하였고 같은 신흥군의 수재민 359호는 삼수군 개운장리 일대로 이전하게 되어 착착 발정중(發程中)에 있거니와 이는 다만 목전(目前) 천재(天災)에 당면한 수재민에 한정할 바 아니요, 일반적인 유리군(流離郡)과 화전민 등의 근본적 정리에 적용할 것이니 조선토로 하여금 먼저 조선인의 생활을 옹호하게 하는 것이 당연한 순서이다. 위정당국은 어찌 반드시 비스마르크가 포젠주에서 실패한 콜로나(식민지) 정책의 전철을 밟기만 급급하랴? 조선과 포젠주가 다른 바 있더라도 비스마르크 경(卿) 등 정책은 소위 선지선자(善之善者)[13]가 아니다(『조선일보』, 1929년 4월 7일, 1면 1단).

○ 1929년 4월 30일 생활개신 간담회

『조선일보』 주최로 종로 중앙 YMCA에서 열린 생활개신 간담회에 참석해서 생활개신운동의 필요성에 대해 취지 설명을 했다. 이날 행사에는 김미리사, 최현배, 허헌, 명제세, 최두선, 조병옥 등이 참석했으며 독일 유학을 다녀온 동생 안재학과 훗날 처남이 되는 건축가 김종량도 참석했다.

---

13) 최선의 것.

〈사진 3〉 생활개신운동 간담회 (『조선일보』 1929. 4. 30)

　본사에서 생활개신운동의 표어를 들고 강호 인사에게 그 뜻을
널리 제창한 바 과연 이 운동은 현재 조선 사정에 비추어 사람의
심금을 울린 만큼 각 방면의 환영과 공명이 성대하여 경성 안에
서 상공인의 중심 기관인 중앙번영회와 창립 이래 근 10년 동안
비풍참우(悲風慘雨)를 무릅쓰며 조선물산장려에 힘쓰던 조선물
산장려회에서는 솔선하여 이 운동을 지지 찬동하기로 결의까지
하였고, 이 외에 각 단체와 개인에게서 격려하는 편지와 언사가
답지하는 것을 볼 때에 주최한 본사로는 충심으로 감격을 이기
지 못하는 바이다.
　그러나 이 운동은 실로 삼천리 구석구석은 물론, 남북 만주를
비롯하여 조선 사람이 많이 사는 곳은 어디를 막론하고 실로 광
범하게 그 선전과 실행을 재촉하여야 할 것이요, 또 하루, 이틀
이나 1년, 2년만 할 것이 아니라 실로 원대한 계획으로 우리 민
족의 장원한 전정을 위하여 힘있고 줄기차게 해나갈 일이라 본사
에서는 각 방면 인사와 협력하고 각 층의 의견을 존중하여 책임

을 이행코자 하는 바, 한편으로는 가슴에 가득한 감격을 가지는 동시에 한편으로는 전도에 대한 난관이 있음을 깨닫는 바이다.

이제 본사에서는 우선 경성 안 각계 명사를 30일 청년회관으로 청하여 그 의견을 묻고 그 함께 나가기를 간절히 원하였던 것이다. 이번 본사에서 제창한 생활개신운동에 관한 간담회는 30일 오후 7시 반부터 시내 종로 중앙기독청년회관 2층 소강당에서 개최되었는데 일찍이 우리의 생활개신에 대하여 많은 조예를 가진 각 방면의 남녀 70여 명 대표적 인사가 회합하여 대성황을 이루었다. 본사 사장 신석우 씨의 개회사와 본사 부사장 안재홍 씨의 간곡 또 상세한 취지 설명이 있은 다음, 내빈 측으로는 윤치호, 조동식, 이종린, 박승빈, 류홍종, 김미리사, 김병준, 신알베트, 최현배, 옥선진 씨 등의 열렬하고 또 의미심장한 이번 생활개신운동 지지에 대한 찬성 연설이 있었다.

상설 기관 설치 본사와 협력 운동 명칭에 대하여 장시간 논의 후 생활개신운동은 하루 이틀에 큰 효과를 기대할 수는 없는 일이므로 오늘 밤에 이 회합을 좀 더 유의미하게 연장시켜 생활개신운동에 대하여 어떠한 유력한 한 상설기관을 만들어 조선일보사와 협력하였으면 좋겠다는 의견이 있어 이의가 없이 통과되고, 그 기관의 명칭에 대하여는 여러 가지 안이 제출되었으나 시간이 늦은 관계로 결국 체결치 못하고 옥선진 씨의 동의와 유억겸 씨의 재청으로 결국 생활개신운동에 대하여 연구하고 또 실행할 상설 기관을 설치하는데, 그 명칭과 방법에 대하여서는 전형 위원 다섯 사람을 선정하여 조선일보사 간부와 서로 협동하기를 위임하자는 것으로 가결되어 전형 위원을 뽑는 선발 위원으로 세 사람을 선정한 후 삼 씨는 즉시 별실에 가서 다음의 5명을 전형 위원으로 선정하였다. 이리하여 주객이 미리 준비해 논 다과를 함께 한 후 화기가 가득히 찬 가운데 산회하니 때는 동 오후 11시 20분경이었다.

선정된 전형 위원
이종린 심호섭 허헌 유억겸 최남

별항 보도와 같이 당야에 출석한 각 방면 인사의 씨명은 다음
과 같다.

윤치호 이종린 신흥우 홍병선 이승우 김미리사 허헌 한국종
한상억 유홍종 신알베트 유각경 박승빈 이만규 이필주 김영섭
조동식 최규동 명제세 조기□(趙基□) 김병준 유억겸 최현배 최
두선 김창제 심호섭 오긍선 조병옥 홍종숙 옥선진 김활란 이순
탁 김응태 김진도 김재희 김연성 김우현 이태선 민윤식 문기천
박연서 박길룡 김종량 선석렬 지성주 최호동 최정숙 하상용 하
복순 현동완 홍범식 권상로 윤일선 황경운 박호신 안재학 박완
윤근 맹건호 박원백 강세형 김정순 김성달 김용기 김딕창 김응
집 장권 박중민 조신일 구영숙 이필섭 장기경 최영숙 이기영 백
형기 김윤기 씨 외 제씨(『조선일보』, 1929년 5월 2일, 2면).

○ 1929년 5월 1일 과학지식에 대하여

『신생』 8호에 「과학지식에 대하여」라는 제목으로 글을 썼다. 자연
과학에 대한 호기심과 이해력이 남보다 적은 것은 비판하고 실제 과
학을 보급시키어 경제적 파멸 극복의 활로를 열며 상식 보급운동을
전개해서 생활의 향상의 도모해야함을 강조하고 있다.

중등교육(中等敎育)이란 것은 곧 국민교육(國民敎育)이다. 일
반 과학의 개념을 넣어주어 사회의 중견이 될 자격이 있게하고
개체의 완전한 인격을 기도(企圖)함이 교육의 진수(眞隨)다. 그
럼으로 중등교육은 곧 준비교육이다. 발육기에 있는 소년 뇌리

에 일반과학의 적은 씨를 뿌려서 학구적 기초지식을 주는 동시에 각각 그 개체의 천재(天才)를 찾는 것이 이 교육의 본무다. 사회민으로 불가결한 상식을 얻는 동시에 그 재분(才分)과 신념으로 각자의 진로를 선택하는 것이 이 교육을 받는 학생이다. 그럼으로 중등학교의 전과목은 다같이 중요하며 다같이 필요하다는 것이 현재 중등학교 교육제도의 전제요 또한 주장이다.

같은 교육을 받는 생도로서 농촌에서 자란 사람이 비교적 농사에 밝으며 도시인이 상리(商理)에 익어있음이 당연한 것만큼 이화학(理化學)과는 전연 몰교섭(沒交涉)의 상태에 있다고 할만한 일상생활을 하는 우리 사회의 학생으로서 이화학에 대한 호기심과 이해력이 남보다 적은 것은 눈앞에 명백한 사실이다.

그러나 그 인과 이상으로 우리 학생들이 이 과목에 대하여 애착이 없으며 난해인 것은 우리들에게 그 책임이 있다. 우리 선배들은 부르짖는다. 자연과학 곧 실제과학을 보급시키어 경제적 파멸로서의 활로를 열자고-그러나 그들은 설상공론(舌上空論)에 지나지못 하였고 또 그러려니해서 그러는 것이매 이 자연과학에 대한 절실한 느낌이 없는 그들의 말에는 권위가 없고 진실이 없는 것이다.

먼저 그 원리를 이해하여 사실에 해석하고 수많은 적은 사실을 명찰(明察)하여 한 원칙에 귀납(歸納)하는 것이 이 교육을 주고 받는 이의 방법이요 또 정신이어야한다. 그러하나 기초교육을 받는 자로서 귀납적수학(歸納的修學)은 거의 불가능에 속하는 일이니 될수 있는대로 근본의 이론을 요해(了解)케하여 사실의 암기를 적게하는것이 학생들에게 이 과학에 대한 취미와 열심을 주는 한 방편일까한다.

사람은 상식으로 산다. 우리의 상식의 범위를 넓히려고 각방면 학자들은 각각 그 전문(專門)에 헌신적 탐구를 하는 것이다. 상식의 향상은 곧 우리 생활의 향상이요 생활의 향상은 곧 그대로 우리의 이상이다. 우리의 생활은 물질적 기초 위에 있으니 물질과학적 상식이 먼저 필요함은 물론이다. 그러나 우리들은 이 상식에 가장 어둡다. 우리 대중의 지도자요 우리 생활혁명의 주창자라고 할만한 이들을 보아라 얼마나 물질과학적 상식을 그들이 가지었나? 없다. 아주 없다. 이것이 우리의 현상(現象)이다. 그럼으로 나는 여기에다 파멸의 중요한 원인을 두려한다. 이 상식을 가지지 못하고도 가장 예사로운듯이 생각하고 있는 분도 많지만 그런 분은 타국인과 두어마디 회화로 어렵지않게 자기의 무식을 자각할수 있을 것이다.

　우리는 배우자. 알자. 기술보다도 학술보다도 먼저 우리의 상식을! 우리의 생활을 위하여! 그리하여야만 우리의 생활을 의논할 때가 올것이다. 물론 여기에 말하는 것이 다만 한낱 자연과학을 들어 유일한 급무(急務)라함은 아닐지언정 필자는 이 점에 적지않은 유의를 하는만큼 나의 하고 싶은 말의 일단(一端)을 적은 것이다(『신생』 8호, 1929년 5월호).

○ 1929년 5월 2일 생활개신을 고조함

『조선일보』에 「생활개신을 고조함: 준열한 실천의지의 고조」라는 제목으로 글을 썼다. 시대 문제 해결을 위해 생활개신운동의 5가지 과제인 색의단발(色衣斷髮), 건강증진(健康增進), 상식보급(常識普及), 허례폐지(虛禮廢止), 소비절약(消費節約)의 꾸준한 실천을 역설하고 있다.

　오늘엔 오늘일이 있고 내일은 내가 함을 요한다. 생활개신(生活改新)을 목표로서 5개의 과목을 걸고 모든 식자·선구자 그리고 만천히 조선민중에게 외치는 우리의 주장은 평범하다. 최고한 이상의 정점을 향하여 동경의 돌진을 하는 것이 천재적·전위적의 끽긴사(喫緊事)라 상식에 입각한 평범한 일상생활의 제부면(諸部面)을 향하여 가장 실천적인 개신(改新)을 지속하는 것은 범부적·중민(衆民)적·시민적 경상보편의 일이 되는 것이다. 그러나 천재적인 전위부(前衛部)의 생활이 사회개발의 먼 미래에까지 그 생명을 승진(昇進)하게 하는 것이라면 범부(凡夫)적·중민(衆民)적 사회는 정돈 타락이 올뿐이요, 범부적인 중민의 개신된 생활이 함께하지 않는 사회는 허망한 현실에서 급조하게 날뛰는 실의(失意)한 선구자가 있을 뿐이다. 사회적 신경쇠약에서 절망적인 훤소(喧騷)[14]를 되풀이하게 되는 웅대한 비극조차 연출하게 되는 것이다. 오! 이상에서 상식에! 천재에서 범부에! 그리하여 개신된 신세대의 민중에!

색의단발(色衣斷髮), 건강증진(健康增進), 상식보급(常識普及), 허례폐지(虛禮廢止), 소비절약(消費節約)의 다섯가지 과목은 평범한듯 또 광범하다. 여기에는 수천년래 내려오는 견강(堅强)한 관습의 바위도 있고 전시기에 통철(通徹)한 빈궁의 병근(病根)도 박혀있다. 이 전통적인 관습과 거의 보편적인 사회적 빈궁의 병근의 아래에서 기(期)하는 바 생활개신의 제과목은 물론 쉬운 일이 아니요, 또 단시일에 완성할 수 없다. 그러나 이러한 것에 관하여 오직 역사적 필연을 선택하기 전에 먼저 인위적 최선을 다하자. 이 봉건적 쇄국시대의 고질적 잔재인 사회의 모든 병폐에 관하여는 먼저 그 도덕적인 개신의 노력이 가장 긴절(緊切)한 현하의 작업이된다.

현명한 선구자는 공소(空疎)한[15] 관념의 운동을 배제하는 것처럼 또 급조(急燥)한 경제적 숙명관(宿命觀)에 어느덧 국척(跼蹐)[16]하고마는 과실을 떼쳐야한다. 우리는 지금 생활개신의 제과목에 효능과 필요를 매거(枚擧)[17]하기를 겨를치 못한다 오늘

---

14) 시끄러움.
15) 공허한.
16) 마음이 황송하여 몸을 굽힘.
17) 낱낱이 들어 말함.

엔 오늘일! 오늘의 일을 가장 충실 또엄숙하게 하자! 그러나 이 일은 이론에서 평범한 중민(衆民)의 일이다. 그럼으로 준열(峻烈)한 실천 의사가 아니고서는 공(空)이다, 무(無)이다. 그렇다. 어찌 더불어 준열한 실천의 길을 합작·병진(並進)·지지하지 아니할 것이냐?

이 운동은 많은 선구의 단체를 가졌으니 각종파와 학교, 일반적인 사회단체에서는 벌써부터 각과목에 관하여 선전과 주장을 하여온 바 있다. 그러나 이 문제는 구구한 부문적 노력으로 그 전체적인 성과를 드러낼 수 없으니 각 종파와 학교, 각사회단체를 아울러서 정숙 또 엄숙한 축일실행(逐日實行)[18]의 길을 나아가야 하겠다. 이 문제에 의하여 각 방면의 사람들이 다 각각 동일한 동작으로 될수 있으니 그는 일상의 생활은 천하내외의 사람들로 더불어 모든 계선(界線)을 떠나서 서로 추장(推奬)[19]·찬성(贊成)·촉성(促成)할 수 있는 까닭이다.

오 우리의 구원(久遠)한 생존의 길은 다만 일막의 연극과 같이 간단하게 치워버릴 바 아니다. 일거에 성패를 결정하는 배수군(背水軍)과 같은 정세도 아니다. 성충일관(誠忠一貫)한 개척자─의식의 선구자들은 오늘날에 있어 이것을 촉성함에 필요한 주도(周到)한 용의가 긴절한 것이요, 오늘날의 민중은 그 의식을 고폐(錮閉)[20]하게 하는 공소(空疎)한 추탄(愁嘆)을 떨어버리고 이 개신의 생활에서 일단의 낙관을 가지자. 그렇다 낙관은 진작(振作)을 오계한다. 진작이 있는 곳에는 사회의 견실한 발전의 구원한 함축성(含蓄性)이 생기는 것이다. 낙관의 합작은 추탄(愁嘆)의 고폐(錮閉)를 깨뜨리는 것이다. 그렇다. 꼭 그렇다. 오늘 일은 오늘에! 정숙 그러나 엄숙한 실천의 길에!(『조선일보』, 1929년 5월 2일, 1면 1단).

---

18) 하루하루 거르지 않고 실행함.
19) 추천하고 장려함.
20) 꼭 막거나 닫음.

O 1929년 5월 4일 중추원 회의

『조선일보』에 「중추원회의개(中樞院會議開)」라는 제목으로 글을 썼다. 일본인 이주민 위주의 정책을 비판하고 조선땅에서 빈곤한 조선인의 생활책 대책을 등한시해서는 안되며 조선인에게 먼저 밥을 주고 또 배우게 해야 함을 주장하고 있다.

제9회 중추원 회의가 2일부터 열렸다. 오는 4일까지 3일 동안 개회한다고 한다. 중추원(中樞院)이라하면 도평의회(道評議會)를 생각할 것이니 그 대우가 다르다하더라도 도평의회는 작은 중추원, 중추원은 큼직한 도평의회이다. 경남의 도평의회원들이 일면일교(一面一校)주의에 의하여 예산안 반상(返上)을 한 것이 동시에 자문(諮詢)에 응하지 않는다는 이유에 걸리어 14명이 해직의 봉변을 당한 것을 기억하는 사람이면 의무교육 실시, 징병제 실행, 조선농민의 국경유출 방지 등의 안을 주장하여 의외의 파란을 만난 작년 봄 중추원회의도 생각날 것이다. 총명 또 성실한 선구자는 모든 층의 사람들의 움직이는 형태에 항상 면밀한 주의가 가는 것이겠지마는 중추원의 제군(諸君)도 또 얼마나 면밀한 주의가 자기자신들에게 있는가?

최근 지방 민정(民情) 중 특히 주의할 사항과 이에 대한 의견이 자문(諮詢) 사항 중 한 조목이요, 기타에 관하여 복장(服藏) 없는[21] 의견을 개진하게 하는 것도 이번에 할 일의 중요한 것이다. 그러나 산업진흥일세, 지방민정일세 기타에 관한 것일세가 결국은 생활난, 취직과 취업난, 또 학동의 입학난 등으로 표명되는 현재의 큰 문제요 정도의 차이는 있을망정 전세계에 통하여 현대의 사회상을 말하는 것이지만 조선에 있어서는 어쨌든 이 문제가 보다 더 준열하게 생겨나는 문제이다.

---

21) 마음속의 생각을 드러냄.

장광설(長廣舌)은 할새없다 하고 생활의 파탄, 소농소상(小農 小商)과 수공업자의 급락(急落), 소작지와 어구(漁區)의 불획득 (不獲得), 노동자로서의 실직(失職) 또는 화전민의 이전(移轉), 한수재(旱水災)의 혹화(酷禍)[22] 등으로 인하여 생겨나는 10만으 로 계산되는 유랑민의 운명이 조선과 조선인의 운명을 결정하는 것은 위정자와 가장 급진적인 선구자와 충추원과 도평의회의 사 람들이 같이 알고 있는 것이다. 이러한 전조선의 민정(民情)에 관하여 금년의 중추원회의는 어떠한 태도를 가지는가? 퍽 알고 싶다.

조선농민의 국경유출은 고여시금여시(古如是今如是).[23] 다 만 최근 수년 만주의 혹심한 조선인 배척은 조선인의 국경유출 을 적지않게 방지하고 있고 일본도항조차 극력으로 저지되는 것 은 물론이다. 이 안전판이 막혀버린 조선인의 생활은 압착(壓搾) 되어 잠파(潛破)[24]의 미래성(未來性)조차 잠축(潛蓄)[25]하게 되는 것이다. 장래도 장래이거니와 이러한 사선(死線)의 유랑군(流浪 群)을 두어두고 풍부한 보조에 의한 일본 식민군진출(植民群進 出)을 어떻게 볼 것이냐? 산업진흥도 민정도 이 문제를 주축으 로 빙빙 돌고 있는 것을 누구든지 알 것이다. 자문하는 자, 자문 받는자의 견해기 각각 어떠한가?

'민중의 이익, 민중 때문에' 이렇게 되풀이하며 파격적인 민 중운동자 초대 석상에서 '여론배경(輿論背景), 민력충실(民力充 實)'을 주장한 전(前) 안달(安達) 토지개량과장이 지사(知事)를 하는 함북은 구식의 말대로 땅은 넓고 사람은 드물어 경지면적 1호당 삼정팔보(三町八步)가 평균이요, 강원·평북·황해도 등지 에는 아직도 농업민 이주의 여유가 있다.

---

22) 극심한 재난.
23) 옛날이나 지금이나 같음.
24) 가라앉아 파괴되는.
25) 몰래 쌓아 둠.

북에 가서 만주에 조선인 이주문제로 해결할 수 없고 동에 가서는 일본도항도 저지하지 않을 수 없는 위정자들은 어찌하여 조선토에서 조선인 생활책을 등한시 하느냐? 조선인에게 먼저 밥을 주고 또 배우게하여야 할 것 아닌가? 위정자는 위정자로 하고 중추원 제군은 이번에 무슨 생각이 있느냐? 각층의 지방면의 사람들은 다각각 자기들의 처지에 의한 최대한 투쟁노력을 함을 요한다. 모든 길로부터 한 곳에! 그리하여 생존권의 옹호를 위한 장원(長遠)한 도정에서 그 경로를 달리한 많은 사람들이 그 과거를 청산하는 날도 전혀 없지 않을 것이다. 군(君)등의 훤소(喧騷)는 차라리 무용할 것이요 그의 처지에 의한 진지한 분투(奮鬪)가 다당하다고 한다(『조선일보』, 1929년 5월 4일, 1면 1단).

○ 1929년 5월 5일 조선비행학교 개교

조선비행학교 개교식에 참석해서 송진우, 민태원 등과 함께 축사를 했다.

아메리카에서 라이트 형제가 날라본 이후로 인류의 항공술이 장족의 형세로 발달되어 항공열은 거의 세계를 풍미하는 터인데 조선에는 아직껏 비행 학교가 하나도 없음을 유감으로 생각하여 이것을 설립시키고자 고심하던 조선인 신용인(愼庸寅) 씨가 발기한 조선비행학교의 개교식은 5일 아침 여의도에서 거행하였는데 이날 이른 아침부터 동 교장 신용인 씨가 비행기로 시내의 최저공을 비행하며 비라를 산포하였고 개교식은 예정보다 조금 늦어서 오전 11시 30분에 개식하였는데 식장 입구에는 프로펠러로 문을 하여 세워 참으로 비행장다운 기분이 농후하였었으며 먼저 설립위원장 박영효 씨의 정중한 식사가 있은 후 교장 신용

인 씨로부터 고심한 경과 보고가 있었고 내빈 축사에 들어가 산
본 체신국장과 송강 경성일보 사장과 동아일보 사장 송진우 씨
와 본사 부사장 안재홍 씨와 중외일보 민태원 씨 외 내빈 제씨의
축사가 있은 후 폐식하고 다과회가 있었고 이어서 내빈 다섯 사
람의 추첨 동승 비행이 있었는데 당일 참여자는 100여 명의 다
수에 달하여 희유의 성관(盛觀)[26]을 이루었다(『조선일보』, 1929
년 5월 6일, 2면).

○ 1929년 5월 15일 생활개신을 선양함

『조선일보』에「생활개신을 선양함: 본사 주최의 신운동」이라는 제
목으로 글을 썼다. 색의단발(色衣斷髮), 건깅증진(健康增進), 상식보
급(常識普及), 소비절약(消費節約), 허례폐지(虛禮廢止)의 필요성을
강조하며 이 운동에 대해 시대에 맞지 않는 내용이며 지엽적인 문제
라고 비판하는 주장에 대해 비판하며 이 운동에 대한 호응과 최선의
실천이 중요함을 역설하고 있다.

　　모든 식자, 선구자 그리고 만천하 조선인 민중이여. 우리는 지
　　금 생활개신(生活改新)의 몇 가지 과목(科目)을 걸고 당신들의
　　앞에 서서, 그러나 당신들의 합작(合作)을 기다려서, 가장 진지
　　하고 견실한 노력을 계속하려 한다. 그 과목은 별것이 아니니,
　　색의단발(色衣斷髮), 건강증진(健康增進), 상식보급(常識普及),
　　소비절약(消費節約), 허례폐지(虛禮廢止)의 다섯 가지 운동을 일
　　으키려 함이다.
　　이 문제는 우리에게 걸린 지 오래니 참신한 것이 아니요 누구

---

26) 성대한 구경거리.

든지 하여야 할 일인 고로 실로 민중성쇠(民衆盛衰)의 가장 큰 관목(關目)이 되는 것이다. 구원(久遠)한 가치가 있는지라, 지금도 오히려 거대한 노력으로써 그의 획시기적(劃時期的) 약진의 기축(機軸)을 지어야 하겠고, 민중성쇠의 가장 큰 관목(關目)이 되는지라, 우리는 이것을 홀로 할 바 아니요, 오로지 당신들의 합작과 지지를 구하여 멈추지 아니하려 한다. 만천하의 민중이여. 그리고 그의 핵심에 있는 식자와 선구자여. 어찌 더불어 이 운동에 향응(響應)[27]·합작·지지하지 아니할 것인가.

내구성이 있고 동작에 편리하며 외관에 서투른 바 없으라고, 그리하여 경제상 시간상으로 큰 손실을 방지하고 민중적 생활의 능률을 증진하게 하기 위하여, 백의(白衣)를 폐지하고 색의(色衣)를 입자고 주장한다. 쇄국하던 시대 고루한 장신법(裝身法)의 가장 보기싫은 유물인 상투를 자르고, 머리를 졸라매어 생생한 기식(氣息)의 발동을 시들게 하는 망건(網巾)을 폐지하자고 고조(高調)한다. 근로역행(勤勞力行)의 원두(源頭)가 되고 적극·진취의 기세를 돋우며 그리하여 민중동작(民衆動作)의 견고한 생물적 기축(機軸)을 만들려고, 인생의 싹인 아기와 어린이와 성년·노년에까지, 섭양(攝養)과 의료(醫療), 조련(操練)과 주동(走動)들의, 민중적 건강증진(健康增進)에 필요한 모든 강구(講究)·선전·실천의 순서 있는 운동을 일으키려 한다.

모든 점에 있어서 낙후된 조선인은 선진국가의 인민들에 비하여 문화의 수직적인 상승운동(昇進運動)이 가장 급하니만큼, 그의 평면적인 보급운동에 있어서 바야흐로 그 민중화의 긴절(緊切)함을 통감하는 것이니, 정점에로 약진하여야 할 고급의 현대문화는 그 견확(堅確)한 저선부(底線部)의 축성(築成)을 강요한 것이라, 상식보급(常識普及)의 가능한 최대역량을 발휘케 하도록 지적(指摘)·소개(紹介)·선전(宣傳)과 고조(高調)를 요함이 또

---

27) 소리에 따라 마주쳐 그 소리와 같이 울림, 호응.

긴절(緊切)하다 한다.

도학편중(道學偏重)의 또 그에 인한 형식편중(形式偏重)의, 기형적 생활인 유자(儒者) 중심의 쇄국시대로부터, 돌연히 급격한 현대적 특성을 구현한 찬란한 물질문명의 포괄(包括) 속에 끌려 나오게 된 조선인은, 구시대의 잔재(殘滓)인 모든 허문욕례(虛文縟禮) 속에 있으면서, 또 신시대의 폐막(廢瘼)인 부화(浮華)한 유행을 좇는 낭비자의 생활을 하게 된다. 생산의 기술과 자본의 집적(集積)을 가질 사이도 없이 거의 단순한 소비자의 생활을 하게 되는 조선인이, 아직도 이 보기싫은 사회적 화석(化石)이요 자유로운 생활의 거북한 질곡(桎梏)인 허례(虛禮)의 속에서 한갓 시간상 경제상 용비(冗費)[28]·낭비(浪費)의 생활을 하고 있는 것은, 이중삼중으로 받는 물심양면의 민중적 또 민족적 손실이 자못 거대한 바이다. 그러브로 소비절약(消費節約)과 허례페지(虛禮廢止)를 주제로서 지적·경성(警醒)·선전(宣傳)과 고조(高調)함이 절대로 긴요하다 한다.

'시대의 늦은 소리'이다. 이렇게 말하지 말라. 경장(更張)을 부르짖던 40년 전으로부터 개신(改新)하기를 역설하던 백의장발(白衣長髮)의 관습조차, 40년이 지난 오늘날에까지 의연한 대다수 조선인의 생활양식으로 고정되어 있다. 아니 몇 세기의 전으로부터 우리들의 골수에 사무치는 병폐로서, 또 혈맥(血脈)에서 우러나오는 정원(情願)으로서, 우리들 전민중 앞에 걸려 있는 문제가, 그대로 오늘까지 숙제로 현안(懸案)으로 남아 있는 것이 무엇 무엇이냐. '한껏 한다는 것이 이뿐이냐.' 이렇게 비웃지도 말라. 정치적으로 중대한 건곤일척(乾坤一擲)을 기획하는 것만이 인생생활의 전체가 아니요, 가정인(家庭人)으로, 촌민(村民)으로, 시민으로 그리하여 세간(世間)의 한 주민으로서, 그의 일상의 생활을 개신(改新)·혁신하고 건실하게 함을 요하는 바는

---

28) 쓸데없는 비용.

매우 심절(深切)하다.

'그는 지엽문제(枝葉問題)이다.' 이렇게 쉽게 치워서는 더욱
아니된다. 하루도 마음과 몸이 안한(安閑)할 수 없는 우세자(憂
世者)[29]의 경지에 서서 있다 하면, 각방면의 각층에 통하여 전민
족적으로 그 절실한 개신(改新)을 요하는 경세적(經世的)인 제문
제에 관하여, 오직 진지한 실천에로 맹진(猛進)함을 요할 뿐이
다. '개량주의(改良主義)이다.' 이렇게 흉보면 가장 불가하다. 현
하의 과정에 있어서 전민족적으로 그의 일상생활에서 거대한 수
확을 가져야 할 이 운동을 향하여, 각 사람이 오직 최선한 노력
을 요할 뿐이다. 우리들 조선인은, 이목(耳目)의 견문(見聞)에서
는 응수(應酬)할 수 없는 초신적(超新的) 신진(新進)에 분명(奔
命)[30]하면서, 실천의 생활에서는 오히려 저열한 구형태(舊形態)
에 침체(沈滯)·정돈(停頓)되고 있으며, 방대한 관념적 문제에서
공소(空疎)한 의욕의 열화(熱火)를 피워올리는 분수로는, 핍근
(逼近)한 과학적인 이해문제에서는 너무 조솔(粗率)한[31] 불간여
(不干與)의 태도에 빠지고 만다.

모든 식자 선구자 그리고 만천하의 민중이여, 서로 더불어 이
운동에 향응(響應)·합작(合作)·지지(支持)하지 아니할 것인가.
그리하여, 작열(灼熱)한 생존의 의욕으로 광명(光明)한 이상(理
想)의 피안(彼岸)을 건너다보면서, 이 진의만장(塵埃萬丈)[32]의
현실의 가로를 씩씩하게 통과하여 가지는 아니할까. 아아, 개신
(改新)이다. 개신이다. 거듭한 구시대의 거북한 전재인 모든 병
폐(病弊)를 떨쳐버리면서 실천적인 신시대의 세련된 생활에.(『조
선일보』, 1929년 5월 15일).[33]

---

29) 세상을 근심하는.
30) 바삐 움직이며.
31) 거칠고 경솔한.
32) 속세의 더러움 가득한.
33) 『민세안재홍선집』 1권에 이 글의 게재일자로 명시된 1929년 5월 15일자 「사설」
　　의 제목은 「보건공헌(保健貢獻) 삼십주년(三十周年)」이다.

O 1929년 5월 16일 소년 소녀 기행렬

오후 4시 생활개신운동 홍보를 위해 약 4만 1천명의 소년과 소년들이 참여하는 소년소녀 기행령 행사에 참석해서 개회사를 했다.

소년소녀의 기행렬은 소년연맹에 가입한 각 단체와 천도교 연합소년회에 가입한 각 소년소녀 단체와 소년척후연맹·조선소년군·홍제소년소년군·노량진 소년군·신우회와 기타 소년단들과 반도여자학원·조선여자학원과 기타 각 소년소녀 단체에서 약 4만 1천여 명의 소년·소녀들이 각각 지도자의 지휘를 받아 16일 오후 4시에 시내 수송동 실천여학교(前 보성 학교) 교정에 모여 본사 부사장 안재홍 씨 식사가 있은 후 기행렬을 할 터인 바 노선은 실천여학교에서 수송동을 거쳐 종로 네거리로 나와서 거기서 동으로 내려와서 배오개(梨峴) 네거리로 해서 거기서 또 굽어지고 황금정으로 나아가 황금정통을 통과하여 남대문 문통을 거쳐 다시 종로로 들어와 전동 본사 앞을 지나고 도로 실천여학교 후문으로 들어가서 그곳에서 해산키로 되었다(『조선일보』, 1929년 5월 12일, 2면).

오후 3시부터 기행렬을 하게 된 것은 별항과 같거니와 오후 4시부터 이와 같이 성대하고도 찬란한 선전 행렬이 끝난 뒤에는 오후 7시에 시내 종로 중앙기독교 청년회관에서 이에 대한 강연회가 있을 터인바 연사는 모두 사회 각 방면의 명사들을 망라하여 근자에 보기 드문 큰 강연회가 열릴 터인데 강연이 보통 다른 강연보다도 달라 우리 당면의 큰 급무인 생활 개신에 대한 강연이고 따라 이 운동에 대한 향응이 예상 이상으로 크니만큼 당야의 장관을 예상할 수 있으며 강연할 연제와 연사는 다음과 같은데 청강은 무료로 할 터인바 시간 전이라도 만원되면 사절할 수밖에 없다고 한다.

개회사 본사 부사장 안재홍
생활 개신의 의의 조선 기독교 청년 연합회장 윤치호
혼상 의식에 대한 편견 천도교 종법사 이종린
생활 개신과 농촌문제 기독교 청년회 총무 신흥우
생활 개신과 소감 동아일보 사장 송진우
생활 개신과 어린이 경성 여자 기독교 청년회 총무 유각경
색의 단발에 대하여 조선 불교 전문학교 교수 김법린
조선 인구 문제상으로 본 생활 개신 연희전문 상과 과장 이순탁
미정 중외일보사 민태원
과학적 소비 연희전문학교 교수 조병옥
중심 한성병원장 김탁원
우선 가까운 데로부터 보성전문학교 교수 옥선진
(『조선일보』, 1929년 5월 12일, 2면).

○ 1929년 5월 16일 생활개신운동 전개

생활개신운동 홍보행사에 참석해서 축사를 했다.

색의단발 건강증진 상식보급 허례폐지 소비절약의 5개 항목
을 걸고 '조선 사람아 새로 살자!'라는 표어(標語) 아래 본사에
서 제창한 생활 개신의 대선전은 어제 보도한 바와 같이 16일에
전 조선 각지에서 일제히 성대하게 거행되었다. 이날의 경성에
는 예정과 같이 자동차, 인력거, 자전거 등의 온갖 교통 기관의
선전을 위시하여 지상에는 기행렬, 천공(天空)에는 축하 비행이
있어서 조락(阻落)[34]같은 경성의 거리에도 이날만은 제법 신생
의 활기가 횡일(横溢)[35]하게 되어 각계 각 방면에 비상한 충동을

---

34) 몰락한.
35) 물이 흘러 넘침.

주게 되었다.

서전 행렬대의 집합 장소인 시내 수송동 조선불교교무원 앞 뜰에는 정각 전인 오후 4시가 채 못되었건만 벌써 조선소년연맹 신우회, 명진소년회, 애우소년회, 홍제소년군, 조선소년척후대, 조선소년군 등의 소년군을 비롯하여 배영학교, 삼흥학교, 반도여자학원, 필운강습소, 화산학교, 애우소년학우회 등의 각 학교의 생도를 망라한 소년·소녀 수천 명의 어린이가 이 넓은 마당에 빽빽히 모여 서서 대성황을 이루었다.

정각인 오후 4시가 되자 소년군의 용장한 나팔소리를 신호로 본사 부사장 안재홍 씨의 간략한 취지 설명이 있었는데 바로 때마침 멀리 여의도로부터 날아들어 온 조선비행학교장 신용인 씨의 비행기가 웅장한 프로펠러 소리와 함께 세 번이나 회장 상공에 나타나 축하의 뜻을 표하자 회장 내의 수천 명 어린이들은 기약치 않고 일제히 만세를 높이 불러 일시는 우렁찬 만세 소리로 일대를 진동케 하였다. 이리하여 손에 손에 생활 개신의 오색기를 든 수천 명의 귀여운 어린이들은 본사 사기와 생활 개신의 깃발을 선두로 경성 악대의 유량한 주악과 소년군의 용장한 나팔소리에 발을 맞추어 보무당당히 시내를 일주하여 일대 행렬을 하게되었는데 끝없이 기나긴 행렬의 뒤에는 서울 윤업회의 50여 대자전거대가 뒤를 따라서 더 한층 기세를 높게 하였다.

오후 4시에 수송동 회장을 출발한 행렬은 청진동 종로통 황금정통 남대문통 광화문통을 통과하여 본사 앞을 지나 다시 수송동 회장에 집합하여 소년군의 나팔소리에 맞추어서 조선일보사와 생활 개신의 만세를 삼창하고 원만 또 성황리에 산회하니 때는 동일 오후 6시 30분경이었는데 웅장한 음악 소리와 나팔소리에 발을 맞추어 경성의 거리를 일순한 행렬은 그야말로 장사진을 이루어 회장을 출발한 선두가 종로 2정목에 다다랐건마는 그 뒤는 아직껏 수송동 거리에 남아 있어 보이지 않을 만한 대행렬이었는 바 행렬이 이르는 곳에는 거리마다 남녀 노유의 인산인해를 이루

어 선전대가 산포(散布)하는[36] 생활 개신의 오색 삐라는 각 방면
에 적지 않은 감동을 주어 비상한 센세이션을 일으켰다.

(『조선일보』, 1929년 5월 18일, 2면).

〈사진 4〉 생활개신운동 홍보행사 (『조선일보』 1929. 5. 16)

O 1929년 5월 17일 제2회 상공연합 대운동회

상공연합 대운동회에 신석우와 함께 고문을 맡고 참석해서 축사
를 했다.

갱생의 기분이 충일한 5월 셋째 일요일을 이용하여 녹음이 우
거진 장충단공원 운동장에서 상공연합 운동회를 거행하게 되어

---

36) 흩어져 퍼지는.

만반의 준비를 정제하였다 함은 별항과 같거니와 이제 당일에는 이때까지 하여 오던 운동회와도 달라 상업계 인사와 공업계 인사를 통틀어서 된 것만큼 그 기술과 또는 경기하는 경상이 스스로 다를 뿐 아니라 참신기한 것도 있겠다 하며 더욱 1년간을 두고 하로도 위안을 받지 못한 일반 상공계의 인사들은 1년에 한번 밖에 맞이하지 못하는 기쁜 명절로 알고 있는 만큼 운동회를 마친 뒤에는 이미 보도한 바와 같이 기생가무 활동사진 등이 있어 밤낮으로 일대 장관을 이룰 것인 동시에 그날만은 완연히 경성 천지는 이 운동회의 기쁜 환희 속에 잠길 것이라고 기대되는 바 이제 당일에 모든 방면으로 운동회에서 활동하여 선수 일동의 편리를 보아줄 직원과 부서는 아래와 같으며 또 당일에는 특별히 본사에서 기자를 파견하여 운동장내 신문을 발행하여 시시각각으로 운동장 내에서 일어나는 굉경을 일일이 보도하리라한다.

회장 박승직
고문 신석우 안재홍
총무부
김윤수 윤우식 양재창 최남 김응집 정수일 박돈서
시상부
홍순비 김윤면 김규원 장두현 백낙원 신태화 한기악 예종석 전성욱 홍은주 이승복 김성집 태응선
심판부
심판장 박창하 출발 현정주 이병삼 1착 한진희 신기준 김수기 2착 서상천 황영진 마춘식 3착 이규현 박천병
경기부
소집계 최등만 장 권 김규면 박영진 김영구 심상복 홍병덕 외 15인
설비계 송재영 거관호 이영화 현동완 김종만 홍지수 이혜택 김진수 진병직 외15인 기록계 이건춘 이길용 고영한 진번

경호부

정성판 김영종 노량진 청년단

구호부

김용채 방규환 심호섭 조한성 김교정 오영원 윤희식 이형호 최광식

일본적십자사간호부대

접대부 최상인 홍병록 방태경 김용관 허택 노익형 현석주 김춘기 이기세 송동수 민대호 백경화 조준환 박유진 조인섭 장영석 김현재 손종수 한윤호 조선용 한장우 유해창 장희원 홍종열 박제선 제일약품회사 최성원

장내신문부

안석주 김을한 신경순

향응부

양세진 이두연 장기조 김정렬 김세탁 이종구 박원호 허훈
(『조선일보』, 1929년 5월 17일, 2면).

중앙번영회와 본사 공동주최의 제2회 상공연합대운동회는 예정과 같이 19일 오전 8시부터 녹음 짙은 장충단 상공원운동장에서 1만 대중의 환호성으로 개최되었는 바 최후 우승을 다루는 4종 경기에 1등은 총점 316점으로 세창양화점 장대원군에게 나뿌끼게 되었으며 오후 6시 30분에 대회장 박승직 씨의 의미심장한 인사가 있은 다음 본사 부사장 안재홍 씨의 열열한 인사말이 있었는데 데 당일 오후 경기 성적은 아래와 같더라.

매물경주 일대일착 김태현 동상경주 이대일착 한택선 동상경주 삼대일착 김덕현 팔백미 삼대일착 이의종 팔백미 사대일착 장대진 계산경주 일대일착 윤영식 계산경주 이대일착 이태성 계산경주 삼대일착 김명근 장애물경주 일대일착 박용철 동상경주 이대일착 김의길 동상경주 삼대일착 한창희 동상경주 사대일착

안장성 동상경주 오대일착 조복동 동상경주 육대일착 이성근 동
상경주 칠대일착 윤상선. (『조선일보』, 1929년 5월 21일, 5면).

〈사진 5〉 경성 상공연합 대운동회 (『조선일보』 1929. 5. 19)

○ 1929년 5월 19일 제2회 상공연합대운동회 참석 인사

중앙번영회(中央繁榮會)와 조선일보사의 공동주최로 제3회
경성상공연합대운동회(京城商工聯合大运動會)가 30여 만 경성
부민의 환호와 갈채리에 필경 19일은 아침부터 첫여름의 녹음이
무르녹은 장충단(獎忠壇)에서 개최되었다함은 작보한 바와 같거
니와 정오경에 이미 10만명을 돌파한 남녀로 유의관중은 각각으
로 그 수효가 늘어 오후에는 무려 12~3만명의 관중이 운집하여
만호(萬戸) 장안이 다끌어나온 듯 운동장을 중심으로 장충단 일
대에는 문자 그대로 인산인해(人山人海)를 이루어 필승을 기하

는 7백 건아(健兒)의 의기는 한층 더 헌앙(軒昻)한[37] 바가 있었
는데 만인 환시(環視)[38]중에 경기는 한층 백렬화하여 한경기가
끝나 다시 한경기가 시작될 때마다 응원의 박수소리는 천지를
진동하는 듯 원만 또 성황리에 이날의 대회의 경기로 흥미의 초
점인 사종경기(四種競技)까지 무사히 마친 후 중앙번영회 이사
장 박승직(朴承稷) 씨의 폐회사와 우승기 수여식이 있은 다음 본
사 부사장 안재홍 씨의 축사로 예정대로 운동회의 종막을 고하
니 때는 오후 7시경이었다.

（『조선일보』, 1929년 5월 21일, 2면).

○ 1929년 5월 28일 조선어 철자법 개정문제

『조선일보』에 「조선어 철자법 개정문제: 철저한 개정을 촉(促)함」
이라는 제목으로 글을 썼다. 철자법의 정리는 한글의 발전을 가져오
는 것으로 표음적 표기가 조선인의 실제 발음생활에 합당할 것이라
고 주장하고 있다.

민족의 언어가 발달된 상태 여하는 곧 그 민족의 문화상의 위
치를 구현하는 정수가 되고 문자나 언어를 표현하는 방식의 발
달형태-정려(精麗) 적부(適否) 여하(如何)는 또 그 민족의 문화
민족으로서의 위치를 측정하는 척도가 될 수 있다. 그럼으로 한
민족의 상용어에 관하여 가장 합리한 과학적인 문자의 표현방식
을 건설하는 것이 필요한 것은 당연에 지난 당연이요, 문자의 표
현방식이라 결국 철자법의 정리·세련을 의미함이니 철자법의
완전한 정리를 기다려서 한민족의 언어는 비로소 정상적인 본질

---

37) 풍채가 좋고 의기 양양한.
38) 많은 사람이 둘러서 봄.

적 발달을 오게 하는 것이다.

작금(昨今) 조선어철자법 개정안토의에 제(際)하여 우리는 순수한 학구적 견지에서 오직 그 철저한 개정만을 역설하니 2천 3백만의 자연의 방언인 조선어의 철자법 개정은 누구에 의하여 앙장(軮掌)[39]됨은 별문제로 하고라도 그의 민족문화상의 영향되는 작용이 결코 무관심을 허락하지 않는 까닭이다.

영구히 지속되는 우주생명의 구현자로서 자아를 중심으로하여 철학적으로 인신화합(人神合和)의 신념과 예술적으론 물아협흡(物我協洽)[40]의 정서를 계통적·단계적의 종관(縱貫)과 횡열(橫列)의 묘치(妙致)를 다한 조선인의 존귀한 생활경험의 상아탑으로 되어있는 조선어는 세계에 그 유례가 드문 문화적 가치를 함축한 바이다.

이 언어의 운율의 미와 체계의 성연함에 대응하여 가장 융통자재(融通自在)한 표현의 기교를 다한 언문(諺文)이란 자가 또 세계 자모문자계의 추종을 허락하지 않는 최고의 전형으로 되어 있다. 불행히 조선인의 국민적 성세(聲勢)가 그에게 웅대한 배경으로 되지 못하였고 학술적 작업이 그 구원(久遠)한 생명의 원천으로 지속하지 못하였음에 의해 조선어·조선문은 혼효잡박(混淆雜駁)한 존귀한 미성품(未成品)으로 국제적 수준면에서 떨어져있게 된 것이다. 그 본질이 존귀한지라 저열시(低劣視) 할 바 못되고 활용이 부잡(浮雜)한지라 광정(匡正)[41]하지 아니라면 안된다. 이제 광정하려는 자 있으니 그 철저한 광정만을 주진(注進)하는 것이다.

언어와 문자의 항구·광원한 가치는 그의 위대·심수(深邃)한[42] 학구적 가치를 포용함에 의하여 비로소 확립되는 것이니 철자법

---

39) 일이 몹시 바쁨.
40) 화목하게 사귀다.
41) 바르게 고침.
42) 깊은.

개정은 그의 시초적인 방편의 사업이다. 그러나 방편은 본질을 논할 수 없으니 철자법 개정이 목하(目下)에 필요하다. 우리 금월에 처음에 있어 그 경개(梗槪)⁴³⁾를 논하였거니와 이제 그 개정 문제의 목표될 자를 보건대 1. 종래 된시옷을 병서(竝書)로 함의 가부(可否), 2. 초성 전부를 종성으로 사용함의 가부이니에 관하여는 논의를 요하도록 의문될 바 없이 그 개정의 필요를 인정할 바이요, 3. 한자음의 역사적 기음(記音)을 표의적 기음으로 함에 대하여 역사적 기음을 보수(保守)하기로 하는 논(論), 표음적 기음으로 개정하기로 하는 논이 분기대립(分岐對立)할 수 있다. 이에 관하여는 역사적 기음보수론(記音保守論)이 일리 없는 것은 아니나 그는 요컨대 한자 자학상(字學上)의 문제를 주로 할 바이요 독본(讀本)과 통상적 용어상에서 고집할 바가 아니다.

언어는 일상에서 사용되는 음어상의 실제를 표준할 바이요 이미 전고기(前古紀)에 속한 고형태에 인위적으로 □的케함은 가장 곤란하고 무용한 일이니 표음적 표기법을 채용함이 가장 조선인의 실제에 합당할 것이다. 이에 대하여 초성전부를 종성으로 사용함과 된시옷을 병서(竝書)함과 같은 것이 일견(一見)에 고형태(古形態)로 복귀하기를 주장함과 같이 착인(錯認)⁴⁴⁾함이 있을 수 있으나 요컨대 전체가 오직 현행하는 구두(口頭)의 음어(音語)를 표준으로 그 발음상에 정확한 철자를 충당하자 하는 것임에 비추어볼 때에 누구나 석연(釋然)·수긍(首肯)할 바인줄 생각한다.

이번의 철자법 개정을 완성시키기 위하여 조선인 민간측 전문가를 망라(網羅)할 뿐만아니라 일본인으로서 이에 대한 학적 권위를 가진 제씨가 그 길에 당(當)하였으니 우리는 오직 학적 양심에 입각한 그들의 성의있는 주장만이 이 사업에 필요한 것을

---

43) 대강, 개략.
44) 혼란이나 잘못.

특히 이에 일언(一言)하고 그 성과를 체시(諦視)[45]하고자한다
(『조선일보』, 1929년 5월 28일, 1면 1단).

○ 1929년 6월 1일 흉년과 그 예방책

『조선농민』 34호, 1929년 6월호에 「흉년과 그 예방책: 관수(灌水)
와 배수(排水)를 과학적으로 하라」라는 제목으로 글을 썼다. 흉년에
대비해서 농사에 필요한 물을 잘 대고, 물 빼는 일이 매우 중요함을
강조하고 있다.

　싱공업이 발달되지 못하여서 살림을 온통으로 농사에만 의탁
하고 있으니까 자연 흉년이 들어 천답(天畓) 소출만 푹 줄으면
굶어죽는다는 소문이 파다하게 되는 형편인즉 상공업이 좀더 발
달되게 하였으면 그것도 흉년을 예방하는 한 방법이 될 것이나
말하기 쉽되, 되기 어려운 일이요, 그 다음에는 의례로 산에 조
림(造林)을 많이 하여서 기후가 고르게 되도록 하고 비온 뒤라
도 물이 많이 스며들어 땅속에 잠겨있어 물근원을 모아두게 하
고 큰비가 오는때에도 모래가 흙탕물과 한꺼번에 와작 내려 몰
려 큰물(洪水)이 가고 복새[46]가 밀리는 폐단을 막는 것이 창창하
나마 한 방법이라고할 것입니다.
　그러나 조선에는 돌무더기 많은 산이 많고 땅도 단단한 석비
레[47] 바닥으로 물을 빨아들여 잠겨두는 힘이 적음으로 비가 퍼
부면 큰물이 와짝났다가 날만 번쩍들면 말숙하니 말라버리는 까
닭에 가뭄과 장마의 해가 아울러 지독한 편이라합니다. 그런즉

---

45) 꿰뚫어 봄.
46) 둑새풀, 논밭 습지에서 자람.
47) 푸석푸석 돌이 많이 섞인 흙.

보(洑)를 많이 막고 못을 파고 또 깊은 우물로 땅속물(地下水)을 끌어올려 물대이(灌漑)기에 편하도록 하면 가뭄으로 생기는 흉년은 얼마쯤 막을수있을 것이니 이런 점(點)으로 보아서는 수리사업(水利事業)이 퍽 필요한 것은 물론입니다.

이 사업에 이러니저러니는 여기에서는 말할 수 없는 일이니 그만두고 흉년이 드는 것은 꼭꼭 가뭄때문만이 아니요, 비가 너무와서 물흉년도 드는 수가 있으니까 물대이는 사업뿐 아니라 물빼(排水)는 일도 퍽 필요할 것입니다. 그러나 이러한 일 외에 곡식을 많이 저축하여 두었다가 흉년에는 변리가 싸게 백성에게 나눠주고 풍년이면 받아들이게 하는 법도 좋을 것이나 예전이면 몰라도 요사이는 어려운 일이요, 또 여기서 말하기도 어렵습니다(『조선농민』 34호, 1929년 6월호).

○ 1929년 6월 1일 농촌지도에 대한 문제

『신민』 50호, 1929년 6월호에 「농촌지도에 대한 문제: 힘의 근원을 떠나지 말아라」라는 제목으로 글을 썼다. 귀농운동을 긍정적으로 평가하면서 농촌으로 가는 지식인들이 사상 방면에만 관심을 가지지 말고 농민들과 함께 노동에 종사하면서 농업기술의 향상에도 관심을 가져야 함을 강조하고 있다.

시대의 조류라고도할 만한 귀농운동(歸農運動)의 필요는 췌언(贅言)이 필요하지 않을 것이다. 그러나 우리는 귀농운동이라는 것을 어떤 개인개인의 농촌매몰(農村埋沒)과 그 성질이 다른 것을 깊이 알아야 하겠다. 왜그러냐하면 한 개인의 힘이라는 것은 미약한 것이기때문에 자기가 환경을 지배하지못하고 그 환경의 지배를 받기 쉬운 까닭이다. 알아듣기 쉽게 말하자면 다수의 우민(愚民)을 지도 계발시킨다는것보다도 그들의 분위기에 쌓여 퇴화할 염려가 있다는 말이다.

그 퇴화를 방지함에는 농촌으로 돌아가려는 청년 내지 지식층 인사가 그 단결을 굳게하여 항상 연락을 취하여 이상의 실현으로 저어가야 할 것이다.

농촌문제에 대한 이상이나 정열이나 수단방법에 이르기까지 한마디로 말하여 힘의 근원을 떠나지 말며 망각하지 말라는 말이다. 지금까지는 농촌으로 간다면 사상방면으로만 기우는 경향이 많았다. 물론 사상적으로 지도한다는 것은 매우 필요한 일인 동시에 이상적이다. 그러나 기술적으로 지도할 준비가 없어서는 안될 것이다. 그 자신들이 일반농민과 같이 노작(勞作)에 종사할 결심이 있어야할 것이다. 그렇지 않으면 농민대중과 융합할 가능성이 적고 또는 사회적 고상(故障)을 변하기 어려울 것이다.

그 방면으로 진출하는 인사로는 그 고장(故障)쯤은 각오하고 나서는 것이라고 볼수 있으며 그 각오에는 경의를 표할 가치가 있다하겠으나 그때문에 근본관계를 무시하고 든다면 이상만이 남고 실현을 보기 어렵게 될 것도 충분히 고려할 필요가 있을 것이다. 고등보통학교 졸업 정도의 지식청년의 농촌진출-그것에 대해서 청년 자신들에게 있어서 간단하지 않은 문제이다. 그들이 질박(質朴)하고 흥미와 오락이 없는 농항(農巷)을 떠나서 번화한 도회로 집중하려고 하는 것은 차라리 인정(人情)의 상태(狀態)라고 보는 것이 좋을 것이다. 따라서 인정(人情)의 자연을 거스르는 것은 억지라 생각지 않을 수도 없으나 현하(現下) 조선의 처지로는 자연(自然)의 추향(趨向)[48]보다도 의식고조(意識高調)가 좀더 필요하니까 참으로 조선을 위하는 정성과 노력만을 가지고 들어간다는 것은 환영하여 마지않는 바이다(『신민』 50호, 1929년 6월호).

---

48) 대세를 쫓아감.

○ 1929년 6월 1일 세계에 향하여

『삼천리』 1호, 1929년 6월호에 「세계에 향하여: 조선에 큰 과학자가 나서 세계적으로 진출하자」라는 제목으로 글을 썼으며, '각길로 한곳에'라는 표어를 제시했다. 조선인으로서 자연과학에나 사회과학 방면에 유수한 세계적 학자가 나서 세계적으로 그 권위와 명성을 들어내일수 있다하면 조선인의 민족적 자부심도 그만큼 커져서 생존운동에도 적지않은 힘이 될 것으로 보고 있다.

어느 점으로 보던지 조선은 세계의 선진제국과는 문화적 교섭이 적은 곳이니 세계에 향하여 요구하고 싶은 일이 많더라도 실현 가능성이 적은데 있어서 말할 흥미가 적습니다. 혹은 경제적 진출이 급급한 국민에게 조선에 와서 기업에 착수하여서 거액의 투자를 함으로써 조선이 경제적으로 활기있게 되기를 희망한다 할지라도 문호(門戶)가 거의 닫힌 조선에는 그도 용이(容易)한 일은 아닐 것입니다. 그러나 그것은 얼마큼 가능한 일이라 하고 구주(歐洲) 선진 여러 국가의 과학자·기술자들을 조선에 진출하게 하여 조선의 자연개척이나 기타 사회 생활상의 능률증진 등에 관한 진언(進言)과 제안(提案)을 들어보는 것같은 것도 생각할수 있는 바이나 줄잡아서 그들을 초빙(招聘)할 만한 준비가 있는 기관부터 없어가지고는 일편의 희망으로는 어찌하였든 실현할 계획으로서는 어려울 것입니다. 산이 나에게 오지 아니하니 내가 산에 가겠다는 서양속담처럼 세계가 우리를 돌아보지 아니하면 차라리 우리가 세계에 진출할 길을 생각하여야할 것입니다.
이를테면 조선인으로서 자연과학에나 사회과학 방면에 유수한 세계적 학자가 나서 세계적으로 그 권위와 명가(名價)를 들어내일수 있다하면 조선인의 세계적 권위·명가(名價)가 그만큼 올라가는 것이요 따라서 민족적 자부심도 그만큼 승진(昇進)되어서 조선인의 생존운동에도 적지않은 힘이 될 것입니다. 물론 세계적 학자가 생장(生長)되는데는 경제적 토대의 위에 있는 부유한 문화적 기회를 등지고서 될수 없는 것이니 조선인에게 그것이 용이(容易)치 않을 일이지만 빈약한 조선인의 사회나 개인의 자비로서도 그만큼 진출될 편의(便宜)를 가진 사람이 전혀 없는 것은 아닌 줄 압니다.

일개의 아인슈타인을 가질 수 있다면 더 할말 없겠지만 타고르가 있음으로 인도인이 받는 세계적 성가도 경미(輕微)한 바가 아닙니다. 타고르의 문예상의 가치가 현대 비평안(批評眼)으로 보아 얼마쯤의 역량을 가진다는 것은 별문제이지만 하여간 타고르로 인하여 인도인의 민족적 권위가 올라가고 그만큼 세계인의 고려(考慮)를 끌게된 것은 무시할 수 없는 바일 것입니다. 그럼으로 조선인 사이에도 세계석 학자가 되기를 위하여 자기의 가진 사회적 행운을 스스로 자신을 통하여 조선인 전체에 제공하는 봉사적 이기심(利己心)이라도 발휘하는 이가 있으면 좋을 것입니다.

（『삼천리』1호, 1929년 6월호).

우리의 표어
우리들은 한데 뭉치자 · · · · · · 권동진(權東鎭)
몸을 일에 바치자 · · · · · · · 홍명희(洪命憙)
일치협력(一致協力)하자 · · · · 신석우(申錫雨)
민족적으로 노력(勞力)하자 · · · 송진우(宋鎭禹)
기초공사에 질겨 묻히자 · · · · 이상협(李相協)
각(各)길에서 한곳에 · · · · · 안재홍(安在鴻)
논리보다 성적(成績) · · · · · 신흥우(申興雨)
（『삼천리』1호, 1929년 6월호).

○ 1929년 6월 1일 비통한 탈주

『별건곤』2호, 1929년 6월호에 「비통한 탈주」라는 제목으로 연작
소설을 기고했다.

1, 2, 3 ,4, 5회의 개설(概說)

김가지(金可之)라는 청년은 경남 울산군 장생포(長生浦)사람
이었다. 생래(生來)로부터 충용(忠勇)이 겸비(兼備)하고 천하위
걸(天下偉傑)이 되겠다는 웅지(雄志)가 있어서 모든 무예와 병략
(兵略)을 습득하고 20세 때에 집을 떠나 사방으로 주유(周遊)하
다가 이충무공(李忠武公)의 유손(遺孫)에게 충무공의 비장(秘藏)
한『서북대지도(西北對地圖)』를 얻어가지고 당시 광해왕(光海王)
의 총신(寵臣)이요 조선 유일의 무략가(武略家)인 평안감사(平安
監司) 박엽(朴曄)과 서로 모의하여 만주와 북지나 일폭(一幅)의
공략을 계획하고 그 땅을 실지탐사하다가 불행히 반정(反正)의
변(變)을 당하여 광해주(光海主)가 폐위되고 박엽(朴曄)이 또한
피주(被誅)[49]하니 그는 할 수 없이 귀국하여 순례승(巡禮僧)으로
변장하고 적막한 산중으로 돌아다니며 좋은 기회를 엿보다가 우
연히 여진국왕(女眞國王)의 제3자(第三子)인 애친(愛親) 장군을
만났다.

원래 여진(女眞)은 명나라를 정복하고 한토(漢土)의 천자(天
子)가 되려는 대웅도(大雄圖)를 가졌으나 다만 지용(智勇)이 겸
전(兼全)한 대장(大將)이 없는 까닭에 조선에서 그러한 인물을
구하려고 왕명으로 애친장군을 파견하여 무릇 7년간을 물색하
던 중에 김가지(金可之)를 보고 크게 기뻐하여 여진(女眞)으로
데리고 가려고 권유하였다. 김가지(金可之)는 두루 생각다 못하
여 애친장군과 같이 여진국(女眞國)으로 갔는데 여진국왕은 일

---

49) 죽임을 당함.

견(一見)에 그를 크게 신임하여 참모총장(參謀總長)을 삼고 정명
군(征明軍) 동원령을 내렸다. 그런데 정명군(征明軍)이 명국경을
침입하는 중도에 불행히 노라치가 병사(病死)하니 본래 야심을
가지고 있던 제8황자(皇子) 태종(太宗)은 허위(虛僞)의 유소(遺
昭)로 왕위를 계승하는 동시에 국도(國都)로 돌아가서 부왕(父王
의) 정명책(征明策)을 변(變)[50]하고 참모 김가지를 감금하였다.
(『별건곤』 2호, 1929년 6월호).

O 1929년 6월 10일 중등학교 야구 연맹전

오후 3시 휘문운동장에서 열린 중등학교 야구 연맹전에 참석해서
축사와 시구를 했다.

〈사진 6〉 제3회 중등학교 야구연맹전 (『조선일보』 1929. 6. 10)

---

50) 고치다.

본사 주최의 제3회 중등학교 야구 연맹전의 첫날은 10일 오후 3시 30분부터 첫여름 맑은 하늘과 고이 부는 바람을 받아가며 시내 계동에 있는 휘문운동장에서 일반 선수의 입장식이 있은 다음 배재대 휘문의 제1회전으로 첫날의 막은 열렸다. 양군(兩軍)의 접전이 있기 전에 본사 부사장 안재홍 씨의 의미심장한 개회사가 있은 후 제1·2회에 우승권을 잡고 있던 중앙고보의 우승배의 반환식이 있은 다음 양군에 프리배팅이 있어 5천 관중의 시선을 끈 다음 안재홍 씨의 시구로 양군(兩軍)의 싸움이 시작되었다. 전세는 막상막하하여 보는 사람들의 가슴을 졸이게 한 후 9대 8로 배재군이 첫번에 승리를 하게 되었으며 휘문군은 석패한 것을 제2회전에 복수코자 그날만 고대하고 있어 이 앞으로 전개될 양교(兩校)의 접전은 지금부터 흥미를 이끌었다(『조선일보』, 1929년 6월 10일, 2면).

○ 1929년 6월 16일 하기(夏期)와 귀향학생

『조선일보』에 「하기와 귀향학생: 고(告)하고 싶은 두 조건」이라는 제목으로 글을 썼다. 여름 방학을 맞이하여 귀향하는 청년 지식인들에게 두가지 당부를 하고 있다. 첫째, 자기의 향촌을 중심으로 한 산하발보(山河跋步)의 운동을 적당히 할 것, 둘째, 문맹 퇴치를 위한 농촌강습을 실천하자는 것이다.

하기 방학이 또 가까워왔다. 시방이 6월 중순이므로 중등학교의 정기방학인 7월 21일경까지는 아직도 1개월 이상의 시일이 남았으나 방학으로 인하여 귀향할 학생 제군에 대하여서는 이제로 일언(一言)함이 필요하다. 귀농운동의 소리가 한참 높은 이때이므로 중등 이상 학생제군의 사상·행동 등이 농촌에 미치는 영향을 얼마큼 중대히 보아서 경기도 학무당국은 하기에 귀향하는 학생의 행동 감찰문제를 의의(擬議)[51]한 바 있다 하거니와 이쯤 문제되느니만큼 학생제군의 하기중 생활은 일정한 의의 있게함을 요하는 것이다. 학생의 일인만큼 과대한 필요를 따지지 않고 오직 두어 조건의 주의를 요하는 바이다.

첫째로는 심신을 아울러 단련시키고, 또 자연과 인생의 정확한 지견(智見)을 넓히기 위하여 개인으로서나 혹은 부대로서나 자기의 향촌을 중심으로 한 산하발섭(山河跋涉)의 운동을 적당히 할것이다. 자기의 고향을 중심으로 지리의 형세, 지문의 현황, 따라서 동(動)·식(植)·광(鑛) 등의 분포상태, 촌락·읍·시의 민물생활의 정도를 보고 느끼고 또 배우고 생각하는 것이 세계인으로 민족인으로 가장 필요한 정확한 과학적 현실지식의 기초가 될 것은 명백한 일이요 이로 인하여 순미(純美)한 정조외 건과한 의지를 배양함에 필요한 것을 또 간과할 수 없다.

독일인의 특장(特長)[52]이 만사에 견인동간(堅忍動懇)[53]하고 연구성이 풍부하며 사회민중에 대하여 항상 순연(純然)한 봉사의 정신을 가지는 것이지만 이러한 활력의 원천은 청년남녀들의 산하발섭(山河跋涉)운동의 성행에 의하여 함양·격성(激成)되는 정성(情性)·지성(智性)·의욕의 고양 경향에 인함이다. 산하발섭은 시적(詩的)이고 유리적(遊離的)인 일이라고만 보는 것이 통상이다. 그러나 관상(觀賞)·감오(感悟)와 책려(策勵)에 인한 자기단련은 결국 현대적으로 자기를 완성시키기에 흡호(洽好)한[54] 조건이 되는 것이다. 개인도 좋고 동지로 일정한 부대를 만들고 선배로써 그 지도자를 삼음도 또 좋을 것이다.

둘째로는, 하기를 이용하여 농촌강습을 간역(簡易)케 행함이

---

51) 옳고 그름을 가림.
52) 특별한 장점.
53) 굳세게 참으며 정성스럽게 움직이는.
54) 흡족한.

다. 귀농운동은 결국 농민의 교양을 위함이요, 농민교양이 일정한 목적의식성에 의하여 될 것을 의미함은 더 이상 설명이 필요 없다. 그러나 우리는 이것을 고조함에 장애가 많은 것을 안다. 뿐만 아니라 교양이 없는 대중에게는 목적의식성에 의한 계획적인 교양운동이 필요한 한편 또한 상식의 한 진보도 주는 것이 필요한 것이다. 인민은 단념과 무관심의 가운데서 무위의 상태에 있는 것이 최대의 해악이요 우선 일보 전진하게하므로 또 최고의 선에까지 진출하는 대중이 될 수 있는 것과 마찬가지로 무식 문맹이 최대의 해악이기에 우선 문자와 상식의 제1보를 나아감으로 그들은 일정한 목적의식을 감수(感受)·흡수(吸收)·환기(喚起)할 수 있는 것이다. 그러므로 청년학생 제군은 차라리 성공을 바쁘게 생각하지 말고 일개 자연인인 식자로서 자연인인 그들 농민에게 교양의 제1보를 개척하겠다는 자못 순결한 봉사적 태도를 가짐이 현하에 있어서 현명 및 성실한 태도일 것이다.

스스로 성과를 수확함을 좋아하는 것은 일반의 상정(常情)이지만 자기가 심고 다른 이가 수확하며 지금은 심기만 하고 성과는 뒷날에 맡김도 얼마나 즐거운 일이라고 할 것이다. 해마다 드는 천재(天災)에 기근(饑饉)이 한참 심하고 다른 국면(局面)은 지장(支障)이 하도 많다. 그러나 청년학생 제군은 박행(薄行)한[55] 조선사회에서 행운된 처지이니 아무쪼록 성실 그러나 현명한 노력을 하여야 한다(『조선일보』, 1929년 6월 16일, 1면 1단).

○ 1929년 6월 27일 전 조선중등학교 남녀현상웅변대회 심판

조선일보 학예부 후원으로 오후 8시부터 열린 전조선 중등학교 남녀 현상웅변대회에 최린, 송진우 등과 함께 심판으로 참석했다.

---

55) 신중하지 못한 행동.

심판원

최린, 송진우, 조병옥, 박희도, 안재홍, 옥선진

접수

중등학교 재적 남녀학생 (1교 1인)으로 연사씨명, 학년별, 연
제와 연설초고를 첨부하여 6월 20일내로 제출함

시상

1등 1인, 2등 2인, 3등 3인에게 상급별 상품증정

편의

지방학교 연사에게는 귀정거비 제공

일반연사(一般演士)에게는 기념 메달 증정

주최 보전 학예부

후원 조선일보 학예부 (『조선일보』, 1929년 6월 15일, 3면).

27일 전조선중등학교 학생현상웅변대회(學生懸賞雄辯大會)의
제1일도 역시 장곡천정(長谷川町) 공회당(公會堂)에서 주최자
측 박원칠(朴源七)군의 사회로 개최 되었는데 당일에는 오랫만
에 쏟아지는 장대 같은 비를 무릅쓰고 쇄도(殺到)한 청중이 무려
1천여 명에 달한 대성황을 이루었다. 먼저 중동학교(中東學校)
이일신(李一信)군으로부터 각학교 변사들의 도도한 웅변은 만장
청중으로 하여금 몹시 긴장케한 가운데 휘문(徽文)학교 류인곤
(柳寅坤), 함흥영생교(咸興永生校) 한일용(韓一龍) 두군이 임석
장관에게 중지를 당하여 유감이었다.

웅변대회는 같은 날 오후 10시 15분경에 그 끝을 마치고 심
판석(審判席)에서 안재홍(安在鴻), 박희도(朴熙道), 옥선진(玉璿
珍) 세선생의 심판이 있은 후 중지당한 사람을 제외한 외에 다
음과 같은 등급(等級)으로 수상식(授賞式)을 거행한 후 동 11시
30분경에 성황리에 폐회하였다.

수상학생(受賞學生)

1등 보성고보(普成高普) 정희섭(鄭熙燮)

2등 배재고보(培材高普) 김정수(金正秀)

　　협성실업학교(協成實業學校) 안민홍(安民洪)

3등 중동학교(中東學校) 이일신(李一信)

　　청년학관(靑年學舘) 손태준(孫太俊)

　　개성학당(開城學堂) 한덕수(韓德修)

(『조선일보』, 1929년 6월 29일, 5면).

○ 1929년 6월 29일 전 조선여자농구대회 참석

　경성운동장에서 열린 조선일보 주최 제1회 전조선여자농구대회에 참석해 여러 선수의 씩씩한 운동정신으로 말미암아 성황과 만족한 가운데 대회를 마치게 된 것은 무엇보다도 기쁜 일이며 따라서 내년 대회에는 금번 대회보다도 한층 대성황으로 이루게 되기를 서로에게 기대하자는 내용의 축사를 했다.

　　본사 주최로 금년에 처음으로 개최된 제1회 전조선여자농구대회(第一回全朝鮮女子籠球大會)는 예정과 같이 29일 오후에 시내 경성운동장에서 열렸는데 참가학교는 금년이 처음이라 시내 동덕여자(同德女子)고등보통학교, 숙명여자고등보통학교의 두 학교와 개성에서 참가한 호수돈여자고등보통학교(好壽敦女子高等普通學校)를 합하여 전후 세 학교 밖에 되지 아니하였으나 넓으나 넓은 경성운동장의 한 모퉁이에는 금번 대회에 참가한 학교의 응원대와 일반 관중이 운집하여 대성황을 이뤘다. 이날에 개성으로부터 상경하는 개성 호수돈여학교 선수의 도착을 기다려 정각이 조금 지난 오후 2시 30분 경부터 경기를 시작하여 숙명 대 동덕으로 개전의 첫막을 열게되니 씩씩하게 싸우는 어린 용사들의 일거일동을 따라 장내에는 5천 관중이 응원하는 박수

소리가 천지를 진동하는 듯하였다.

이리하여 동덕대 숙명의 싸움은 필경 12대 19의 스코어로 동덕이 눈물을 먹금게 되었고 뒤아어 호수돈 대 숙명의 싸움이 시작되어 극도로 긴장한 가운데 격전 또 격전으로 전후 2시간 동안을 격렬히 싸웠으나 28대 11의 스코어로 다시 개성서 온 호수돈이 눈물을 머금게 되어 필경 숙명군이 최후의 승리를 얻게 되니 때는 동일 오후 7시경이었고 비온 뒤에 맑게 개인 하늘괴 넓으나 넓은 시원한 운동장에서 용약하는 나이 어린 용사들의 이겨도 자만하지 않고 저도 낙심하지 아니하고 씩씩하게 싸우는 페어 플레이는 마치 장래 조선의 건실한 여성을 상종하는 듯 관계자는 물론이요 일반에게도 비상한 감동을 주어 금번 대회로 하여금 한층 더 이채를 발휘하게 하였다.

금번 대회에 멀리 개성에서 참가하여 1승 1패의 성직으로 결승전까지 가서 석패한 호수돈여고보(好壽敦女高普)의 농구군(籠球軍)은 대회를 마치고 피로한 몸을 잠깐 시내 문화여관(文化旅舘)에서 쉰 후 29일 오후 11시 경성역 발차로 개성(開城)으로 돌아갔는 바 동교 코치 김원태 씨는 금년에는 섭섭히 지고 돌아가나 내년에는 기어이 승리를 하겠다고 결심의 빛을 보였다.

일반의 박수와 환호리에 예정과 같이 경기가 끝나자 즉시 우승기 수여식에 들어가 본사 부사장 안재홍(安在鴻) 씨로부터 "금번 대회는 처음 대회이니만치 참가학교가 그다지 많지 않았으나 여러 선수의 씩씩한 운동정신으로 말미암아 성황과 만족한 가운데 대회를 마치게 된 것은 무엇보다도 기쁜 일이며 따라서 내년 대회에는 금번 대회보다도 한층 대성황으로 이루게 되기를 서로에게 기대하자"라는 뜻의 일반 선수에 대한 식사가 있은 다음 숙명군(淑明軍) 주장에게 우승기와 상품을 수여하고 호수돈(好壽敦)과 동덕의 순서로 다 각기 다소의 상품을 수여한 후 폐회하니 우승기와 상품을 받은 각 학교 선수들은 아까의 격전은 꿈에도 잊은듯이 서로의 손을 마주잡고 한데 모여 기념촬영을 한후 내

년의 대회를 기약하고 화기애애한 가운데 선생의 인도로 다각기
돌아갔다.

(『조선일보』, 1929년 7월 1일, 2면).

〈사진 7〉 제1회 전조선 여자농구대회 (『조선일보』 1929. 6. 29)

O 1929년 6월 30일 통일난과 통일에의 요구

『조선일보』에 「통일난(統一難)과 통일에의 요구: 현하 정세에 감
(鑑)하여」라는 제목으로 글을 썼다. 신간회운동에서 민족주의 세력
과 사회주의 세력의 갈등이 드러나는 현재의 정세는 각각 그 계급
적·종파적 견지를 떠나서 정략적인 협동만이 가장 긴요하며 계급적

견지와는 달라서 동일 민족적 견지로서 통일을 요구하는 것은 현저한 예가 많다는 점을 강조하고 당시 세계주의의 흐름에 편승한 계급주의 노선도 조선에 와서는 민족문제의 현실을 고려하는 특수화(特殊化)가 필요함을 강조하고 있다.

통일이 주장된지 오래니 새 소리가 아니다. 다만 단일·유일·귀일(歸一) 등 통일을 절규(絶叫)하는 것이 현하(現下) 조선의 고조된 민중의식으로 표현되었을 뿐이다. 통일을 절규하는 것은 불통일(不統一)의 현실을 전제로 출발한 것이니 통일을 위하여 관심을 가지고 노력함을 요한다는 것이 이 불통일(不統一)의 과오를 제척(除斥)하고자 함이다. 통일을 말하기 쉽되 실현되기는 용이한 바가 아니니 객관적 정세에 있어서 지장되는 바 많은 것이 중대한 조건이요 장구(長久)한 기간의 전통적 습벽(習癖)으로서도 이를 방해하는 경향이 있는 것을 부인할 수 없다. 통일을 요구하는 것은 조선뿐이 아니니 선진국가에 있어 자본과 노동지배와 피지배의 계급대립이 날로 첨예해 가는 데서는 초계급적인 종적(縱的) 통일을 기(期)한다면 공상이요 계급적 견지와는 달라서 동일 민족적 견지로써 통일을 요구하는 것은 현저한 예가 많다.

세계의 영토를 굳건히 결속하여 제국적 지배권을 존속하자함은 영국의 지배자들의 숙망(宿望)이다. 그러나 대전 이후 금융통제력의 쇠퇴, 공업의 부진, 해군력의 상대적 열약화(劣弱化) 등은 자유식민지의 독립국가와 동방 여러민족의 반역운동(反逆運動)으로 멈추지 않는 원심(遠心)의 경향을 나타내고 있다. 독일국민이 통일의 과정을 밟은지 오래지 않으나 상공업의 발전, 교통망의 완성과 이러한 경제적 기구 위에 건설된 문화통제(文化統制)의 집중화 등으로 전에는 보불전쟁(普佛戰爭) 후에는 대전란을 기연(機緣)[56] 삼아 그의 군사적 동작을 중추(中樞)로서

---

56) 어떤 기회로 맺어진 인연.

완전 통일의 공(功)을 이룬 것이다. 독일인의 비통일적 결함성 (缺陷性)을 말하는 자 있으나 그는 결정적 조건이 되지 않는다. 이와 동일한 그러나 일층 더 왕성한 경제적 발전의 사회적 기구 속에 남북동서 넓은 지역세계로부터 모여들은 이주민들을 통일 단화(統一單化)한 미합중국의 최근 예는 가장 현저한 자이다.

조선에 통일난(統一難)이 있으니 의산저수(依山阻水)[57]하여 부족적 소국가로 할거(割據)하였던 것은 창고(蒼古)하고 삼국 (三國)의 정립(鼎立)은 자존파(自尊派)의 주격(主格)이던 고구려 를 중심으로 한 대통일(大統一)을 못보고 말았고 고려 때에 오히 려 큰 병폐(病弊)까지 아니 갔으나 한양조(漢陽朝)를 통하여 당 쟁(黨爭)이란 자가 중대한 병폐로 되었으니 국제경쟁을 단념하 고 소조선(小朝鮮)에 한정한다. 통일을 절규하지 아니하면 아니 되니 현대 이전까지 향토집착적(鄕土執着的)인 소농본위(小農本 位)의 경제상태와 국제적 국민운동의 결여가 그 물심양면의 대 표적 이유였고 현대에 있어서 오히려 이 병폐를 뽑지못하는 것 은 전기(前記)한 경제상태의 지속, 인도에서 보는 바와 같은 정 책적 영향 , 그리하여 전통적으로 포기되지 아니한 습벽(習癖) 등이 겹들이어 그 원유(原由)가 됨을 알것이며, 그리고 극도로 불리한 현하 정세가 구체적 이해의 대문제(大問題)를 대중비판 의 판장의 앞에 내어놓고 당당한 표면운동으로 의사단상(議事壇 上)의 투쟁으로 전개시키지 못하는데서 남음이다. 이러한 정세 와 정치적·경제적 상황의 밑에서 통일을 요함은 실로 지난한 일 이니 이에는 선구자와 식자들의 윤리적·의식적 노력을 기다림 이 상대적으로 큰 것이다. 무릇 현하의 정세는 각각 그 계급적· 종파적 견지를 떠나서 정략적인 협동만이 가장 긴요하다. 모든 선진사회의 이론이 조선에 와서는 특수화(特殊化)함을 요하는 것이다. 그야말로 맹성(猛省)할 때이다(『조선일보』, 1929년 6월 30일, 1면 1단).

---

57) 산과 물에 의해 막혀서.

○ 1929년 7월 2일 통일난과 통일에의 요구

『조선일보』에 「통일난(統一難)과 통일에의 요구」라는 제목으로 글을 썼다. 신간회운동에서 민족주의 세력과 사회주의 세력의 갈등이 드러나는 현재 상황에서 분파주의적 비통일적 분열의 역사를 언급하면서 현재 상황은 계급적·종파적 상황에서서 벗어나 정치적 관용성에 의한 정략적 협동, 즉 비타협민족주의와 사회주의의 연대가 매우 긴요함을 역설하고 있다.

　수레(車)는 중국에 통(通)하지 못하고 배(舟)는 해외(海外)에 나가지 못하니 이 나라 어찌 가난하지 않음을 얻으랴? 연암(燕岩) 박지원(朴趾源)은 그의 경제적 포부를 그려낸 허생전(許生傳)에서 당시 조선의 빈궁(貧窮)한 경제적 토대위에 놓인 쇠미(衰微)한 정치적 형세를 개탄하였다. 토끼가 빠듯이 다닐 정도의 원시적인 도로에는 차마(車馬)가 낙역(絡繹)[58]이란 생각밖의 일이요, 길마위에 동여매인 소의 짐과 어깨 위에 휘뜩거리는 지게 차(車)의 근로(勤勞)가 육상운동교통의 기관(機關)으로 되었고 경강(京江)을 비롯한 각 하천과 삼면해안 선박(船舶)의 회조(廻漕)[59]가 없음은 아니나 일찍이 황해(黃海)·현해(玄海)를 건너는 교역선(交易船)이란 자 얕음을 못보았으니 이는 근고(近古) 수백년의 조선이 향토집착적(鄕土執着的)인 소농본위(小農本位)의 경제로서 천상천공(賤商賤工)의 고지식한 정치에 고정(固定)되어 오던 역사를 말함이다.
　그리하여 그 사상에는 정주(程朱) 편중, 정치에는 예속(禮俗) 유지에 의한 소승적(小乘的) 승평(昇平) 외교에는 소조선주의(小朝鮮主義)에 의한 국제적 경쟁의 단념 등이 한양조(漢陽朝)를 통

---

58) 사람이나 수레의 왕래가 끊이지 않음.
59) 배로 물건을 실어 나름.

하여 순치(馴致)된 역사적 경향이다. 일반적으로 국민적·민족적 의식이 선명하지 못하였던 전대(前代)에 있어서 그의 전구적(前驅的) 관념인 종국사상(宗國思想)조차 때로 희박하여 지던 것은 이때의 일이던 것이지만 이러한 정치적·경제적 모든 정세는 저절로 조선민족성의 지방주의적(地方主義的)·종가주의적(家族主義的) 그리하여 소극적인 아리주의적(我利主義的) 경향을 농후하게 하고 그것이 형식적인 예론(禮論)으로 대표되는 것과 같은 구설본위적(口舌本位的)[60]인 쟁론(爭論)의 경향으로 전화한 것이다. 당쟁이 가족적 전통을 계속한 열정적(劣情的)·영속(永續) 경향으로 되던것은 이러한 정세(情勢)에 인한 것을 부인할지 없을 것이다.

한민족의 사회정세가 정치적·경제적 조건에서 혁명적으로 변동됨이 없는 한에는 과거의 병폐는 단순한 습벽으로 존속될 수 있다. 하물며 조선인 경제가 아직 소농본위의 형태요 더욱이 정권으로부터 제외된 그들은 정책적 이간작용(離間作用)에 지배됨을 거부할 수 없고 그보담도 가장 불리한 것은 구체적인 정책을 그의 엄정한 이해관(利害觀)에 의하여 판정하는 대중의 앞에 내걸고 당당한 표면적 이론 투쟁을 전개하게 함을 허여(許與)되지 아니한 현실정치의 지장에 인함이다.

선진국가 중에는 소위 아밀주의(我密主義)란 자가 특권적 음모를 위한 의식적인 계획으로 나와서 공개의 요구를 왕왕이 듣는 터이지만 조선에 있어서는 실제운동에 있어서 일률로 구속되는 객관적 조건으로 인하여 대중의 요구하는 바가 표면에 나타날 수 없고 오직 대중의 이익을 위한 선구자·식자(識者)들이 현실을 밖에두고 안방의 공론(公論)으로서 소장(消長)을 보게될 쯤의 형편이니 평이한 이론이로되 대중화시키기 어렵고 좀더 난해의 정견(政見)이면 이로써 극복까지에 전개시킬 수 없으며 하물

---

60) 시비하고 비방하는 말.

며 대중운동으로서 구체적인 의안화(議案化)할 수 없는 곳에 그 시비(是非)의 가치를 공명하게 결정하지 못하게 되는 것이다.

의혹(疑惑)은 신뢰를 대신할 수 있고 분열은 통일과 갈마드는[61] 병폐가 없을 수 없는 것이다. 이러한 객관적 조건이 지속하는 불리(不利)로써 하매 조선인은 마치 그 천성으로 비통일적 경향(非統一的傾向)을 가진 것과 같이 보이니 여러 가지 사회정세가 대립·투쟁 등을 생기게 하는것은 조선에 한(限)한 바 아니요 오직 조선에 있어서 그 불행한 지속의 조건을 볼 것이다. 그러나 객관적 정세(情勢) 이러함으로 식자·선구자들은 일층 더 의식적인 반성책려(反省策勵)를 요하는 바이니 계급적·종파적(宗派的) 견지에서 정치적 관용성(寬容性)에 의한 정략적(政略的) 협동을 목표로서 현명한 과정적 임무를 하는 것이 가장 긴절(緊切)하다.

조선인은 선빈족적 공동이해선(共同利害線)에서 각층·각빙면 사람들로 상호의 의구(疑懼)를 떼어버리고 총역량을 집중하게 하기에 유루(遺漏)없는[62] 유의를 함을 한시도 잊어서는 아니될 것이다. 무릇 지장많은 객관적 정세가 하나의 불행이요 이 정세(情勢)에 대한 의식적인 책응(策應)이 불비(不備)하면 또 한 불행일 것이다. 작금 수년의 통일을 구함이 심절(深切)하니 더불어 경려(警勵)[63]할 바이다. (『조선일보』, 1929년 7월 2일, 1면 1단).

O 1929년 7월 6일 의외공소(意外空疎)한 조선지식(朝鮮知識)

『조선일보』에 「의외공소(意外空疎)한 조선지식(朝鮮知識): 복전아태랑(福田雅太郞) 조선총독설」이라는 제목으로 글을 썼다. 일본인의 조선에 대한 무시와 일본의 위정가·정객·학자와 기자들까지도 진정

---

61) 서로 번갈아들다.
62) 빠져나가거나 새어나감.
63) 경계하고 격려함.

하게 조선을 파악하는 자 드물며 조선 총독으로 오는 사람들은 그릇된 조선내 일본인들의 보고와 주입에 의해 선입적인 오견(誤見)·편견(偏見)·잔견(殘見)을 가지게 되니 이는 조선에 대한 이해가 매우 부족하다고 보고 있다.

한 양복 신사가 동경(東京)의 시가를 걸어갔다. 의복이 남루(襤褸)한 향촌 출생의 조선부녀가 행매(行賣)하는 근소(僅少)한 물품을 가지고 말도 없이 그 신사에게 내어밀었다. 양복신사가 일본인인줄 알고 말도 모르는 그 여자는 동정의 의미로 사달라는 것이었다. 양복신사는 "얼마나 괴로우냐!"고 위로하면서 원폐(圓幣)를 내어주고 물품을 샀다. 물품도 팔았고 우미(優美)한 동족(同族) 신사의 위로하는 말까지 받은 볼품없는 그 부녀는 기뻐했다. 옆에서 본 것은 일본인 대위와 그 친구였다. "저게 조선자(朝鮮者)일가?", "무엇? 일본인으로 조선 가서 있다 온 자이겠지." 이렇게 조소(嘲笑)·냉소(冷笑)로써 양복신사를 평가하고 있는 대위와 그 친구는 빈궁(貧窮)·무식(無識)에 쪼들린 유랑하는 조선인 노동자들에 대한 그릇된 모멸적인 견해로 조선인에게 대하려는 것이다.

거죽만 번번한 양복신사가 많은 것이 그다지 반갑지 아니한 조선 현상이지만 조선인은 우미(優美)한 신사도 없는 것처럼 잔해(殘害)하는[64] 조선에 대한 색맹(色盲)이 아직도 상당히 있는 것이 조선을 장악한 일본인들의 현상이다. "조선의 군함이 동경만에 나타난다"고 참인 듯이 수군대던 관동진재(關東震災) 당시 동경 일부 시민의 착각과 한가지로 좀 극단적인 예이건만 조선에 대한 무식의 점에서 좋은 대조이다.

조선을 잘 아는 것은 세계의 누구보다 첫째 일본인이어야 할 것이다. 그러나 조선의 일본인으로서도 오히려 조선을 정해(正

---

64) 인정없이 모질게 굴고 해치다.

解)[65]하는 자 드물지만 일본의 일본인으로서는 아까의 대위와 그 친구이지 않은 자 과연 얼마이냐? 일본의 위정가·정객·학자와 기자들까지도 진정하게 조선을 견해(見解)하는 자가 드물고 조선 위정당국으로 오는 자들은 대체로 그릇된 조선내 일본인들의 보고와 주입에 의해 선입적인 오견(誤見)·편견(偏見)·잔견(殘見)을 가지게 되니 조선의 문제가 조선인의 문제로서 중대한 것은 물론 일본의 문제로서도 또한 중대함에 불계(不計)하고 저들 위정가·정객·학자와 기자들까지도 일찍이 조선에 관한 정확한 혹은 성의있는 설명을 하는 자조차 거의 없는 것이 무괴(無怪)한 기괴사(奇怪事)요 조선인에 대한 생명재산을 의지에 맡겨 전단(專擅)하는[66] 조선 위정수뇌란 자도 대체로 수년의 재직으로 비로소 조선지식의 ABC를 알 즈음인 현상인 것을 또 부인할 수 없는 사실이다. 이러한 사정 밑에 조선의 문제는 더욱 시대칙오의 길을 밟아나가는 것이다.

전중(田中) 정우내각(政友內閣)이 도괴(倒壞)되고 빈구(濱口) 민정내각(民政內閣)이 성립되매 세인(世人)은 다소의 흥미를 정국의 추이(趨移)에 가지려 했다. 그러나 식자의 견지에서 근본적으로 하등의 차이를 하지 않는 것은 민정내각(民政內閣)의 출현으로 아무 과대평가를 시(試)할 이유가 없는 것임으로써이다. 그러나 이제 조선총독 경질설과 한가지 복전아태랑(福田雅太郞) 씨의 후임설이 있고 그러나 그것이 상당히 유력함을 알리는 데 대하여 우리는 드디어 침묵하지 아니함이 가장 충실한 임무인 것을 안다.

복전(福田) 씨 육군의 대장으로 한 방면의 거두요 우탄(宇垣) 씨로 인하여 신내각(新內閣)과 서로 통하는 바 있으니 저들의 총독됨은 가능할 것이다. 복전(福田) 씨 일찍이 군헌(軍憲)의 수장으로 대만에 종횡한 바 있어서 현대 대만사상(臺灣史上)에 잊을

---

65) 바르게 이해함.
66) 혼자서 마음대로 결정하는.

수 없는 기록을 거두었고 왕년 관동진재(關東震災) 당시 계엄총
사령의 직으로서 중대한 유언비어 사건의 책임자로 되었으니 조
선의 인민으로 복전(福田) 씨의 이름을 기억하지 못하는 자 거의
없는 형편이요, 유언비어 사건에 관해 오늘날까지 명확한 발표
를 아니한 일본 정치가들이 이러한 문제의 인물로 조선위정 수
뇌가 되게한다는 것은 너무 조선인을 냉혈인시(冷血人視)하는
것이요, 조솔(粗率)한 처치인 것을 지적하지 아니할 수 없다.

　복전(福田), 적지(赤池)의 제씨는 문제의 인물이라 일본의 정치
가는 너무 믿지 않는 것이 좋을 것이다. 맹목적 무릇 군사의 견지
에서 조선인을 경시하는 것은 그 자유대로 하라. 그러나 정사적
견지에서 2천 3백만 조선인의 정의(情意)을 무시한다는 것은 무
모함이 심한 자일 것이다. 현하의 조선 위정당로(爲政當路)들에
대하여 우리가 일찍이 찬부(贊否)의 논(論)을 시(試)코저 아니하
였다. 그러나 이제 복전설(福田氏說)에 대하여는 이에 한마디가
없을 수 없는 것이다(『조선일보』, 1929년 7월 6일, 1면 1단).

○ 1929년 7월 10일 소년 조선의 동요

『조선일보』에 「소년조선(少年朝鮮)의 동요(動搖), 학생맹휴(學生
盟)에 대한 고찰」이라는 제목으로 글을 썼다. 조선 학생들의 동맹휴
학이 확대되고 있는 현실은 조선인에 대한 대우 개선과 설비의 보충
등에 있으며 역사 시간에 조선 역사의 어두운 점을 부각하고 조선인
의 결점을 들춰내는 것은 조선인뿐 아니라 일본인 학생에게도 부정
적인 영향을 줄 수 있다고 역설하고 있다.

　작금 염열(炎熱)이 높아가는 성하(盛夏)의 계절에 방학길를 앞
에 둔 청소년의 학생들은 시험을 위한 공부에 적지않게 가슴을

조이고 있는 것이 보기 딱한 점도 있다. 시험폐지의 가부(可否)는 그 사회의 사정을 돌아보지 않고 일률적으로 논단(論斷)할 바 아니나 이중방언(二重方言)에 의하여 그 외에도 대체로 이중적인 학습을 아니하면 안되는 두뇌의 부담이 과중한데서 신음하는 그들 학생들의 정경(情景)이 슬며시 동정됨을 금하지 못한다. 이러한 사정과 심리적 관련이 있는지 없는지 교육계의 불상사인 학생맹휴건(學生盟休件)은 금일까지지 대소 28건에 달했고 그 중에도 보통학교만이 21건이라하는 바 조선교육문제를 위하여 심상치 아니하고 또 이 교육계를 통하여 보는 조선전체의 문제로서도 심절한 주의를 요하는 자이다. 시험기에 임해서 그들의 맹휴의 빈발은 통척(痛斥)할 바 인 것을 단언한다. 그러나 그렇다고 현하의 일대문제로서 교육상의 제결함을 간과할 수 없다.

  학생들이 일정한 요건과 조건을 제출하고 맹휴 단행에까지 가는 동안에는 왕왕이 찬성하지 못할 동기로 인함도 있으니 학생 맹휴 그것에 대하여 찬의를 표할 수는 없다. 그러나 이제 맹휴되는 대부(大部)의 이유로써 생도의 대우 개선, 설비의 보충 등이 제출된다. 생도의 대우 개선은 언뜻보아 평범한 듯하나 여기에는 민족적 편견과 누습(陋習)에 인한 바 많으니 일본인인 공보교장(公普校長)과 훈도(訓導), 기타 고등교육기관의 같은 교원(教員)들까지도 조선인 아동에 대하여 사생(師生)의 의(誼)[67]를 떠나서 경멸(輕侮)의 감정으로 대하는 것이 그 주되는 자요, 공학(共學)의 경우와 특별히 많이 접촉되는 두민족의 학생들 사이에서 일어나는 경모(輕侮)의 언동으로 인함이 또 그 중요한 자이다. 전자(前者)의 예는 경향을 막론하고 자못 빈번하게 있는 일로서 사람의 스승이 된 자로서 정의(情誼)가 앞서지 않고 자신으로 어떠한 정략의 도구화하는 과오가 다수의 소년자녀들에게까지 큰 악영향을 주는 것이다. 현하 조선 청소년들이 대체로 사장

---

67) 도리.

(師長)에 대하여 만성적인 적의(敵意)의 경향을 품는 것은 보교시대(普校時代)에 온양(醞釀)된[68] 불행한 악습에서 나옴이거니와 남의 어린 자녀의 교육의 책임을 맡은 사람들이 순진한 스승의 은정(恩情)을 가지기 전에 불순한 정략적 태도가 앞서는 것은 가르치는 자, 배우는 자가 아울러 불행이요 손실인 것을 부인할 수 없다.

조선인 교육의 직업 교육화는 우리가 항상 역설해왔다. 그러나 지방의 보교(普校)책임자는 농예(農藝) 등 실습에 있어서 너무 유년 학생들의 체질과 심성의 발육상황을 고려하지 않고 과도한 노역을 부과하는 자 있으니 노작정신의 고취는 매우 좋은 바이나 뿔을 고친다고 소를 죽이는 폐단에 빠지는 것은 옳지 않다. 조선어문과 조선사는 조선현대의 인문지리와 자연상황과 아울러 후진 학생에게 정당하게 이해시킴이 필요한 일인데 여기에 있어서도 너무 정략적인 금알(禁遏)[69]에 치우치고 있다 할지라도 인위적으로 두선개찬(杜撰改竄)[70]을 가한 자로써하여 조선인의 전역사에 뻗치어 구욕적(垢辱的)[71] 태도로써 나오는 것이다.

현재 일본의 통치하에 있는 내외 각학교의 지리·역사의 교육시간은 조선사의 암흑면 적발, 조선인의 결점 고취의 기회로 되는 측면이 있고 이는 조선인 학생은 말할 것 없으나 일본인 생도에게도 그 결과로 불량한 경향에 빠지게 된다. 조선인으로서 이 점에 항의를 요하는 것은 고사하고 일본의 식자·교육자·정치가들은 반성할 필요가 있지 아니한가? 조선인 본위의 교육은 온통 실행하기 곤란하다는 것이 저들의 심사라 할지라도 전연 일고(一考)도 안하는 것은 □□□□□ 가까운 자이다(『조선일보』, 1929년 7월 10일, 1면 1단).

---

68) 은근히 품고 있는.
69) 어떤 행위를 못하게 함.
70) 출처가 확실하지 않음.
71) 수치와 모욕.

○ 1929년 7월 14일 귀향학생 문자보급반

『조선일보』에 「귀향학생 문자보급반: 본사 주최의 봉사사업」이라는
제목으로 글을 썼다. 문자보급운동의 필요성을 역설하면서 그 방법
과 효과, 교육적 의의를 강조하고 있다. 또한 이 운동은 청년들의 봉
사적 노력으로 농촌의 동포들이 읽고 쓰고 새힘을 가지게 되는 것을
보는 것은 현대 청년의 큰 기쁨이요 자랑이라고 평가하고 있다.

　　빈궁과 무식! 이 두가지는 민족인으로서나 계급인으로나 또
한 개인으로나 역경에 빠진 자의 불리한 상황을 설명하는 2대
조건이다. 빈궁이 보다 더 근본적인 조건이지만 그러하니만큼
이에 대하여 심상(尋常)·평이(平易)하게 부침(斧鍼)[72]을 대기는
어렵다. 그러므로 그는 차라리 별문제로 두자. 무식에 관하여 문
제가 긴급하니 "농민에게로!"가 그러하였고 문맹타파가 그러하
였다. 신흥청년의 귀농운동이라 이러한 사리를 밝히봄에서 일어
난 조선 현하의 중요한 사회의식이다. 귀농운동은 즉 농민교양
이요 무식근절운동이다. 이것을 가장 평범한 말로 설명하면 결
국 문자보급이다. 조선인에게 있어 한글과 같이 그 자연의 성정
과 운율에 잘 들어맞고 따라서 배우기 쉽고 깨치기 쉽고 또 써먹
기 쉬운 자 없으니 조선인으로서의 문자보급운동은 결국 한글운
동이다. 본사에서 이제 하기방학기간을 이용하여 귀향학생 문자
보급반 사업을 주최하니 오로지 이 사정에 인함이다.
　　지금에 있어 무식근절·문자보급의 필요를 고조하는 것은 늦
었다. 그러나 연단상에서 부르짖는 선구자의 소리가 그 회장에
집합할 수 있는 국부적인 인민의 귀에 제한되고 신문·잡지·기
타의 간행물은 소수의 독서력을 가진 인민의 눈에 국한되고 마
니 절대대수의 무식한 농민과 기타 노동자에게 우선 간이한 독

---

72)　도끼와 바늘.

서지식을 주는 것이 가장 긴요한 전기적(前記的) 사업이 된다. 일면일교(一面一校)의 현실, 보충교육의 확장, 잡종학교(雜種學校)와 강습소 등이 이를 위해 필요하지만 그것은 용이한 일이 아니요, 되더라도 온갖 빈궁한 농민과 그 자녀들이 그 혜택에 참여할 바 못되니 가장 현실의 가능성이 풍부·적확한 것은 하기에 귀향하는 청년학생들이 각각 그 순진솔직한 봉사의 정신에 벅차서 그 지극한 동포애에 섬기는 성충으로 집안과 이웃과 가까운 동리의 사람들에게 각각 간이한 한글지식을 가르쳐 줌이다.

농번기중의 농한기인 8월(음력 7월) 중에 문자보급반에 지원 참가한 학생들이 자기의 시골에 돌아가서 그 봉사적인 사업에 종사할 경지를 살펴보자.

1. 가는 길이니 딴 힘이 아니든다.
2. 대여주는 한글 원본으로만 우선 그 간이한 교재가 된다.
3. 자기집에서 허청(虛廳)[73]에서 나무그늘에서 어디서나 할 수 있으니 처소설비가 필요하지 않다.
4. 야간에는 등화의 설비밖에 많은 비용이 들지 않는다.
5. 힘 닿는대로 몇사람이고 가르칠 것이요, 공을 바빠하지 안 할 바이다.

이러함으로 자기들의 봉사적 노력에 인하여 농촌의 동포들이 읽고 쓰고 새힘을 가지게 되는 것을 보는 것은 현대청년의 큰 기쁨이요 또 자랑이 아니면 아니될 것이다. 청년학생이여 이에 공명(共鳴)하지 아니할 것이냐? 사우(師友)와 부형이여! 찬조지지 안 할 것이냐? 아는 것이 힘! 모르는 것이 웬수! 결국 알아야 산다. 여기에 대하여 현상(懸賞)하는 바 있으나 그는 도리어 지엽적 문제이다. 오직 각각 그 장래를 위한 봉사의 정신에서 살아야

---

73) 헛간, 마루 (保障).

한다.

문자보급운동의 즉 농민교양운동이요 농민교양은 일정한 목
적의식을 세우고서의 일이다. 이것은 꼭 옳은 말이다. 그러나 무
식문맹의 인민에게는 우서 지식향상의 첫걸음으로 문자를 가르
침만이 하나이니 대사업 문자와 상식의 제1보를 나아감으로 그
들은 그 처한 바 사회정세에 따라 일정한 목적의식을 감수(感
受)·흡수(吸收)·환기(換起)하게 될 것이다. 그럼으로 청년학생
제군은 반드시 성공을 그 자신에 바빠하지 말고 일개의 자연인
이 식자로서 동일한 자연인인 그들 농민에게 교양의 제1보만 개
척하는 데 만족하겠다는 것이 현하에 있어서 가장 현명 또 성실
한 태도라고 아니할 수 없다. 우선 주어라! 어떻게 쓰는 것은 이
다음 문제라고 하자. 우선 씨를 뿌려라! 수확은 제2기에서 아니
제2자로서 함이 가장 타당할 것이다. 청년남여 학생들이여! 각
각 협력하여 이 동포애의 사업에 봉사하자! 가르치자 나 아는대
로!(『조선일보』, 1929년 7월 14일, 1면 1단).

○ 1929년 7월 18일 귀향 남녀학생 제군에게

『조선일보』에 「귀향남녀학생제군에게: 사회봉사의 재감격」이라는
제목으로 글을 썼다. 나 아는대로 가르치자며 문자보급운동의 중요
성과 청년들의 참여와 봉사정신의 소중함을 일깨우고 있다.

본사에서 주최한 귀향남여학생 문자보급반 사업은 올해로써
그 제1회가 되고 또 짧은 시일에 시작한 것인만큼 다소 불편한
사정이 없음 아니나 남녀학생제군으로서 이에 참가하는 자 예상
이상으로 대성황이어서 때로는 담당 계원이 그 사무의 응수에
바쁠 정도이다. 열정이 많은 청년기의 학생들의 일인만큼 동족
애를 타고 있는 순미(純美)한 정감을 이를 통해 잘 볼 수 있다.

봉사의 정신이 인성지고(人性至高)한 표현이라고 하면 이를 보고서 형언하지 못할 감격조차 있는 것이다. 조선 역내 2천만 동포 중에 문자를 알아 읽고 쓰는 자가 겨우 3백만쯤 되는 형편이니 3백만 가운데는 극히 미소한 독서력쯤 가진 자가 또 대다수이려니와 1천 7백만의 절대 다수의 인민이 전연 소위 까막눈이라는 견지로 보아서 이들 먼저 배우고 아는 사회적으로 유복한 사람들의 가르침-교양의 책임이 중대한 것이다. 이미 이에 공명하고 몸을 뽑아 나서는 분이 다수임에 보아 권유함에 그친다. 다만 다시 격려하지 아니할 수 없다.

현대의 문명은 절름발이 문명이다. 전세계로 보아서 국가별 민족에 그러하거니와 한국민·한민족의 견지에서도 도시와 농촌, 부유계급과 궁핍한 계급 사이에 받는 바 문명의 혜택이란 서로 견주어 볼 나위도 없이 너무 큰 차별이 생기는 것은 놀랄만하다. 이 논를 주장하는 자 하도 많으니 길게 말하면 요동시(遼東豕)[74]이다. 다만 조선인의 국제적 지위로 보아서 결국 청년학생 제군의 동포교양에 관한 책임이 무겁고 또 큰 것을 새삼스럽게 깨달아야 한다. 1천 7백만의 까막눈이-문맹이 조선에 있다는 것은 거듭하지 않고 조선인 문화의 상대적 낙오의 정도가 얼마나 혹심한가? 그리하여 정치적으로 실패자 된 조선인의 장래의 운명이 과연 어떠한 길을 걷고 있는가?

현대의 10년은 전시대의 100년, 금후의 10년은 또 전시대의 1000년도 되려한다. 여기에서 거의 절대적인 불행을 입는 것은 오늘날에 있어서 중대한 낙오자로 된 역경에서 선 인민이다. 이를 60여 년전 대원군 집정 당시의 조선과 극동 여러 나라의 정황을 돌아보라. 노쇠한 대륙국과 동요중에 있는 일도국(一島國)과의 대소강약의 차는 원래부터 있었지만 개국진취(開國進取)로 국민적 자위를 꾀하는 자리에 급작이 그 결정적 운명을 판단하

---

74) 요동의 돼지라는 뜻으로 별로 대단한 것이 아닌 것을 본인이 매우 자랑으로 삼고 있는 어리석음을 비유하여 이름.

는 것은 세계적 눈으로서는 용이하지 않았던 바였다.

그러나 일청전역(日淸戰役)의 전후 극동 형세가 역전되던 때 일로전역(日露戰役)의 전후 세계적으로 판정되는 흥분영욕(興廢榮辱)의 지위를 달리하는 국민들의 각각 가지던 운화(運和), 이 모든 것은 몰아보아 실로 회한의 아픔을 금할 수 없다. 만일 경술변국(庚戌變局) 이래 20년에 극동 여러 국민의 향상 혹은 저락(低落)의 자취를 돌아보면 어찌 또 유심한 자의 통심해백(痛心駭魄)[75]함을 말을 자이냐? 깊은 밤 고요한 새벽 그윽이 우리들의 장래 운명을 생각할 때 실로 부푼 환희가 재로 되고 잣달은[76] 명리가 얼음으로 굳고 오직 만고를 통해서 적막조차 그 어두운 듯 한 앞길에서 솟아나는 것이다. 제군! 그 허풍선이가 될 것이냐? 어찌 진지한 봉사의 정신으로 순결한 동족애에 진지(眞摯)하게 섬기지 아니할 것이냐?

유리한 자와 불리한 자의 가지는 바 조건은 시대를 쫓아가면서 가속적으로 그 반대 방면에 달아나게 한다. 그리고 이 성패의 결산을 짓는 것은 이제로부터 멀지 아니한 장래에 끝막으려 한다. 바빴다! 덤벙대지 마라! 여기에서 우리는 조선의 청년남녀 학생들이 차라리 정치적으로 물들기 전에 단순한 하나의 젊은 학도로서 인류애의 거룩한 발로에만 맡겨서 가장 가련한 까막눈이 동포에게 읽고 쓰고 간이한 지식만이라도 오로지 가르치라고 하는 것이다.

교양과 봉사의 권유 그리하여 모진 세상에서 때칠수 없는 동무들에게 이 다음의 광명을 밝히 볼 수 있는 소질만을 준비하게 하는데 고귀한 만족을 가지라고 권한다. 전인민이 중대하게 현대문명에서 낙오되는 것이 절대적인 불행인 것을 생각하고 우선 가르치기로만 하자! 아는 것이 힘! 나 아는대로 가르치자!

(『조선일보』, 1929년 7월 18일, 1면 1단).

---

75) 마음이 아프고 혼이 빠지도록 놀람.
76) 자질구레한.

○ 1929년 7월 27일 생활개신연구회 참석 경과 보고

조선일보 주최 생활개신연구회에 참석해서 경과 보고를 했다.

> 본사에서 주최한 생활개신 선전은 적지 않은 충동을 주어 각
> 지방에서 여러 가지로 실행에 착수한 바도 있거니와 본사에서는
> 그간 여러 가지로 협조하여 준 위원 제씨를 25일 청년회 식당으
> 로 초청하여 본사 부사장 안재홍 씨로부터 경과 보고가 있은 후
> 하기강좌 등에 대한 설명과 장래 방침에 대한 토의가 있었는데
> 데 생활개신연구위원회는 본래 본사에서 발포할 때도 말한 바와
> 같이 상설조직이 아니나 다른 운동과 대립되는 형태에 빠지지
> 않게 하기 위하여 회로서는 상설 존속할 필요가 없이 수시로 모
> 여 각과목을 연구하기로 결정하였는데 고열(高熱) 중에도 다수
> 의 참석으로 10시 30분에 폐회하였다.
> (『조선일보』, 1929년 7월 27일, 2면).

○ 1929년 8월 1일 생활 개선문제에 대한 나의 소견

『조선지광』 85호에 「생활개선문제에 대한 나의 소견: 매개기능으
로서의 생활개신선전」이라는 제목으로 글을 썼다. 당시 시대 상황
속에서 색의단발·건강증진·상식보급·허례폐지·소비절약의 다섯가
지 생활개신운동이 필요한 이유를 근거를 들어 밝히고 있다. 이는
조선인 활동의 매개기능으로서 그 의의와 가치를 가지는 것인만큼
전 조선을 형성한 각층의 사람들의 계급적 처지를 따라서 각각 모순
되는 듯 보일수도 있으나 종국에는 커다란 사회적 반향을 가져올 것
임을 확신하고 있다.

생활개신운동은 일반 통상적 의미로서 신문사가 흔히 주최하는 다른 사업과 본질로서 큰 차이가 없는 일반의 선전사업이니 독자의 사회적 체계를 가지는 엄정한 의미로서의 운동이 아니다. 다만 2식주의(二食主義)·독선주의 등 용례가 엄정한 과학적 용어로서의 주의(主義)의 용어를 혼효(混淆)할 수 없는 것과 한가지로 광범한 비과학적 의미로는 편의상 생활개신운동이라고 하더라도 큰 문제가 안될 것으로 생각한다. 일반 통상적 의미로서 신문사라 하면 세속의 소위 저널리스트(신문장이)의 견지로서 말함이거니와 선진국의 순연한 운영기관화한 신문사와는 다르지 아니하면 안될 조선의 신문사로서는 어떠한 위치에 있는가? 5~6년간 이 사업에 봉사하는 필자로서는 항상 이러한 견해를 가지고 있으니 즉 한편으로는 복잡 다양한 혼란한 사회상에 대하여 여실히 그러나 통제적인 반영으로서의 보도기관이 되어야 하고 또 한편으로는 각층의 각방면으로부터 방출되는 백열한 생존의식의 방사선인 민족적 공동이해선에 의하여 총역량의 집중점을 짓는 곳에 가장 성실한 초대리적·선구적 교향을 쉴새없이 외쳐야하는 역사적 문제에 의하여 존립·진전함을 요하는 것이라고 본다.

전자(前者)는 주장으로서의 보도, 후자(後者)는 보도로서의 주장, 이 양자를 유기적으로 조화통제하여 나아가는 것이 우선 신문기관으로서의 사명을 추상한 바라고 본다. 그리고 이와 동시에 지적하여 둘 것은 보도이고 주장이고가 모두 사회민중에 대하여 전망·비판과 반성(反省)·작위(作爲)의 동력을 일으키게 하는 일개의 유력한 매개기능이 되는 것이요, 원칙적으로 신문사 자체가 어떠한 독자의 체계에 의한 운동의 주체가 되는 것이 아닌 것이다.

이러한 의미로써 신문사가 5개 과목의 내용을 포괄한 생활개신의 표어를 걸고 되도록 대대적인 선전사업을 진행하는 것은 타당하다. 그는 이 사업이 신문 자체의 사명과 한가지 독자의 체계에 의한 상설 사회단체로서의 운동으로 별개의 진영을 수립함이 아니요, 오직 사회 민중과 대중에게 외쳐서 전망·비판·반성·작위의 기회를 열게하고자 하는 순수한 매개기능으로 그 직능—할 노릇 하는데 지나지 않는 것인 까닭이다. 이것은 일부러 관중(貫中)[77]한 의의를 가져다 부치자 함이 아니요 구태여 그 의의를 찾고 말자면 자연 이렇게 귀결되지 아니할 수 없는 것이다.

이제 색의단발·건강증진·상식보급·허례폐지·소비절약의 다섯가지 과목는 좋게보아서는 서로 결연(結緣)하여 떨어지지 아니할 바요, 나쁘게 보지만 좀 잡효(雜淆)하여 순일(純一)하지 못한 감도 없지 않다. 그러나 신문사의 선전사업으로 대중에게 외치는 과정별 방편으로서는 매개기능으로서의 본래의 직능을 하기에 아무 지장이 없으니 색의(色衣)는 조선인의 섬유공업 특히 직조공업의 발달로 인한 염직물의 생산과 백의를 자동적으로 폐지하게 하는 노동력 수용의 팽대(膨大)를 오게한 상공업의 발전 등을 떠나서 합리적 운동으로 졸연히 관욕(貫欲)[78]하기는 어렵다하더라도 그 운동 자체에 아무 객관적 과오가 없을 뿐만 아니라 개신되면 되느니만큼 의식상·생활상 일정한 효과가 있을 것이다. 단발에 있어서도 상투를 자르고 망건을 폐지하는데에 부수하는 병폐가 없을 것이니 칠립(漆笠)과 망건을 폐지하고 중절모나 맥고(麥藁)를 씀으로 민족경제에 영향되는 것을 고려하지 아니해서는 안될 것이다.

이 점으로 장발지지를 입론(立論)할 수 없고 허례폐지, 의식개정 등 이것을 실행하는 편의로만 보더라도 누백년 굳어진 관습의 암층(岩層)에 대하여 용이히 부침(斧鍼)를 대일수 없으나 봉건쇄국 시대의 고루한 잔재인 육목적(育目的) 생활양식을 고치자고 외치는 것이 현재 침체국면에 그다지 필요치 않은 바 아니니 요컨대 이 운동이 아무 정치적 의미가 없는 순연한 문화운동

---

77) 핵심을 꿰뚫는.
78) 뜻을 관철하다.

적 선전사업인 만큼 일상생활에서 개신된 바 있으면 있는 그만큼 좋은 것이요 개신되는 바 적다하더라도 소침(銷沈)되는[79] 민중의식에 다소의 충동을 일으킴으로 또 그 상당한 가치가 있다는 것을 믿는다.

생활개신은 민중동작의 매개기능으로써 그 의의와 가치를 가지는 것인만큼 전 조선을 형성한 각층의 사람들의 계급적 처지를 따라서 각각 모순되는 듯 결국은 동일한 집중인 과정으로 진출하게하는 사회적 반응성을 가질 수 있는 것이니 이 외침이 사회민중에게 반향을 주는 세력과 등량(等量)으로 그 반응성이 작용된 것이다. 그럼으로 이 외침의 반향이 미소하여 문제 안되면 따라서 문제가 안되고 반향이 중대하여서 문제가 된다면 그는 의식상에나 운동상에 다소의 진출을 유발하는 필요한 매개기능으로서 될 줄 믿는다. 부유계급에게는 소비절약이 필요하나 그 반향이 없다하고 몰락의 과정을 밟고있는 조선의 소위 중산계급의 사람들은 이로 인하여 소비에 대한 통제가 있을 수 있고 그리하여 소비를 인위(人爲)의 최대계선(最大界線)까지 절약하고 그리하되 객관적 필연의 정세가 드디어 어찌할 수 없는 몰락의 운명으로 대어본다 하면 인위의 최대계선으로부터 그는 반드시 수진산궁(水盡山窮)[80]하여 다시 일층봉(一層峰)을 올라서는 결심을 가지게 한 필연성 혹은 가능성을 가졌다고 볼 것이다.

건강증진과 상식보급에서 보더라도 동일한 이론에 의해 동일한 반응성이 있으리라고 믿는다. 건강증진은 위생·의료의 문제와 체육의 문제만이 아니요 영양문제를 검토하게 될 것이니 어느 문제든지 할수 있는 이들과 할수 없는 이들의 계급적 처지에 따라서 각각 다른 반응성이 있을 것이요, 상식보급에 있어서도 꼭 동일한 이론으로 동일한 반응의 경로를 밟게 된다고 믿는다. 생활개신과목중 건강증진과 상식보급이 그의 질(質)로서 더

---

79) 기운이나 기세가 삭아 없어짐.
80) 물의 흐름이 끊어지고 산이 막힘.

욱 지속성이 있는 줄로 생각하거니와 이 중요한 2~3 과목에 있어서 우리는 우리의 견해를 가져서 의혹하지 않고자 한다. 즉 이 사업—생활개신의 외침이 사회민중에게 상당한 반향을 준다하고 그 반향을 전조선인을 구성할 각층의 사람들의 계급적 처지를 따라서 각각 모순되는 듯 결국은 동일한 집중적인 과정으로 진출하게하는 사회적 반응성를 가진 것이라고 하면 이것은 곧 대중에게 외쳐서 그의 전망·비판·반성·작위의 동력을 일으키게 하는 일개의 매개 기능으로서 사명을 다하는 것이라고 보게 되는 것이다(『조선지광』 85호, 1929년 8월호).

O 1929년 8월 9일 약진! 그러나 물러서서

『조선일보』에 「약진! 그러나 물러서서: 귀향학생 봉사의 노력」이라는 제목으로 글을 썼다. 아는 것이 힘이며 배워야 산다는 것의 중요성을 강조하고 청년들의 문자보급운동 참여와 봉사가 매우 소중한 것임을 일깨우고 있다.

오늘날의 조선은 너무 많이 걱정할 것, 분노할 것, 또 항의항쟁할 것을 가졌다. 시대가 명령하는 바이면 최대역량을 집중 발휘하기에 각각 전력하여야 하겠지! 그러나 이즘 일반 유심인(有心人)과 한가지 깊이 우리의 감흥을 끄는 자 있으니 그는 경향각지의 하계휴가로 인하여 귀향한 학생제군이 문자보급의 봉사사업을 위하여 어떻게 순진한 노력을 하는가와 이에 따라서 지방 까막눈이 남녀장유의 사람들이 어떻게 진지한 배움의 노력을 하고 있다는 참으로 눈물겨운 현하의 미담적 사실 그것이다. 조선의 식자 선구자는 무겁고 큰짐을 그들 동족을 위하여 지고 있거니와 이 각층 각방면에 향한 다양성인 대응책을 각자 존귀한 병진적(並進的) 가치성(價値性)을 가진 것이다. 청년학생제군이여 함께 존귀한 봉사에 힘쓰자.

"종일 고달픈 몸에 밤중이 넘도록 졸림을 무릅쓰고 열심히 배우는 것을 볼 때는 무어라 형언할 수 없이 감격하며 거룩한 감상이 들더이다." 낮에는 종일 밭에 나가 일하고 밤에는 땀을 족족 흘리며 열심으로 배우는 농촌의 아동과 그성인들에게서 얻은 한 봉사자의 통신(通信)이다. "부형의 권고도 없이 자발적으로 배우려고 하루도 빠짐없이 시간 전에 오는 것이 우리 장래를 위하여 얼마나 기쁘며 희망의 서광(曙光)이 오리까?" 실로 기쁨이 없고 희망도 적다하는 컴컴한 조선에 있어서 이만큼의 광명스러운 감격을 가질수 있는 것만도 의외의 큰 수확이다. 그들이 얼마나 무식(無識)을 느끼며 하루바삐 이 암담한 환경에서 벗어나려는 존귀한 의지의 발로임을 통신자(通信者)와 한가지로 깨닫고 한가지로 격려하고 땀내를 맡아가면서 희생적 정신을 가지고 이 당면한 우리의 사업을 완성합시다라고 부르짖고 싶은 바이다. 비애와 분노가 약진의 동력으로 될 수 있다하면 환희의 봉사는 사회적으로 큰 원기(元氣)를 함축(含蓄)하게 되는 것이다. 청년학생이여! 단순한 인도적 봉사로 멀지 않은 장래에 큰 사회적 힘으로서 표현될 것을 굳게 믿고 끝까지 기쁘게 일할 것이다.

농촌의 사람들이 다투어 배우려는 것은 예상 이상이요 또 예상하지 아니하면 안 될바였다. 조선인은 빈궁에 주리었고, 무식에 주리었다. 그리고 그들은 환희와 희망에 주린 것이다. 모든 것 이익은 고향에 가서 형제자매들의 암매(暗昧)[81]함을 계발(啓發)하는 것이 의미가 더욱 심장할 것은 물론이다. 그러나 어찌 문자보급에 경계와 친소가 있으리까? 원근 친소를 떠나서 동족애에 인류애를 섬기는 것이야말로 참 위대한 것이다. 문제가 되는 것은 우리의 미약한 활동으로 말미암아 우리가 다같이 나아갈 광명한 길이 열리며 우리도 역사상에도 나타난 어느때 어느 민족에게나 뒤지지 않는 아니 그들을 훨씬 초월한 문명을 건

---

81) 사리에 어두운.

설할 수 있을 것이어야한다. 오늘날에 있어서 식자로서 가장 통심(痛心)할 바는 현대에 있어서 중대한 낙오가 된 인민들에게 어떻게 하도 많은 불리한 조건을 벗어나서 선진제국의 인민들같이 생존의 필요기구로서의 문명의 수준까지 진출할 것이냐의 문제이다. 여기에는 정치적·문화적의 모든 계획과 노력이 심상치 아니하여야할 바를 지금 이루 말할수 없다.

낮에나 밤에나 해변에서 고기잡이 하게되면 쉬는 시간을 이용하여 연습하는 그들과 우리도 이제 산다는 마음에 아무도 없는 곳에 주먹으로 허천(虛天)[82]을 향하여 뽐내도 시원하지 않을 것 같은 마음이 용솟음칩니다 하는 봉사자의 동경적 용기와 그 환희는 일반의 높은데서 보는 자로서의 가슴에 넘치는 비애조차 일어나려 하는 바이다. 아는 것이 힘! 배워야 산다!는 것은 움직일 수 없는 철칙이다.

그러나 앎이 곧 삶이 아니요, 앎에서 비로소 살 수 있는 제일보를 나아가는 것이니 아는 것이 제일보로 새로이 모든 현실의 난관을 향하여 나갈 것인 것을 생각하매 실로 환희를 향하여 우탄(憂歎)하고 광명과 마주 서서 마음을 더욱 다잡지 아니할수 없는 것이다. 우선 나 아는대로 가르치는 인도적인 봉사로써 할지어다. 오호 청년의 학생들이여! 그의 희망에서 이상하는 바에서 동경에서 순진하게 나아갈지어다. 우리 조선 심산궁곡(深山窮谷)에서 어디든지 이와같이 되도록 만나갈지어다. 그러나 그는 우선 나 아는대로 가르치는 인도적인 봉사로서 할지어다. 약진(躍進)! 그것은 필요하다. 그러나 잠깐 물러서서(『조선일보』, 1929년 8월 9일, 1면 1단).

---

82) 허공.

○ 1929년 8월 16일 모순되는 이주장려계획

『조선일보』에「모순되는 이주장려계획(移住獎勵計劃)」이라는 제목
으로 글을 썼다. 삼남 지방의 가뭄으로 조선 농민들의 고통이 극심
한 가운데 일본 당국이 조선에 일본이민 장려계획을 실행하는 것은
커다란 모순으로 이는 조선 농민의 빈곤과 유랑을 더욱 극심하게 만
들 것이라고 보았다.

　　현하 삼남의 한재(旱災)는 농작물이 거의 절망상태에 들었다.
기미 이후 11년에 해마다 한수재(旱水災)에 가뜩이나 졸아드는
조선인 경제는 갈수록 말못되게 되었고 생활의 곤란함은 경성같
이 전역의 수부(首府)인 곳도 병자가 치료를 받기 어려운 형편이
어서 각 조선인측 병원의 의료상황이 전에 비해 훨씬 영성(零星)
해진[83] 터이며, 발이 한자국 지방에 들어서면 인민의 거의 전부
가 초췌한 몰골로 극도의 영양불량에 빠져있다. 연년(連年)의 수
한재(水旱災)는 천연의 재액(災厄)이요. 여기에 다시 사회적 재
액이 그에게 가함이 있어서 조선인은 드디어 영속하는 기근을
면하기 어렵게 되었다.
　　1880년대 아일란드인이 그 토지는 영국인의 소유로 농산물은
그들의 소작료의 수입으로 대부(大部)가 긁어가게 되었으니 1년
에 20만의 미주도항자(米洲渡航者)가 있거든 귀한 현상이 아니
었고 도항자 모두 아일란드계 미국인으로 배영사상(排英思想)
의 일대요소가 되었을 쯤이다. 19세기 이래 전 인도가 만년 기
근이 심한 상태에 빠졌으니 1857~1858년 벵갈지방을 중심으
로 한 대기근은 연속하여 550만의 아사자(餓死者)를 낸 것이 그
놀랄만한 예이지만 인도인은 언제나 기근과 병존하는 상태이다.
이 두민족의 기근이 모두 영제국의 지배에 의존하는 또 지배가

---

83) 수효가 적어서 보잘 것 없는.

의존하는 자본주의 경제조직의 밑에 전범위에 뻗쳐 흡취(吸取)되는 까닭인 것은 누구나 잘 아는 바이다. 오늘날 조선인의 경제 상태가 이 몇몇 인민과 매우 유사한 것은 가장 관심 되지 아니할 수 없는 문제요, 수한재의 보도와 한가지 실로 심원한 우려를 가져오는 바이다. 이때에 있어서 일본 해외 협력기관을 중심으로 조선에 일본이민 장려계획이 대규모로 실행되려하는 보도를 듣는 것은 새삼스러울 것 없는 중대한 문제이다. 우리가 원래 이런 계획의 불가를 논한 지 오래다.

1910년 합병이 단행되던 당시 조선에 있는 일본인은 17만여 명이였으나 20년째 되는 금년에는 50만에 가까운 일본인이 이주하여있고 관공리(官公吏)와 상공업자는 말도말고 농업이주민으로써 조선에 이주한 자 4만여 명이라 하니 이따위 통계는 아직 확신하기 어렵고 그것이 사실이라 하더라도 일본인 농민 일가족은 3정보(町步) 내지 5정보(町步)의 경작으로 조선인 농민 5호 20~30명의 생계를 점유하게 되며 그 중에는 1호 14~15정보의 토지를 독점하여 사음(舍音)[84]같이 조선인 농민에게 소작권을 분배하고 앉아서 소작료를 흡취하는 형편이니 그들의 압도적인 경제적 진출의 힘이 사회적으로 조선인을 빈궁하게 하는 것은 물론이요, 직접적으로 조선인 농민을 이산(離散)하게 하는 작용도 매우 큰 것이다. 이미 진출한 그들의 농업이민에 의하여 조선농민의 빈궁과 이산을 보게 됨이 퍽 크거늘 특별융통으로 후원하여 산업조합의 방식으로 일본이민의 장려를 단행하려는 것은 무리(無理)가 심한 자이다.

조선에 개척되지 아니한 토지가 있고 토지의 개량으로 산미(産米)를 증식할 여유가 있는 것도 사실이다. 그러나 만근(輓近)[85] 조선인의 출산율은 인구 1천명당 최고 40.69명, 기타 35.76명, 동 증가율로서는 천명당 12.7명으로 일본의 12.5명

---

84) 지주 대신 소작권을 관리하는 사람.
85) 근래에.

에 비하여 오히려 높은 바 있으니 증식율이 높은 조선을 향하여 일본인 이주민을 장려한다는 것은 참으로 정직한 모순이다. 뿐만아니라 만주에서 압박받는 조선인에게는 무관언(無關焉)한지 오래고 매월 2만인의 도일노동자에 대하여는 또 철저 저지의 방침을 준비하고 있는 것은 아무리 보아도 실태(失態)의 큰 자이다. 조선의 토지로써 조선인이 기를 수 없는 것은 제국주의 정책의 오늘날에 있어서 심히 개탄(慨嘆)·우원(迂遠)할 법하여도 조선인의 생활의 길이 막혀 그 구제책이 없고 오직 경찰과 사법의 경비만 팽대(膨大)하게 된다는 것은 비판의 범위를 넘는 일이다 (『조선일보』, 1929년 8월 16일, 1면 1단).

O 1929년 8월 17일 온돌탄

『조선일보』에 「온돌탄(溫突嘆)」이라는 제목으로 글을 썼다. 온돌이 장점을 가지고 있지만 열로 인해 장판에서 냄새가 심하고 그 더운 기운에 찬겨울의 공기를 쏘이면 감기에 걸리기 쉬운 단점도 있어 온돌은 좋고도 어려운 조선의 걱정이라고 평가하고 있다.

남지나 방면에서 흠씬 많은 수증기를 담아가지고 동북으로 몰려닫는 유력한 태풍이 조선지방을 접어들면 일진(一陣) 임우(霖雨)[86]를 쏟게 되었다. 두 번째 드는 희유(稀有)한 한발(旱魃)에 삼남의 농작물 대부가 절망상태라 하지만 이 일진강패(一陣甘霈)[87]로 전례없는 고열이 씻겨가고 민물이 아울러 회소의 기쁨을 가졌다. 임우기(霖雨期)[88]의 끝장을 보는 칠석(七夕)물이란

---

86) 장맛비.
87) 큰비.
88) 장맛비.

자이다. 조선은 건조한 나라다. 투명한 공기가 자연의 색상으로 몽때게 말쑥하게한 천지명랑의 형용은 이에 인함이다. 그러나 임우기(霖雨期)의 축축한 공기는 저절로 심상치 아니하니 무더운 삼복 허리의 기후에는 누진 자리에 버섯이 난다 할 지경이다. 조선의 거실은 온돌이 본위로 되었으나 불 안땐 온돌의 여름 열기란 보건을 해침이 실로 크다. 온돌의 장점도 한 두가지가 아니지만 온돌의 폐점(弊點)은 그 이상이다. 온돌에서 생장하여 온돌탄을 씀은 대개 무용(無用)한 일 아닐까?

온돌은 새법이 아니니 조선의 선민들로 온돌을 이용한지는 매우 오래였고 조선뿐이 아니니 만주인과 북지나 (北支那) 방면에서 항(炕)[89]을 사용하는 것은 사람이 아는 바이다. 그러나 온돌이 일반으로 퍼진 것은 그리 고대의 일이 아니니 인조때 경성 4산(四山) 빽빽한 수림에 마른 지엽(枝葉)이 켜로 쌓여서 건듯하면 산불이 일어나 연소(延燒)되므로 이 지엽을 처치하고 산불을 방지하는 묘안으로 영상 김자점(金自點)이 헌책(獻策)한 바가 있어서 온돌을 장려하매 퍼져서 소장남녀(少壯男女)의 구별이 없이 온돌을 사용하게 되었다. 300년 전 조선에는 노약(老弱)을 기르는 특수한 방외에는 온돌이 없었다고 한다. 온돌이 생긴지 100년이 못 되어서 그것이 인민의 체질과 정신상에 미치는 모든 점을 통론(痛論)하여 "백점오국심의(白點誤國甚矣)"[90]라고 지척(指斥)한 바 있었을쯤이거니와 오늘날에 있어서 온돌예찬보다는 차라리 온돌탄(溫突嘆)을 아니할 수 없다.

온돌이 방한으로는 자못 적의(適宜)하니 깨끗한 온돌 경난(輕暖)한 침구에서 명랑한 앙창(映窓)을 닫아놓고 한잠 자는 맛이란 확실히 세계 희유(稀有)의 일로서 러시아의 페치카가 이에 견줄 수 없다. 그러나 그는 일부의 일이요 흔히는 허름한 장판에 화독(火毒)내가 나고 더욱이 토실(土室)의 떨어진 자리이면 토인(土

---

89) 구들.
90) 백가지 흠이 나라를 그릇되게 하는바가 심하다.

烟)이 서린내가 코를 찔러 아리게할 쯤이다. 뿐만 아니라 더운 기운이 몸에 닿아서 사지가 느린하고 활기가 빠지고 졸연히 찬 겨울의 외기에 쏘이매 문득 감한(感寒)에 병들기 쉬우며 온돌의 따뜻한 맛이 때로는 모한직진(冒寒直進)의 기백을 졸이게도 하니 이는 온돌의 공용(功用)이 가장 많은 겨울철의 일이다. 만일 요사이 같은 임우기(霖雨期)에 눅눅한 기운이 불안 땐 고래 구멍에서 올라와 자리도 침구도 아울러 축이는 때에는 골육이 아울러 늘어져서 그 건강을 해침이 크다. 여름의 온돌은 불을 때어 식히고 청풍이 창사이로 시쳐돌음으로 그 효용의 극치라 하는데 이는 도저히 저마다 할수 없다. 온돌은 결국 좋고도 어려운 조선의 걱정이다.

방바닥에 앉아 뭉개는 생활은 진보된 인민으로 조선이 있고 또 일본이 있을 쯤이니 다다미에 무릎 꿇고 앉아 고두훤담(叩頭喧談)[91]하는 것은 일본에도 도쿠가와(德川) 이래 300년에 어느덧 고정된 풍속이라 하지만 매우(梅雨)철[92]에 곰팡이 실는 다다미나 마찬가지로 축축해지는 온돌(溫突)에서 뒹굴지 아니하면 아니될 조선인의 생활도 우환(憂患)이다. 만일 산야(山野)가 모두 동탁(童濯)[93]하여 말숙하니 상피(上皮)를 벗겨 먹게 되는 것은 다만 악정(惡政)의 결과이나 자연학대(自然虐待)의 고폐(痼閉)된 성정의 산물만이 아니요 실로 이 온돌의 무진(無盡)한 연료(燃料) 요구에 인함이다.

이를 인민보건의 관점으로 보건대 물론 숫자로 표시할 길은 없으나 300년 이래 조선인의 체질과 기습(氣習) 등이 온돌의 영향으로 눈에 띄게 열화(劣化)하였다는 것을 추단(推斷)할 사실은 퍽 많다. 조선인은 동체(胴體)가 길고 하체가 짧은 것이라고 하여왔으니 족부(足部)와 골격(骨格)이 온돌의 보욕(輔褥)의 위에

---

91) 머리를 조아리고 시끄럽게 떠듦.
92) 장마철.
93) 산에 초목이 없음.

다리를 서리고 안좌(安坐)함에서 형성된 체질일 것이요, 안짱다리에 오금이 벌어지게 되는 옹종(擁腫)한[94] 체격이 다다미 생활하는 일본인과 서로 백중하는 것은 의외로 반갑지 아니한 피차의 유사(類似)이다.

조선은 북역(北域)의 나라이라 겨울의 보온이 퍽 필요하니 대신할 좋은 계책도 없이 만연폐해(漫然弊害)만 걱정하는 것은 불가하다. 이미 생활의 중요한 양식으로 고정되었으니 경제상의 변동으로 자발적 혁신이 아니요 온돌폐지 혹은 그것의 개신을 말함도 자못 먼일이다. 하물며 나뭇잎과 잔대미를 긁어서 간신히 온돌을 녹이고 몇식구가 옴닥옴닥 방한을 하는 조선인의 생활에 있어서 온돌문제는 가벼이 건드릴 수 없다. 그러나 조선생활의 특징이요 가옥 영조(營造)의 근본 조건이 되는 이 온돌에 관하여 우선 이 만큼 탄성을 발하여 두는 것도 온돌에서 박혁(博弈)[95]에 골몰(汨沒)하는 것 보담은 여간 낫지 안한일이다.

(『조선일보』, 1929년 8월 17일, 1면 1단).

○ 1929년 8월 22일 어린이들에게

『조선일보』에 「어린이들에게」라는 제목으로 글을 썼다. 모든 어른들은 어린이가 씩씩하게 자라나는 것만으로도 기쁘다고 격려했다.

여러분 어린이들은 무엇이 가장 기쁠까요? 착하시고 어지신 어머니와 아부지께서 늘 계시고 귀여해 주시는 것이 무엇보담도 든든하고 또 기쁘겠지요. 따뜻하고 차근차근하게 여러 가지 일에 돌보아 주시는 누이님, 언니 또 아주머니들이 매우 반갑고 기쁘겠지요. 그러나 여러분을 둔 모든 어른들은 여러분 어린이

---

94) 좁은.
95) 장기와 바둑.

가 씩씩하게 자라나는 것만으로도 기쁩니다. 하늘에 반짝이는 별, 땅에 향기 피우는 꽃 보담도 이 기쁜 여러분에게 오늘부터 요긴한 말씀을 한 가지씩 드립니다. 기뻐들합시다(『조선일보』, 1929년 8월 22일, 3면).

○ 1929년 8월 23일 어린이들에게

『조선일보』에 「어린이들에게」라는 제목으로 글을 썼다. 어린이들이 늘 굳센 기상을 가지고 언제나 흠없이 번듯하게 지내기를 당부하고 있다.

　　사람 세상의 별이요 꽃인 여러분 어린이들은 외양으로 늘 깨끗하고 반듯한 맵시를 가져야 하고 그 기상은 더욱 헌걸차서[96] 구김이 없어야 합니다. 말할 때 말하고 웃을 대로 웃고 뛰고 싶은 대로 뛰면서도 늘 깨끗하고 헌걸찬 기상을 혼자서나 남보는 데서나 가져야합니다. 더욱이 가지고 싶은 것 먹고 싶은 것 그밖에도 대단하지 아니한 것으로 내 기상에 흠되게 하는 일 없이 언제나 번듯하게 지내기로 합시다. 쭉정 벼이삭처럼 턱없이 뻣뻣만 하여도 못 쓰지만 볼꼴없이 허름한 시람은 비웃어 주어야 합니다(『조선일보』, 1929년 8월 23일, 3면).

○ 1929년 8월 31일 여동생 안재숙 결혼

여동생 안재숙이 수원 출신의 음악가 홍길선과 결혼식을 올렸다. 홍길선(洪吉善)은 안재홍도 1907년 수학했던 수원 삼일중학교 출신

---

96)　매우 풍채가 좋고 의기가 당당한 듯하다.

으로 해방 후 수원에서 제헌의원 등 4선 의원을 지냈다.

　홍사헌(洪思憲) 씨의 장남 길선(吉善)군과 안재봉(安在鳳) 씨의
셋재 매씨 사영(四英)양과의 결혼식은 8월 31일(음력 7월 27일)
오후 4시에 시내 장곡천정(長谷川町) 공회당(公會堂)에서 성대히
거행하였는데 신랑은 배재학교(培材學校)출신으로 동경(東京) 무
장야음악학교(武藏野音樂學校)에 재학중이요 신부는 숙명여학교
(淑明女學校)를 거쳐 경성여고(京城女高)를 우수한 성적으로 졸
업한 재원이다(『조선일보』, 1929년 9월 1일, 3면).

○ 1929년 9월 1일 조선 당면문제에 대한 나의 소견

　『조선지광』 9월호에 「농촌 당면문제에 대한 나의 소견」이라는 제
목으로 글을 썼다. 조선문제의 특수성은 곧 농촌문제의 특수성으로
교양적 결성운동을 통해 계급인으로서의 각성과 함께 향토성에 입
각한 문화적 교양운동의 실천이 필요함을 역설하고 있다.

　교양적 결성운동
　농촌문제가 가장 중요한 현하 조선의 문제인 것은 말도 말고
나도 이 문제에 관심을 가진 지는 오래나 아직 이렇다할 체계
를 세운 안을 가지도록 조사·연구 한 바는 없습니다. 이만큼 중
대한 문제에 대하요 가볍게 새책적(塞責的)[97]으로 대답해드리기
는 학구적 혹은 식자적 양심에 걸리는 일이니 길게 말하지 않습
니다. 그는 조선의 특수 정세가 어떠한 번역적(飜譯的)인 공식적
농촌문제를 그대로 신용할 수 없는 것쯤은 아는 까닭입니다. 조
선인은 도시인이고 농촌인이고 즉 상공업자이고 농업자이고 날

---

97)　겉만 그럴듯하게 꾸며서 책임을 면함.

로 경제적으로 쇠폐(衰頹) 또는 몰락됩니다. 그러나 그 경제적 방면에서도 판매계급(販賣階級)에 의한 중간적 흡취(吸取)의 형태로 되어있고 기타에는 전연 ×××흡취(吸取)에 인(因)한 쇠폐 또는 몰락의 과정을 달아나고 있습니다.

조세 부과 기부형식 및 기타 초특수(超特殊)의 정치적 ××작용이 자못 광대(廣大)·신속(迅速)하고 농업 이민의 진입, 미곡가의 저렴(공업생산품의 독점으로 인한 고가에 비해) 등 여러 조건도 경제적이면서 그대로 모두 정치적 흡취작용의 중요한 과목으로 볼 것입니다. 이러한 중간적 ×××작용(作用)에는 그것이 유통과정에서 극히 분산적인 흡취의 형태인만큼 흡취되는 분수로는 그의 계급적 대단결을 촉성할 필연성을 매우 무디게 만듭니다. 즉 거대한 상공업도시에서 집단적인 노동대중이란 자가 그의 생산과정에서의 흡취당함을 객관적 공통조건으로 쇠폐 또는 몰락되는 점으로서는 경제적 쟁의를 본위로 하는 계급적 단결로서 보다도 다만 막연한 국민적 이자공역(二字空或)은 원차(怨嗟)[98]의 정을 가지게 되는 것입니다. 그런고로 조선인은 대체로 그 자체내에서 계급적 분해 및 대립이 성취되기 전에 전민족적 또 전지역적으로 경제적 및 그 빈궁화를 보게하는 것이 소위 조선의 특수정세를 조건짓는 중요한 객관성이 될 것입니다.

무수한 만성적인 정치적 실직군·실업군과 몰락하는 중소상공업자와 과다한 잉여 농민 등은 정치적으로 전연 무권력한 현하 조선적 사정과 곁들여서 빈궁과 이산의 놀라운 충동을 쉴새없이 일으키면서 일대단결로 이 당면문제에 부닥뜨리기에는 너무 불리할 뿐입니다. 이러한 모든 문제는 전조선인(全朝鮮人)에게 그러하고 그의 중요부문을 형성한 농민문제에서도 당연히 그러합니다. 조선문제의 특수성은 즉 농촌문제의 특수성이어야 할 것입니다. 이상의 말한 바를 요약하여 말하면 조선인은 경제적으

---

98) 원망과 탄식.

로 쇠퇴·몰락의 과정을 밟아가면서 계급적 단결은 용이(容易)히 대중화할 기회로 되지 못하고 게다가 정치적으로 전연 무권력(無權力)한 현하의 사정은 국면을 진전 혹은 전환기키기에 거의 불가능하게 되었습니다. 모든 것이 일대 위력으로 표현되기에는 너무 현실이 불리하고 남은 것은 오직 미지근한 의사의 표명 혹은 인심이 지극히 불온(不穩)해지는 단편적 또는 돌발적 실물표시(實物表示) 있을 쯤입니다.

현하 조선에 아무 광명을 긍정하기 어려운 것은 이 까닭입니다. 이 광명이 없는 현하 정세에 입각하여 농촌문제도 수립될 것입니다. 이 정세에 입각해서 취할 당면 정책은 조선인이 이 정치적 권력을 장악하는 문제를 어떻게 해야할까가 문제요, 또 하나는 그러한 정면적 문제를 비켜놓고 어떻게 민중을 상식적·지식적 그리고 의식적으로 향상시켜서 다음의 시기를 가장 유리하게 파악하겠느냐의 문제일 것입니다. 전자에 있어서는 아무리 해도 가까운 장래에 급속한 진전이 있기 어렵다 해두고 후자에 관해서는 식자와 선지자, 일반의 뜻있는 청년들이 일단의 노력을 함을 요한다고 봅니다. 농촌의 당면한 문제는 여기에 있어야 합니다. 요컨대 조선의 모든 문제는 금후 일정한 시기까지 모두 민족문제에 종속되고 또한 종속시켜야 할 것이며 구경(究境)은 민족적 ××××× 위한 전선적(全線的) 전개의 장래를 위하여 절대 다수의 농업민을 어떻게 조직화할 것인가가 문제의 요점입니다. 조직화하지는 못할망정 어떻게 그 처음 준비라도 할 것이냐의 문제입니다.

빈궁하여지면 저절로 계급적 단결이 생장되다는 것이 이론이지만 빈궁하되 반드시 계급적 단결이 되기만 하는 것이 아닌 것이 조선의 정세(情勢)요, 생활이 절박하여지면 반드시 ××× 대동작(大動作)을 일으키게 된다는 것이 공식적(公式的)인 견해이지만 정치적·사회적 제조건의 여하에 따라서는 생활이 절박하여 더욱 피폐이산(疲弊離散)의 비탈로 쏠려 가는 것도 흔히 있는 사실입니다.

인민의 감정이 극히 첨예화하면서도 그의 식견과 지식의 상태에서 또는 그 현실정치의 조건에서 그것이 대중화·조직화하지 못하는데에는 큰 차이가 없을 수 없는 것입니다. 여기에 있어서 쉽게 말하자면 ××× 단결로 그 대중들을 획득한다고 하겠지만 투쟁이 전연 질식(窒息)되는 현하 조선에서 이를 실현해 나아가는데는 그다지 단순한 문제가 아닙니다. 주동적·최고적인 방책을 삼는다면 반드시 교양적 혹은 교훈적 단결과 같은 것이 그 병립적 방책이 되어야 할 것입니다. 교양이라하면 사상·지식 등을 주장하는 전기적(前期的) 운동을 이름이지만 교훈이라하면 사상·지식으로서만이 아니요, 기타 산업적·경제적 또는 정치적 제문제에 있어서 잠시간(暫時間)[99]으로 당면적으로 향상과 획득을 맛보이면서 점층적·근원적 결성과정을 밟아 올라가야할 것입니다.

이것을 잘라 말하자면 조선농민의 문제 즉 농촌문제는 계급인으로서의 각성과 단결의 형태로 되어야 할 것은 물론이요, 그 단결의 과정은 교양적·교훈적 계급을 밟아가야하겠다는 것이니 즉 ××× 단결을 그 시기에 바라보면서 우선은 교양적 또는 교훈적 단결의 시기를 지나가야하겠다는 것입니다. 여기에 있어서 그 최고 목적인 목적의식을 나라(裸裸)하게 선명하게 내세워 고조하면서 나아가야하겠지만 사정에 따라서는 우선 향토성에 입각한 문화운동적 교양으로 만족하면서 왕왕히 정치적·사회적 교훈을 치러 넘어가도록해야 할것입니다. 정치적·사회적 교훈이란 결국 현실상의 이해문제를 포착(捕捉)[100]해서 그들의 운동이 얼마쯤의 진취 획득을 가져온다 또 가져왔다는 경험을 주는 것을 의미합니다. ××× 결성운동과 한가지로 교양적 결성운동 또는 교훈적 결성운동의 병립성 혹은 선행성을 지적·주장하는 것으로 됩니다.

---

99) 준말은 잠시(暫時).
100) 포착.

그리고 이러한 운동에 부수하여서 농촌소비조합 또는 협동조합 운동이 필요하다고 봅니다(『조선지광』, 1929년 9월호).

○ 1929년 9월 1일 삼천리(三千里) 선구자론(先驅者論)

『삼천리』 9월호에 「삼천리(三千里) 선구자론(先驅者論)」이라는 제목으로 글을 썼다. 인류 역사 발전에 기여한 서양의 여러 선구자적 인물을 소개한 후에, 한국사의 과거 선구자로 몽고 침입을 물리친 김윤후, 민란 지도자 홍경래와 동학을 창시한 최제우, 갑신정변을 일으킨 김옥균 등의 예를 들고 있다. 그리고 이와 달리 미래의 선구자는 대중적 진출과 조직·결성에 주력할 필요가 있음을 강조하고 있다.

　　과거의 선구자와 장래의 선구자
　　선구자라하여도 사회문화의 각방면에 뻗친 각색(各色)의 선구자가 있으니 어느것만 모잡아서 선구자라고 말하기 어렵고 과거와 장래를 가르지만 지금서부터 상고(上古) 정확한 역사가 있던 시기까지는 모두 과거의 범위로 논할 수 있으니 이 문제가 어렵습니다. 그러나 선구자라 하면 우선 직접으로 인생도제(人生度濟)의 사업을 위하여 노력하는 자를 가르키는 것이라 볼 것이니 여기에는 신앙생활로 개인과 사회를 이상적(理想的)으로 정화(淨化)하여 그 중생제도(衆生度濟)의 목적을 달성하려는 예수와 석가모니류의 성자(聖者)로서의 선구자도 있는 것이요, 정치적 또른 변혁적 수단에 의해 결국에 힘의 투쟁으로 민중해방의 목적을 관철하려는 현대적 의미로서 각양의 선구자가 있다고 보겠습니다.
　　애(愛)이니 자비(慈悲)이니 혹은 인의(仁義)이니 하는 것이 요

새의 안목으로 보아 퍽 진부(陳腐)한 말이지만 중생이고 대중이고 불합리한 현대사회에서 고민번뇌(苦悶懊惱)하는 것을 보고 구제(救濟)의 일념(一念)이 가실줄이 없이 솟아나는 것은 먼저 자비라고 부르는 인류애의 충동에서 발단(發端)하는 것이니 이 구제의 일념이 동(動)하여서 그 수단을 고르기까지는 성자이고 반역자이고 아무 다른 바 없는 것입니다. 그 수단이 하나는 주관적 측면에, 또 하나는 객관적 측면에 하나는 사회를 구성한 각 개인의 윤리적 반성에 의한 자기정화의 방법으로 또 하나는 역경에 있는 각개인들의 정치적 단결의 힘에 의한 투쟁으로 판별됨에 의하여 전자(前者)와 후자(後者), 갑과 을이 저절로 판별되는 것입니다.

전자와 후자를 아울러 논하기는 자못 호번(浩繁)[101]할 일이니 주로 후자를 논하기로하지요. 다만 성자로서의 선구자인 예수(耶蘇)와 석가(釋迦)와 이에 준할 인물들은 대체로 순숙(純熟)한 도제(度濟)의 원(願)이 청고(淸高)한 이상의 교훈으로 되어서 스스로 높은데 올라서서 고해(苦海)에 우민(憂悶)[102]하는 가련한 중생들에게 구부려서 구제를 베풀게 되는 것이니 이것부터가 가장 존귀한채로 그대로 차차 현대의 투지가 많은 민중과는 건듯하면 소격(疏隔)되는[103] 경향이 생기는 것입니다.

예수가 산상에서 모든 군중에게 내려다보며 교훈을 드린 것이 산상수훈(山上垂訓)이요 석가가 환하(恒河)의 가에서 대중에게 설법을 하는데 한손을 곧추들고 또 한손은 내려덮어 신외(信畏)의 자세를 가진 것은 모두다 유명한 바이지만 여기에는 모두 인류의 스승으로 스스로를 높은데 세우고 내려다보며 구원을 베푼다는 것은 상징(像徵)할 수 있습니다. 우고(憂苦)의 속에서 숭신귀의(崇信歸依)의 마음으로 주관적인 해설을 구하는 자에게는

---

101) 넓고 크며 번거로움이 많음.
102) 근심하고 번민함.
103) 서로 멀어지는.

실로 거룩한 구주(救主)이겠지만 객관계(客觀界)에 있어서 허구한 오뇌불만(懊惱不滿)을 가지는 현실의 분투자(奮鬪者)에게는 그 청고(淸高)한 곳으로 따라 올라가기가 불가능한 것을 어찌하지 못하게될 것입니다. 그는 그러한 성자들의 교훈이 아무리 평이간명(平易簡明)하다 하더라도 그 형태에 있어서 "이 높은데로 올라오너라. 그리하여 구제를 받아라"고 하는데 귀착(歸着)되는 것입니다.

전자의 교훈이 상술(上述)과 같은데 비하여 후자의 태도는 어떻다고 할까요? 그는 스스로 해독을 당하는 일원이 되어서 다른 무변(無邊) 중생과 대중들의 틈에 섞여서 한가지 자기를 해방할─결국 구제할 노력을 가장 조직적·정책적 방법에 의해 하는 자라고 보겠습니다. 어느 의미로 "이것을 하지 않으면 아니된다"는 당면적 태도에서 일치되지 아님이 아니라 전자는 항상 "이것을 믿어라 이것은 하지 않으면 아니된다. 너는 악인이다"고 고조하게 되고 후자는 "이렇게 하여라 이 방법으로 하면 꼭된다. 너는 우인(愚人)이다"라고 역쟁(力爭)하게 되는 것입니다. 전자보다 더 주관적이고 당위론적이요 후자는 객관적 그리고 필연론에 입각한 당위론적이라고 할 것입니다. 이렇게 말한즉 마치 선구자의 종별을 분류만 하는 것 같으므로 그만두지요.

불행한 지위에 빠진 일부 혹은 대부(大部)의 인류에 대하여 객관적 조건으로 그 해방의 행복을 주기에 노력한 선구자가 그 수로 퍽은 많고 그 종류도 적지 않습니다. 그 수는 일일이 매거(枚擧)[104]할 수 없지만 먼저 높은 곳으로부터 해방의 은택을 내려서 역사상에 그 명성을 드러낸 자 있으니 공민(公民)과 노예, 부자와 빈자 사이에 반감과 알력이 바야흐로 격성(激成)되는 때에 빈민구제법 등을 제정·시행하여 소위 솔론의 입법이란 이름을 남겨둔 희랍 7현인이 하나인 솔론도 이러한 선구자의 한 사람이요, 로마

---

104) 낱낱이 나열함.

시대에 귀족과 평민의 투쟁에 있어서 평민의 성산회합(聖山會合)이 유명한 바 있지만 호민관을 설치한 매개자로 아그리빠의 이름이 남았으나 그다지 특필(特筆)할 바 없는 모양입니다.

미합중국의 아브라함 링턴이 켄터키주의 빈농의 아들로 센트루이스 읍내인가에 갔다가 한가족의 흑인들이 철사에 매인채로 각각 동서남북에 팔려가는 가련한 일막(一幕)을 목격하고 개연(慨然)히 한몸으로 흑인노예 해방의 용사가 되겠다고 법률을 공부하고 변호사가 되고 드디어 대통령까지 선출되어 남북전쟁으로 인한 국가분열의 위험을 무릅쓰면서 흑인이 자유민이 되게하였다는 것 같은 것도 지금까지 인도(人道)의 용사(勇士)라는 명칭으로 위대한 선구자의 하나가 됩니다.

흑인 노예해방이란데는 그렇게 훌륭한 인도정신(人道精神)과 한가지로 자본주의 경제 발달 과정에 있어서 노예 사용으로 임용근로자(賃傭勞働者) 사용 요구의 단계로 진출함을 요하는 경제사적 원인과 이유를 간과할 수 없겠지만 링컨이 이를 위해 전쟁을 단행하였고 또 자신이 횡사(橫死)[105]까지 한 까닭에 그는 그 솔직하던 동기와 한가지로 인도(人道)상의 선구자로 숭경(崇敬)되는 것은 당연할 것입니다.

"인민의, 인민의 때문에, 인민에 의해서"의 표어가 흑인노예해방의 사업과 한가지로 데모크라시 운동상에 금언을 남겨 둔 것은 또 누구든지 아는 것입니다. 몽태스키외 볼테르, 루소 등이 불란서 혁명의 선구자로 된 것은 누구나 잘 아는 바이지만 3인이 모두 사상적으로 그 선구됨에 그치고 직접적으로 운동에 관여한 바 없으니 많이 말할 것이 없습니다만 링컨의 사상이 이 불란서 혁명의 사조를 계승한 것만은 길게 말할 필요가 없습니다.

조선에 있어서 귀족과 평민의 대립은 그 유래가 자못 오래니 한자로 완전한 번역은 고래(古來)에 없었으나 공민(公民)과 상민

---

105) 뜻밖의 재앙으로 죽음.

(常民), 임관계급과 서민계급 이외에도 천민계급들은 오랫동안 불합리한 제도에 신음한 것입니다. 전대(前代)에는 문헌이 없고 고려시대에는 양수척(楊水尺)[106]을 비롯하여 노예천민들이 왕왕이 반란을 일으킨 바 있었으니 만적(萬赤)이 그 난수(亂首)로서 겨우 이름을 전할 뿐이나 그 포부를 엿볼 수 없고 고려 고종 몽고입구(蒙古入寇) 당시 용인 석성산에서 몽고 원수(元師) 살례탑(撒禮塔)을 사살하여 적의 세력을 꺾이게하고 그 용명(勇名)을 드날린 김윤후(金允候)가 충주에 가서 노예천민을 모두 해방하여 양민−공민으로 하고 견고한 단결로 조수(潮水)같이 밀려오는 몽고편의 공원군(攻園軍)을 수개월 동안 박격대파(迫擊大破)하였다는 것은 비상시에 응급한 처치이지만 역사상에 허다한 병란을 겪으면서 이쯤의 용단을 한 자도 없었으니 김윤후가 또한 천민해방의 선구자라고 하겠지요.

이 외에 만일 누백년(累百年) 이래 도도한 한화적(漢化的) 경향에 대하여 조선민으로 자존적 정신을 대표하여 전후애 분투한 자 있으니 이것을 역론(歷論)하는 것은 창창(蒼蒼)한 일입니다. 그러나 훨씬 내려와서 한양조의 영조·정조 이후 역사상에서 부흥기를 칭하던 시대에는 학술 저작의 편찬으로 선구자를 배출하였으니 꼭 한때는 아니지만 역사·지리·언어·풍속·천상(天象)·지리·경제·산림(山林) 등 각 과목에 뻗쳐 배출한 선구자를 일일이 소개하는 것보담은 차라리 신진사가의 저작인 조선사를 보라는 것이 나을줄 압니다.

그러나 임진의 난, 병자의 역(役)에 궁정을 중심으로 한 권귀(權貴)의 위신이 땅에 떨어지자 민중은 위연(蔚然)히[107] 흥기(興起)하여 스스로 광명을 개척하였으니 영조·정조의 대를 중심으로 조선의 특수성을 위한 전기(前記)의 학(學)이 발흥한 것이요 이 조류를 타고서 배태발흥하는 세력이 다시 민중반항의 형식으

---

106) 조선시대 도살업에 종사하는 백정(白丁).
107) 위엄있고 늠름하게.

로 나타나니 홍경래(洪景來)가 청천강 북에서 궐기한 것은 지방적 불평을 보다 많이 표현한 바 있으나 조솔(粗率)할 초기의 한 선구자였고 수운(水雲) 최제우(崔濟愚) 동학의 설로써 인민을 규합하여 드디어 민중반란의 창수(倡首)로 되었으니 최초에 말한 성자로서의 선구자인 종교의 개조(開祖)이며 반란의 선구자로 되었습니다.

철종 당시 진주에서 시작한 천민들의 삼정의 난이 김해·함흥·함평 등지에 만연되었고 제4계급적인 그네들의 일규(一揆)[108]식의 반란이 자못 중요한 역사성을 가졌으나 불행히 모두 이렇다는 지도자로서 그 선구자적 가치를 표할만한 자의 사적(事蹟)이 남지 않았습니다. 그보담도 늦어서 갑오동학당(甲午東學黨)의 반란에 고부(古阜)의 전봉준(全奉準)을 필두로 김계남(金啓男)·손화중(孫化中) 등 소위 초택영웅식(草澤英雄式)의 선구자가 배출하였으니 이는 모두 잘 기억하는 바입니다.

최수운으로부터 전봉준 제인은 마치 중국의 홍수전(洪秀全)·석달개(石達開) 등 태평천국의 지도자들을 연상하게하는 합니다. 대체로 당시 인물들이 기개에서 빼어남이 있으되 이상에는 빈궁하였고 호남(豪男)으로서 장(壯)한 바 많으나 기획으로서는 소홀함을 면치 못하였으니 초기에는 공통의 현상입니다. 그들이 인민평등의 기류에 합작하요 결연히 일어났으니 그 감정으로 대표한데서 강용하였고 주도한 경륜을 구성할 여유는 없었을 것이며 파괴에는 용(勇)하되 건설에는 오히려 소미(素昧)[109]할 밖에 없을 것입니다. 감정이 경륜의 이지(理智)와 함께하고 파괴가 건설의 포부와 동무하지 않고서는 구전(具全)한 선구자일 수 없습니다. 애국적 혹은 국민적 또는 민족적 사상을 대표하는 자에는 서(西)는 코스트가 있고 마치니[110]가 있고 동(東)에는 아기날도

---

108) 같은 경우의.
109) 소박한.
110) 마치니(Giuseppe Mazzini)(1805~1872):이탈리아의 혁명가. 오스트리아에

가 있으니 이들은 모두가 선구자입니다. 코스트[111]가 오스트리아 제국에 향하여 헝가리인의 행복인 자유 때문에 노력하였으니 요컨대 그는 모두 소위 자유주의를 대표하는 19세기적 민족운동의 선구자입니다. 코스트가 백인에 대한 황색인, 게르만족에 대한 마자르족으로서의 자존심을 고조하고 오스트리아에 대한 헝가리인의 자존을 위해 노력하였으니 그의 작열(灼熱)한 정감, 순고(純高)한 인격은 헝가리인을 정화·흥기하게 하는 큰 교훈이 되었다고 합니다. 뿐만 아니라 그의 시대의 전후 민족문학의 수립과 완성, 그리하여 민족의식의 심화·순화라고 하는 시대의 대세가 주의하여야할 점일것입니다.

코스트는 당년에 있어서 공업을 그 자신으로 완성한 자는 아니며 마찌니의 선구자로서의 태도와 색채는 로마의 천년문화에 회고·감상(感傷)하고 그 영예롭던 시대를 추억·동경하는데서 일종의 광복적(光復的) 사상에서 출발한 것으로 현대의 선구자와는 다릅니다. 그가 이상으로 하는 것은 옛로마제국의 재현, 18세기 이래 유럽을 풍미하던 민권사상에 입각한 민주정치의 수립이었을 것입니다. 그러나 이탈리아의 통일이 성립될 때 그는 사보아 왕가를 추대하는 카밀로부르 일파에게 기선을 제압당한 바 되어 현실의 실패자로 되고 말았습니다. 당시의 류(流)로 비평하면 소위 이상에 치우치고 현실에 실패하였다고 간단히 치울가요? 20년 이전 양계초류(梁啓超流)의 사상을 배우던 당시 조선의 신인들은 건듯하면 마찌니를 들먹거리던 것이 마치 요사이 다른 누구를 추켜드는 것과 같았습니다. 아기날도가 필리핀에 있어서 스페인과 미합중국을 향한 반란을 꾀하였던 것도 지금은 켜켜묵은 일입니다. 이사람의 선구적 색채는 현대에도 통하니 데발레라가 아일란드에 있어서와 비교하여 그는 19세기의 색채가 농후하다고쯤 말하여 두지요.

맞서 이탈리아의 해방과 통일에 노력.
111) 코스트 로요슈 (Kossuth Lajosi)(1802~1894):헝가리의 독립운동가.

이러한 인물들에 비해 조선에 있어서 그 유사한 이를 찾자면 갑신운동(甲申運動)때 인물들부터 손가락을 꼽아야하겠지요. 김옥균(金玉均)·홍영식(洪英植)·서광범 등 여러 사람과 현존한 몇 사람이 모두 그 때의 중심인물인데 어찌되었든 김옥균을 그 대표인물로 따지게 되는 터이다. 김옥균의 인물에 관하여 소개·논평한 바가 가장 많으니 용설(冗說)이 무용(無用). 다만 그 당시의 사람들이 자각이 없는 민중들과는 거의 양통(痒痛)[112]의 느낌조차 서로 없는 일부 봉건층의 사람들로 궁정을 중심으로 한 극소수의 권귀(權貴)의 사람들 사이에 국한되는 쿠데타의 방식으로 된 것, 갑국(甲國)의 세력을 제거하기 위해 을국(乙國)의 세력을 이용하는데에는 중요한 성패을 조건을 부쳤던 것 등은 그와 같은 실패를 오게하는 본질적 결함이었던 것인데 당시에 있어서는 어찌할 수 없었다고 보겠습니다. 그 당시 이 모든 명성의 배후에는 그들을 지도하는 거성(巨星)으로 경성 중인계급 출신인 유대치(劉大致)라는 인물이 있어서 천주교의 신도로서 태서(泰西)[113]의 사정과 세계의 형세를 잘 관찰하였다고 합니다. 이 인물이 흑막속에 흑막으로 잠겨버리고 영영 출현하지 아니했으니 그 사상과 경륜 등은 명백히 알 수 없습니다. 다만 그 착상과 기획만으로도 크게 비범하였던 것은 인정할 것입니다.

이 시대의 선구자들이 소위 형세일비(形勢日非)에 착급(着急)한 생각이 들어서 민중을 계발하며 운동을 조직화하기에는 너무 전도요원(前途遙遠)하였고 우선 궁정중심으로 음모적 쿠데타의 수단으로 나와 홀연히 넘어진 것은 또한 어찌할 수 없는 일인 것입니다. 과거의 선구자이자 또 현대의 선구자인자 있으니 막스니 엥겔스니 레닌이니 누구니 다 그로하고 손중산이니 간디니 하는 이들이 상당히 많습니다. 여기에는 성공한 사람도 있고 아직 성공하지 못한 사람도 있고 혹은 그 일생에 있어서 성취하지

---

112) 가려움과 아픔.
113) 서양을 예스럽게 이르는 말.

못했으되 그 계승자를 가진 자도 있습니다. 이러한 선구자는 현하에 있어서 많이 문제가 되는 자들이요, 여기에서 길게 말하기는 어렵습니다. 그러나 한마디로 끝을 맺자면 1. 과거의 선구자가 혹은 인민의 일부분에서만 놀고 있던 대신 장래의 선구자는 반드시 대중적으로 진출해야 하며, 2. 과거의 선구자가 감정적·기분적·사상적으로 사회의 기성 세력층의 일부 혹은 대부(大部)를 동작시킴으로써 대부(大部)를 일깨우던 것을 장래의 선구자는 이것들 이외에 다시 방법과 정책 등으로 조직·결성의 방면에 주력하게 된 것, 2의 목적을 위하여는 감정과 명분 등만의 문제가 아니요 일반의 즉 각방면 사람들의 각종의 이해를 목표로 자기들의 권익옹호와 획득을 위한 동작으로 점층적 집중과 진출을 할것이라고 믿습니다. 요컨대 현실에 입각한 일반의 이해를 떠나서 누구를 인도할 수도 없고 집중·결성·진작할 수 없는 것이 장래의 선구자들을 만나는 경우 즉 정세(情勢)일 것입니다(『삼천리』, 1929년 9월호).

○ 1929년 9월 1일 경성에 와서 무엇을 배울 것인가?

『별건곤』 9월호에 「경성에 와서 무엇을 배울 것인가?」라는 제목으로 글을 썼다. 시골에서 서울로 올라온 사람들이 변화하는 것을 잘 살피고 청년들의 활기차고 밝은 모습을 보면서 우리의 장래를 낙관적으로 보면 좋겠다는 의견을 적었다.

경성(京城)에 와서 무엇을 배울 것인가
오직 변하는 것을 잘 살피라
조선일보 안재홍

지금의 서울은 일분일각도 쉬지 않고 자꾸 변한다. 인물도 변하고 예속도 변하고 언어도 변하고 산하도 변하고 기타 시가·주택·도로·지명 그 모든 것이 벽해상전(碧海桑田)보다도 더 격변한다. 서울에 있는 사람은 소위 타성으로 인해 그렇게 변하는 것을 잘 알지 못하지만 시골 사람은 몇해만에 서울을 온다면 참으로 정신을 차릴 수 없을 것이다. 거목산하이(擧目山河異)[114]의 눈물도 흘릴 것이요, 왕후제택개신주(王候第宅皆新主)[115]의 호탄(浩歎)도 발(發)할 것이다. 그러나 공연한 눈물과 호탄(浩歎)은 우리의 앞길에 조금도 유익할 것이 없다. 다만 그 변하는 것 다시말하면 시세를 잘 살펴서 우리의 앞길을 개척하는 것이 제1의 양책(良策)일 것이다.

참으로 소위 궁즉변(窮則變)하고 변즉통(變則通)[116]이라고 여러 가지의 환경이 이와 같이 변하는데 그 변하는 것을 잘 살펴서 일을 한다면 우리인들 어찌 통할 길이 없으랴. 나는 무엇보담도 시골 사람이 서울을 볼 때 오직 변하는 것을 잘 살피는 것이 좋을까 한다. 그런데 살피는데도 우리의 쇠패(衰敗)의 현상만 보고 비관할 것이 아니라 청년의 활동, 학생의 원기발칙(元氣潑剌) 한 것을 잘 보아서 우리의 장래를 낙관할 것이다. 즉 쇠퇴의 경성만 보지 말고 신생명이 잠재한 경성을 잘 살필 것이다. 우리의 살길이 어디에 있는지(『별건곤』 제23호, 1929년 9월호).

○ 1929년 9월 7일 신간회 경성지회 강연회

오후 7시 30분에 경운동 천도교기념관(천도교중앙대교당)에서 열린 신간회 경성지회 강연회에 참석해서 '대중의 이익에 입각해서'라는 제목으로 강연했다.

---

114) 눈을 들러 산하가 달라짐.
115) 왕후의 저택이 새로운 주인을 맞이함.
116) 궁하면 변하라, 변하면 통하라. 주역(周易).

신간회경성지회에서는 오는 7일 저녁 7시 30분에 시내 경운동(慶雲洞) 천도교기념관(天道敎紀念舘)에서 신간대강연회(新幹大講演會)를 개최한다는 바 청강료는 십전 균일하며 연제와 연사는 다음과 같다.

신간회의 사명 조병옥
조직의 의의 이관용
대중의 이익에 입각하여 안재홍
(『조선일보』, 1929년 9월 7일, 2면).

신간회경성지회(新幹會京城支會) 주최의 대강연회는 예정과 같이 지난 7일 밤 7시 30분부터 시내 천도교기념관(天道敎紀念舘)에서 근래에 보기드믄 대성황리에 개최되어 임석 경관의 주의를 계속 받다가 안재홍(安在鴻) 씨와 조병옥(趙炳玉) 씨는 중지를 당하고 이관용(李灌鎔) 씨만은 끝까지 마치고 9시 30분경에 극히 흥분된 가운데 폐회하였다(『동아일보』, 1929년 9월 10일, 2면).

○ 1929년 9월 10일 재외조선인(在外朝鮮人)과 국제적 지위

『조선일보』에 「재외조선인과 국제적 지위: 허망한 의혹에 선처(善處)할 길」이라는 제목으로 글을 썼다. 만주와 간도방면에 사는 조선인들에 대한 중국 관민의 탄압 사례를 열거하고 이에 대한 적극적인 항의와 중국측의 반성을 촉구하고 있다.

재외조선인은 왕왕이 중대한 허망한 의혹으로 인해 불우(不虞)의 재액(災厄)[117]을 만나고 있다. 이것는 수난기에 있는 수난

---

117) 재앙과 액운.

인민으로서의 조선인의 불시에 닥치는 설상가상적인 재액이다. 유럽에 조선인은 매우 희소하고 미주와 미영토에 있는 조선인은 오늘날 안전한 터이요 오직 일본과 중국·러시아 영토에 있는 자가 이 불우(不虞)의 재액(災厄)을 만나는 대표적인 자이다. 일본에서 수난하는 것은 별개의 문제로 하고 중국과 중국·러시아 국경방면에 거주하는 조선인의 만나는 바 재액(災厄)은 목하 당면한 문제이다. 이제 먼저 만주 방면의 조선인 수난 소식을 일별할 필요가 있다.

북간도지방에서 조선인간민교육회(朝鮮人懇民敎育會)를 봉쇄하고 그들의 국가적 교육방침에 합치하게 하고자 하는 바가 있어서 조선인은 전간도교육자대회(全間島敎育者大會)를 열고 대책을 강구하기로 되었다. 이것은 일견(一見) 무괴(無怪)[118]하는 일이나 집단적으로 거류하는 교민에게 그 자체의 교육을 간섭하는 것은 불가하다. 요녕성(遼寧省) 개원(開原)에서 향일(向日)[119] 수재(水災)에 조선인 농민이 모두 파산하게 된 것을 좋은 기회로 토지대여 금지령을 발표 실시하고 52호의 조선인을 구축(驅逐)하였다. 이 때문에 관헌과 지주가 힘을 합해 들고 일어났었다. 길림성(吉林省) 송화강(松花江)인 농안현(農安縣) 고산둔(靠山屯)에서는 향일(向日) 수재로 파산하게 된 조선인에게 일시 퇴거를 명령하여 모두 중도에 서설(棲屑)[120]하고 있는 사건이 있었다. 이런 것은 만근 중국의 관민들이 조선인이 일본정책의 전위부 노릇을 한다는 오해로 산동(山東)·직례(直隸)로부터 오는 매년 수십만 내지 백만의 중국인 이민을 접주(接住)시키기 위한 적본주의(敵本主義)[121]로 인한 거의 영속성을 띤 배척운동의 편린으로 된 것이다. 여기에 관하여 우리는 비판하고 주장하고 요구

---

118) 괴이할 것이 없다.
119) 지난번.
120) 일정한 거처없이 떠돌아다님.
121) 목적은 다른 곳에 있는 것처럼 꾸미고 실상은 그 하고자 하는 목적으로 나아감.

한 바가 많이 있었다.

요녕성(遼寧省) 통료현(通遼縣)에서 조선인 남자들은 농작노동으로 출타하고 없는 중에 마적단이 출현하여 약탈과 부녀의 능욕을 속행한 바 있었으니 이는 더욱 탈선적인 돌발사건으로 그 사회질서가 정돈되지 못함에 기인함이거니와 평북의 대안(對岸)인 동변도(東邊道) 진수사(鎭守使)가 조선인 직접 행동단체의 취체(取締)[122]를 엄명하였고 홍경현(興京縣)에서는 아무개 조선인 단체의 회의중에 순경대(巡警隊)가 돌연 습격한 바 있었다. 간도방면에서는 조선인들의 일상행동 감시와 왕복서신 조사·압수, 소위 음모계획의 적발과 처벌의 고조(高潮)가 있었으니 이는 조선인의 행동이 관계국가의 항의에 만날만큼 사단(事端)[123]을 일으킬만큼 근심이 된다는 점과 또는 중국자체의 질서에 관계될 것을 시의(猜疑)한 까닭일 것이나 이보담 더한바 있으니 이번 중국과 러시아 양국의 충돌에 대해 조선인의 러시아측에 가담한 자가 있다는 것과 조선인이 러시아군의 정탐된 자 있다는 혐의 또는 구실로 순경 등이 무시(無時)로 조선인 가옥의 침입, 신체의 수사와 약탈, 피해 등을 하는 바 있고 만주리(滿洲里) 일대에서 패퇴한 중국병(中國兵)이 전기(前記)의 혐의 또는 구실로 200여 인의 조선인을 체포하여 그 중 100여 인을 총살했다는 것은 아직 확신하기는 어려우나 만주리(滿洲里) 부근에는 10만 여의 동연해주(同沿海州) 일대에는 50만 여의 전만주에는 개산하여 200만의 조선인이 있는 터인데 이러한 중대한 또 영속적인 불우(不虞)의 재액은 그의 생존을 위하여 편각이라도 방심할 수 없는 문제이다.

우리는 중국의 관민과 그 일부 사람들이 혹 허망한 혐의로 또는 일편의 구실로 조선인 이주민에 대하여 왕왕히 불우의 박해는 가하는 바에 먼저 항의하고 따라서 금후의 반성을 요구하는

---

122) 규칙이나 명령을 지키도록 통제하고 단속함.
123) 일의 실마리나 단서.

바이다. 그는 결코 조선인을 세계적 무보장자(無保障者)로 그 생
존권을 전연 남의 손에 방임한 것이 아닌고로써이다. 그리고 그
보다도 더욱 간절히 말하지 아니하면 아니되는 것은 조선인 제
씨들이 이 지난한 국제적 난국인 것을 돌아보아 일층의 냉정하
고 현명한 정치적 태도를 가지고 아울러 그 배후에 따르고 있는
다수 인민을 지도·통제하여 이 허망한 화액을 줄이고 벗어나게
해야 할 것이다. 조선인은 실로 정치적으로 너무 단순하고 그 태
도도 솔직에 지나는 바 많다. 다난(多難)한 국제적 지위에는 솔
직의 화액이 왕왕이 있는 것이다(『조선일보』, 1929년 9월 10일,
1면).

O 1929년 9월 17일 조선권투구락부 발회식 참석 축사

이날 오후 4시 30분에 식도원에서 열린 조선권투구락부 발회식에
참석해서 축사를 했다.

조선권투구락부 발회식은 예정과 같이 17일 오후 4시에 식도
원에서 발회식을 거행하였는데 김송은 씨의 사회로 내빈 중에서
안재홍 씨의 축사가 있고 성의경 씨[124]의 경과 보고가 있은 후
폐회하고 만찬의 식탁에 들어갔는데 성의경 씨는 일본 전수대학
(專修大學) 권투구락부(拳鬪俱樂部) 창설자로 일본에서도 권투
선수권을 얻었으며 지금은 성씨의 제자도 선수권을 얻은 사람이
많은데 성씨는 귀국한 이래 사계에 많은 노력을 하였으며 작년
에는 많은 재산을 들여 시내 관훈동에 권투장을 설치하고 선수
양성에 힘쓰다가 이번에 조선권투구락부을 완성하게 된 것이라
고 한다(『조선일보』, 1929년 9월 20일, 5면).

---

124) 성의경(成義慶)(1901~?) 충남 예산 출신으로 조선권투구락부를 창립 한국권
투발전에 크게 기여했다.

O 1929년 9월 30일 근화여학교 졸업식 참석

이날 오전 10시에 차미리사 씨가 교장으로 있는 근화여학교에서
열린 졸업식에 참석해서 축사를 했다.

어제 30일 오전 10시부터 시내 근화여학교(槿花女學校)에서
는 고등과 제5회, 보통과 제8회 졸업식을 동교 고문이신 윤치호
씨의 사회로 열리게 되었는데 장내에는 사회 각 지사의 많으신
참석과 재학생 일동으로 성황을 이루었으며 윤치호 씨와 안재홍
씨의 의미 깊으신 훈사와 졸업생과 재학생 사이에 주고받는 정에
끌린 작별가가 있은 후 11시경에 폐식하였는데 고등과 졸업생
은 7명중 우등생은 이상순(李相順)과 진명숙 2명이며 보통과 졸
업생은 25명중 우등생은 박은순 1명이더라(『조선일보』, 1929년
10월 1일, 5면).

O 1929년 10월 1일 명가(名家)의 좌우명(座右銘)

『신생 제13호 1929년 1월호』의 「명가(名家)의 좌우명(座右銘)」편
에 자신의 좌우명을 실었다.

나는 평생에 좌우명(座右銘)이라고는 없습니다. 그러나 평소
에 마음속에 신조(信條)로 하는 바를 집어내자면 1, 어디서나 늘
최선을 다하여라. 2, 마음속에 구김이 없이하라. 누구에게든지
구김이 없을 것이다. 3, 쓸데있는 것을 쓸데없이 버리지말라.
위의 것쯤이 그 중요한 것이라고 생각됩니다.
(1929년 9월 7일) (『신생 제13호』, 1929년, 10월호).

○ 1929년 10월 3일 무등산 증심사에서

『조선일보』에 광주와 무등산 일대를 답사하고 「서석산(瑞石山) 기행 1: 무등산(無等山) 증심사(證心寺)」라는 제목으로 기행문을 기고했다. 25일 전남 광주에서 전남 20여 지국장과의 간담회 등이 있어 광주를 방문하게 되었다. 호남선 열차를 타고 연산과 이리를 지나, 정읍을 거쳐 입암산 자락을 지났다.

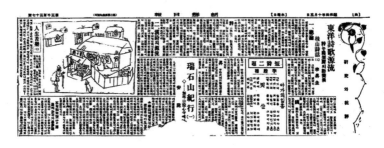

〈사진 8〉 서석산 기행 (『조선일보』 1929. 10. 3)

9월 24일 밤이다. 돌연 광주행(光州行)을 하기로 되어서 약간의 행장(行裝)으로 박람회에 부산하기 짝이없는 서울을 떠난다. 툭하면 입버릇같이 내어놓는 말이 아니지만 이즘에는 바쁘고 바빠서 건강도 선실(先實)치 못한판이라 어찌되었든 여행가는 것이 반가운 일인데 마침 25일 광주에서 전남 20여개 지국장의 간담회가 있음으로 거기에 참석하고자 일부러 찾아가는 것이다.

동행하기로 했던 판매부의 김교영(金敎英) 씨와 함께 나가 경성역에서 해후한 지구(知舊)와 잡담한 후 10시 30분 급행차로 가게 되었다. 이 사이 서울이 어쩐지 못마땅하고 마음에 무듯는 일 많은 터이라 이렇게 허둥지둥 떠나는 것이 무슨 병란(兵亂)에 쫓겨 낙향하는 것도 같았다. 작년 여름 이래 좁고 갑갑한 곳에서 금화산(金華山)[125]의 철바퀴는 경치를 내다도 보고 철창으로 새 어드는 반짝이는 별빛을 쳐다볼때마다 그립고 원(願)이 되는 것이 하늘하고 땅하고 또 산하고 바다하고이더니만 세상의 몸이 된 후에도 일찍이 그 소원을 확 풀지 못했다. 8월 초에 안악행(安岳行)을 하여서 해서의 산하를 접해보았으나 승유(曾遊)[126]의 지(地)이었고 빗속에 총총히 다녀와서 창서(暢敍)[127]할 날이 없었으며 그후에 월미도행(月尾島行)으로 인천의 해경(海景)을 잠시 동안 종관(縱觀)[128]하였으나 그것조차 요해를 보았든 안 보았든 쯤의 황홀한 심경만 남겼을 뿐이요 이렇다고 쾌활(快濶)해 볼 적이 없었다. 이제 우연과 같은 일도 남국의 웅번(雄藩) 서석산(瑞石山)이 솟고 극락강이 구비진 광주의 산하를 동경하며 가는 것은 어즈버 기쁜 정도 있으련만 오히려 70%의 침울감을 일으키는 것은 웬일인가?

떠나기 전에 편각(片刻)[129]의 여유로 입락(入落)[130]하고 왔듯이 침대에 들자 잠은 곧 덮어누른다. 그러나 피로해진 신경에 설드는 잠이 출렁거리는 차체와 한가지로 불가지(不可知)의 세계를 표랑하는 것같은 몽유적(夢遊的) 경지에다가 나를 끌어 넣는다. 그래도 잠은 한참 잔 모양이어서 게으른 몸을 일으켜 위장(幃帳)을 쳐들고 내여다보니 회색(灰色)으로 된 으스름달 밑에 축 늘어진 강산이 광란적으로 내닫고 있다. 내가 강산을 떼치고 내닫는지 강산이 나를 떼치고 내닫는지 게슴츠레한 수안(睡眼)에 의식(意識)이 들지 않는다.

명미(明媚)한 강산을 점과 선으로 누비고 아루삭이는 취죽(翠竹)의 섞인 숲이 군데군데 놓였기로 어데인가 보니 벌써 연산(連

---

125) 서울 서대문형무소 부근 산으로 해발 102m.
126) 즐겁게 놂.
127) 마음을 명랑하고 후련하게 탁 터놓음.
128) 마음대로 구경함.
129) 짧은 시간.
130) 들어오고 나감.

山)을 지나 강경 평야를 접어드는 것이었다. 이윽고 아주 잠을 깨어 창을 훨씬 열고 보니 땅은 황등(黃登)인데 때는 이미 25일 아침 6시이다. 얼풋 일어나 대충 세수(洗漱)[131]하고 옷갈아 입고 나앉으니 인마(人馬)가 잡답(雜踏)한[132] 곳은 낭□리(朗□里)이다. 박람회에 왕환(往還)[133]하는 손님으로 평시보다 갑절이나 붙었는데 흐린날에 아침 안개까지 겹드리어 자욱하니 아지리는 공기에 멀리 바라볼 길 없다.

재작년 이달 이날에는 신간회 임무를 띠고 공주로부터 호남선에 나와 논산(論山)·강경(江景)에서 이리(裡里)·김제(金堤)를 지나는 동안 평야가 남으로 모악산의 줄기찬 산악미와 어울려서 활망웅려(活茫雄麗)한 광경이 동방굴지(東邦屈指)할 승구(勝區)인 것을 못내 감탄하였더니 이렇게 침침한 속에 평범히 지나는 것이 그지 없이 아까웠다. 널드란 바닥에 황도(黃稻)가 이미 고개를 숙였는데 새벽부터 새쫓는 농촌의 소녀들과 곰방대에 연기 피우며 우두커니 서서 몰려닿는 새만 쳐다보고 있는 농부의 유유(悠悠)하고도 직심(直心)스러운 꼴이 농업국인 조선의 향토정조를 자아낸다.

그러나 기일이 넘는 키에 금(金)알처럼 매달린 포날진 벼이삭에 논바닥도 아니보이게되든 백리옥야(百里沃野)의 충남과 전북의 평야가 이처럼 엉성하게 흉작(凶作) 상태에 빠져있는 것을 보면 새삼스러이 호젓한 생각이 든다. 소절(蘇浙)[134]이 풍년들면 천하가 주리지 않는다는 것은 지나(支那)의 일이다.

조선의 소절(蘇浙)인 양호(兩湖)가 이처럼 해를 건너 흉작(凶作)이니 민생의 다난(多難)함을 호대(浩大)한[135] 바이다. 신태인(新泰仁)을 지나매 산하가 더욱 수려명미(秀麗明媚)한데 정읍(井

---

131) 씻고 양치질 함.
132) 북적북적하고 복잡하다.
133) 다녀오는.
134) 중국의 소주와 절강.
135) 매우 크고 넓은.

邑)을 지나 두승내장(斗升內藏)의 모든 산을 좌우로 바라보면서 청신(淸新)한 기분속에 입암산(笠岩山)은 저리에 들어섰다. 그 것도 흉년의 탓이던지 입암(笠岩)의 바로 밑창 치솟은 비탈에 촘 촘하던 송림(松林)은 벌써 모두 간벌(間伐)로 족여내여 적지않게 풍채(風采)가 덜렸는데 눈에 뜨여 반가운 것은 촌락마다 가꿔놓 은 물가의 근화(槿花)가 아침 이슬에 젖어서 고요한 맵시가 제법 청초(淸楚)한 풍정(風情)이다. 조선이 근역(槿域)이란 이름 높은 일이지만 남국으로 오지 않고서는 정말 흔한 근화(槿花)를 볼 수 없다(『조선일보』, 1929년 10월 3일, 4면).

○ 1929년 10월 4일 무등산 증심사에서

『조선일보』에 광주와 무등산 일대를 답사하고 「서석산(瑞石山) 기행 1: 무등산(無等山) 증심사(證心寺)」라는 제목으로 기행문을 기고했다. 장성을 지나 송정리역을 거쳐 광주에 도착했다. 이날 무등산 증심사에서 열린 전남 23개 군 지국 경영자와의 간담회에 참석했다.

입암산(笠岩山)의 연봉(連峰)을 아직도 보는 동안 기세(氣勢) 좋고 송림(松林)이 소쇄(蕭灑)한 장령(長嶺)을 맞이하니 그는 즉 갈재라고 부르는 노령산맥(蘆嶺山脈)이다. 호남선에서는 길기로 첫째 가는 노령(蘆嶺)의 두도막 터널을 캄캄한 속에 지나가면 거기부터는 전남(全南)이다. 좌안(左岸) 일대(一帶)에 솟아선 암벽을 바싹끼고 서남(西南)으로 서남(西南)으로 달아나는데 지금까지보담 평원적(平原的)이던데 견주어 일단(一段)의 산악미(山岳美)가 돋아진다. 석봉(石峰)이 기수(奇秀)하고 송회(松檜)가 회소(恢疎)[136]한데 산비탈에 다원(茶園)이 있고 들에는 두출(됴

---

136) 넓고 트이다.

秫)[137]이 널렸으며 꽃보담 더 좋다는 육지면(陸地棉)의 허벅진[138] 송이가 밭두둑을 가리어 널부러졌고 하얗게 깔린 메밀밭이 누렇게 변해가는 볏논과 해사하게 조화되는데 암층(岩層)에 담쟁이와 그 옆으로는 복나무 잎이 단풍(丹楓)이 들어 샛빨갛고 맨드라미 꽃포기 더부룩한 울타리 곁에는 맨발 벗은 소녀가 차창을 무심코 보는데 괘낭(掛囊) 엇메인 십수명의 아동들이 지껄이며 학교로 가는 양이란 대체 어여뻐서 못견디겠다.

사가리(四街里) 문득 지나 노괴수(老槐樹)의 장림(長林)을 보고 이어서 축축 늘어진 수양(垂楊)과 한가지 송림(松林)에 마주 닿은 죽림(竹林)을 보니 진해지는 남국정경(南國情景)은 송황교취(松篁交翠)[139] 두출편야(豆秫遍野)[140]의 문구(文句)를 생각하게한다. 장성역(長城驛)을 당도(當到)하여 우뚝한 필암산(筆岩山)에 김하서(金河西)[141]의 옛 기개(氣槪)를 추억(追憶)하니 연년칠월(年年七月) 난산중(卵山中)에 통곡(痛哭)하던 그의 가슴속이 짐작해지는데 서향(西向) 해진 월평리(月坪里)에 고래등 같은 기와집은 수백년(數百年) 울려내려온 모습이 번듯하다.

가마니와 구럭[142]에 짊어지고 이고 한 흰옷 입은 남녀들이 길 위에 껀하니 늘어서 들어오는것은 오늘이 장성(長城) 장날인 것을 알려니와 산야(山野)가 정명(精明)한 가운데 극락강(極樂江)의 상류인 황룡천(黃龍川)의 남벽(藍碧)한[143] 물이 고요히 흘러가고 있는 것이 보는 사람의 정서(情緒)조차 침정(沈靜)이요 투명(透明)으로 된다. 재작년[144] 거창(居昌) 안의(安義)에서 수승대

---

137) 콩과 찰수수.
138) 모자람이 없고 넉넉하다.
139) 소나무와 대나무가 함께 푸르다.
140) 콩과 찰수수가 들에 가득하다.
141) 김인후(金麟厚)(1510~1560): 호는 하서(河西). 전남 장성 출생. 조선 중기의 문신으로 을사사화 이후 고향에 내려가 성리학에 정진. 장성 필암서원에 배향.
142) 망태기.
143) 짙은 푸른색.
144) 1927년.

(搜勝臺)의 명승(名勝)을 흠씬보고 자동차(自動車)로 함양(咸陽)을 향할새 앞으로 지리산(智異山) 천왕봉(天王峯)의 장엄웅려(壯嚴雄麗)한 기세(氣勢)를 바라다 보며 길 아래에 흘러가는 남계수(藍溪水)의 잠벽(湛碧)한[145] 정취(情趣)에 무척도 반하였더니 이곳에서 여성적으로된 수려(秀麗)한 경치에 접하니 그때의 인상(印象)이 새로이 살아난다.

김교영(金敎英) 씨와 마주 앉아 남북풍경(南北風景)을 비교(比較)하며 가는 동안 다다르니 벌써 송정리역(松汀里驛)이다. 서울 갔다 오는 허구많은 박람객(博覽客)과 같이 내렸다. 벽산(碧山) 김정상(金正祥) 씨가 앞서 왔고 세헌(洗軒) 정수태(丁洙泰)[146] 씨가 뒤쫓아와서 준비해온 자동차에 올라 일행이 광주읍(光州邑)으로 간다. 송정리 주재기자 이상근(李相根)군도 동차(同車)하였다. 다리를 고쳐 놓은 극락강(極樂江)을 건너 아침 바람을 박차고 쏜쌀같이 달아나는데 전북에 비하여는 훨씬 풍실미(豊實味)가 있으나 이름높은 송정리 평야도 농형(農形)은 평년작이 간신히 되었다. 포플라의 그늘을 뻐개고 광주읍내에 들어서서 향사리(鄕社里)인 정형(丁兄)의 사저(私邸)에 들어가니 뒤로 죽림(竹林)이 우거진 눈록(嫩麓)[147]을 등지고 앞으로 무등산(無等山)의 여맥(餘脈)인 장원봉(壯元峰)을 편안히 놓아 청상(淸爽)하게 결구(結構)한 집이 안처(安處)할만 하다.

서재에 들어가 잠깐 쉬고 조식(朝食) 마친 후에 방문객과 이야기하고 광주(光州)에 사는 지구(知舊)들의 근황도 물은 후에 시가(市街)를 돌아볼 사이도없이 오늘의 집합소인 무등산(無等山) 증심사(證心寺)를 향하여 다시 자동차 위의 사람이 되었다. 오늘의 회합은 별 큰 이유가 있는 것이 아니요 전남 23개 군(郡)의

---

145) 물이 깊어서 푸른.
146) 광주의 지역인사로 민세의 일본 동경 와세다대학 시절 동창. 호남 최초의 여의사 현덕신이광주시 금남로 4가 75-77번지 일대에 현덕신 의원을 건립할 때 부지를 제공했다. 1927년 창립한 신간회 광주지회 부회장으로도 활동했다.
147) 연한 녹색.

지국경영자들이 한자리에 모이어 간담(懇談)하고 신문발전(新聞發展)을 위(爲)하여 무엇이고 양책(良策)을 강구(講究)하자 함이다. 바야흐로 발전(發展)하는 시가의 비터 많은 교외(郊外)의 인가를 뒤로 떨어뜨리고 논밭 사이로 내둘러서 원지(源地) 가깝게 가꾸어놓은 채소밭을 곁으로 보면서 느진 비탈길로 달리어 산문(山門)을 들어서서 증심사(證心寺) 동구(洞口)에까지 왔다. 광장(廣場)에서 하차한 제씨(諸氏)와 서로 인사하고 도보로 절에까지 간다. 일찍이 지리산 쌍계사(雙溪寺)에서 영호양남기자대회(嶺湖兩南記者大會)가 모일 적에 승산영경(勝山靈境)에서 수일(數日)의 승유(勝遊)를 즐겼더니 오늘의 증심사(證心寺) 모임은 일가형제(一家兄弟)의 단합한 모임이라고도 하겠다. 일행은 우리 2인까지 합(合)하여 24~5인에 달(達)한다(『조선일보』, 1929년 10월 4일, 4면).

O 1929년 10월 5일 증심사(證心寺)의 반일(半日)

〈사진 9〉 무등산 증심사 (2019. 8. 18)

『조선일보』에 광주와 무등산 일대를 답사하고 「서석산(瑞石山) 기

행 2: 증심사(證心寺)의 반일(半日)」이라는 제목으로 기행문을 기고
했다.

　　비탈길에 가득한 노괴수(老槐樹) 그림자를 밟으면서 오른편
뜰로 소리처 쏘쳐오는 가느다란 폭포(瀑布)를 둘러보며 좁다
란 절동구(洞口)로 들어간다. 증심사(證心寺)의 현판을 걸은 삼
문(三門)으로 된 낡은 건물을 들어섰다. 문 옆으로 높은 돌담이
조그만 산성식(山城式)으로 되어 고색(古色)이 창연(蒼然)하게
이끼가 살렸고 문안에는 사리탑(舍利塔)과 귀진비(歸眞碑)가 잠
북[148] 들어섰다. 그 다음에 취백루(翠柏樓) 세글자를 새긴 대형
이십사간(二十四間)의 고루(鼓樓)가 있는데 광해왕(光海王) 원
년(元年)에 지은 고건물(古建物)로 421년이란 긴세월(歲月)을
지냈음으로 아람이 넘는 굵은 기둥도 허구한 풍화작용에 거의
수수당이속같이 피어버린 것도 있다. 취백(翠柏)의 뜻을 물어도
아는 자 없더니 김극기(金克己)의 증심사시(證心寺詩)에 '백수
정전취(栢樹庭前翠) 도화맥상홍(桃花陌上紅)'[149]의 구(句)를 읽
고서 비로소 당시에는 취백홍도(翠柏紅桃)가 서로 비추어 영롱
(玲瓏)하였던 것을 알았다.
　　자연석으로 쌓은 층계를 몇씩이나 올라가 대웅전(大雄殿)·명
부전(冥府殿) 등을 보고 주지의 거처인 승방(僧房)을 지나 오백
전(五百殿) 앞에 갔다. 전 안에는 오백나한(五百羅漢)이 근감스
럽게[150] 늘어 앉았는데 뜰에는 칠층석탑(七層石塔)이 있서 수법
은 고아(古雅)하나 그것조차 풍화작용에 틈이 벌고 윤태(潤態)가
없어졌다. 전당(殿堂)의 뒤로는 송황(松篁)[151]과 괴율(槐栗)[152]이

---

148)　잔뜩의 방언.
149)　동백나무가 뜰앞에 푸르고, 복사꽃이 언덕 위에 붉다.
150)　마음에 흐뭇하고 남보기에 꿩장한.
151)　소나무와 대나무.
152)　느티나무와 밤나무.

어울어져 푸르러서 저으기 유수삼숙(幽邃森肅)[153]한 맛을 일으킨다.

신라 법흥왕 5년 무수(戊戌) 철감국사(哲鑑國師)의 개산(開山)한 바로 거금 1412년의 긴 역사를 가졌고 고려 이래 누차의 중수(重修)를 거쳐왔다 한다. 법흥왕(法興王)시대이면 불법(佛法)이 처음 신라에 간 때라 지방에 까지 퍼졌는지 의문이요 하물며 백제(百濟)의 무진주(珍州)로 신라(新羅)의 영역(領域)이 되기는 훨씬 후(後)의 일이니 연대(年代)로 미루어보면 백제 무령왕 18년 무수(戊戌)에 그들 자신에 의하여 창건하였거나 그렇지 않으면 추후의 일일 것이다. 번쇄(煩瑣)한 고증은 그만두고 400여년 내려온 것이 사실이면 목조건물로서는 조선에서 유수(有數)한 것이겠는데 대체(大體)로 양식과 구조가 전혀 평범(平凡)한 것 같다.

일좌(一座) 수각(水閣)을 차지하고 돌아앉아 간담(懇談)한 후 주석(酒席)[154]이 잠깐 벌어져 큰잔에 가득가득 부어 고래같이 들이켰는데 대복장군(大腹將軍)의 작호(綽號)까지 가지신 장성(長城)의 정의(鄭蟻) 씨가 아무래도 일두지(一頭地)를 벗어나는 주호(酒豪)인 것 같다. 뒷등을 걸어올라 웬만하면 상봉(上峰)에 치달을 의기(意氣)이었으나 어쩐지 종시(終始) 피곤도 하고 가을비조차 부실부실 내림으로 우선 이 날의 등산을 단념하고 하봉(下峰)에서 팔둑베어 깜빡자고 동행(同行)과 함께 내려왔다. 육칠단보(六七段步)가 넘는 느진 비탈의 다원(茶園)이 있어 사승(寺僧)들의 청한(淸閑)한 부업인가 여겼더니 그것도 아무개 일본인의 소유로 매년 적지않은 수입이 된다 한다.

이렇게 노는 중에 석초(石樵) 최원순(崔元淳)[155] 씨가 쫓아와

---

153) 깊고 정숙한.
154) 술자리.
155) 최원순(崔元淳)(1896~1936): 호는 석초(石樵), 석아(石啞). 광주의 독립운동가로 일본 동경유학중 2.8 독립선언을 주도했다. 동아일보 정치부장과 신간회 발기인을 지냈으며 부인이 호남 최초의 여의사로 근우회 활동을 했던 현덕신이다.

서 소문도 없이 왔느냐고 반가운 칭원(稱怨)[156]하며 일행과 함께 훤소(喧笑)하였다. 작춘(昨春)에 홀홀(忽忽)히 서로 갈린 후(後) 인제야 처음이므로 구활(久濶)의 정(情)이 자별(自別)하다. 숙아(宿疴)[157]도 있고 세사(世事)에 흥미(興味)가 적으셨던지 이 사이는 고원(故園)에 돌아와서 증심사(證心寺)의 묘경(妙境)에서 독서복약(讀書服藥)도 하고 전혀 한착중(閑着中)이다

오후 느지막하여서 다시 자동차(自働車)로 궂은비 주르륵 무릅쓰면서 읍내의 춘목암(春木菴)으로 들어와 석찬(夕餐)을 함께 하며 토론(討論)을 겸한 간담(懇談)이 계속(繼續)되었는데 지방기사(地方記事)를 잘안낸다는 등 무슨 불편이 있다는 등 이러한 자리에서 의례(依例)로 각오(覺悟)하여야할 지국 제씨(支局諸氏)의 투정소리를 한참 듣고 또 응수(應酬)한 후 곱고 맵시있는 미인의 간드러진 육자배기 끝나는 중에 세헌택(洗軒宅)에 와서 유숙(留宿)하였다.

신간서적(新刊書籍)이 듬뿍 □□ 중에 당시(唐詩)도 있고 본초강목(本草綱目)도 있고 동경 재학시대의 강의(講義)교재도 있어 당년(當年)에 같이 겪던 학창시절이 추억된다. 객실(客室)과 서재(書齋)□□□당(堂)과 해강(海岡) 등 당대 거장(巨匠)의 □□□□액(額)이 여럿 걸려 있고 주(珠)□□□□서(署)하고 낙관(落欵)한 고종(高宗) □□□□이란 귀중품(貴重品)도 걸렸다. □□날 김교영(金敎英) 씨와 창(窓) 밖 죽림(竹林)에 □□□ 가을밤 빗소리를 가벼이 □□□에 들으면서 그 산정서재(山亭書齋)에 취했다. 세헌(洗軒)은 본보 광주지국 □□□□서 이번 회합(會合)에 태반설(太半設)□하였고 제씨(諸氏)와의 절충에 많이 노력하는 것이었다(『조선일보』, 1929년 10월 5일, 4면).

---

156) 원통함을 들어 말함.
157) 오래전부터 앓고 있던 병.

○ 1929년 10월 6일 탑산원(塔山園)의 전망(展望)

『조선일보』에 광주와 무등산 일대를 답사하고 「탑산원(塔山園)의 전망(展望): 광주(光州)는 호남웅번(湖南雄藩)」이라는 제목으로 기행문을 기고했다. 기미년 대구 감옥에서 만났던 광주 청년들에 대해 회고하고 이날 수피아 여고를 방문하고 일본 유학중 친구였던 호남은행 현준호를 예방하고 탑산공원에 올라 시내를 조망하며 광주가 호남의 으뜸도시라는 소감을 밝혔다. 저녁에는 현준호, 김신석 등과 함께 식사도 했다.

〈사진 10〉 탑산공원(현 광주공원)내 칠층석탑 (2019. 8. 18)

삼년왕작옥중인(三年枉作獄中人) 임별유언장지신(臨別猶言壯志新) 고래남지다호걸(古來南地多豪傑) 차거원성춘외춘(此去願成春外春)[158]

---

158) 3년을 억울하게 감옥에 갇혔던 이들이, 헤어지는 때가 되니 말은 굳세고 뜻은 더욱 새롭네. 예로부터 남쪽에는 호걸이 많다고 하니, 이제 나가거든 봄 너머

기미신유(己未辛酉)의 겨울이다. 대구(大邱)의 그곳에서 수많
은 광주(光州)의 청년들을 만기(滿期)되어 작별할 때 덩달아 별
시(別詩)를 짓는다고 구음(口吟)으로 불러준 졸시(拙詩)이다. 내
원래 시인이 못되었고 더구나 한시(漢詩)에 소매(素眜)[159]한지라
지상(紙上)으로 피로(披露)[160]할 바 못된다. 다만 당시 씩씩하게
작별(作別)하던 적의(赤衣)의 동무들이 이땅에 십수인(十數人)이
넘고 전후(前後)에 친우(親友)가 적지 아니하므로 이땅이 나에게
는 언제나 친숙미(親熟味)가 있다.

광주행을 할 기회도 여러번 있었으나 쓸데없는 분망(奔忙)에
못왔었고 이번이 처음이다. 26일 아침 세헌(洗軒)댁에서 밥을
먹고 객실(客室)에서 회담(會談)하는 지국장 제씨(諸氏)와 오후
까지 같이하고 넉점(點)이 지나서 비로소 시가구경 겸 고인(故
人)도 방문(訪問)하려 다시 자동차를 몰고 나섰다. 석초(石樵)형
과 지국장 김창선(金昌鮮) 씨가 동반(同伴)하였다.

서양인촌(西洋人村)으로 별천지(別天地)를 이룬 양림(楊林)을
지나 연합바자대회로 우의(友誼)관계에 있는 수피아 여학교를
찾으니 교사(校舍)와 기숙사를 아울러 몇채나 되는 양관(洋舘)은
허릴없는 광주의 이화학교(梨花學校)이다. 교장 야곱·커밍[161]
씨가 친절하게 향도(嚮導)해 줌으로 각과 교실을 일주(一週)하고
나와서 역로(歷路)에 호은(湖銀)의 무송(撫松) 현준호(玄俊鎬)[162]
씨를 방문하고 서북(西北)으로 있는 탑산공원(塔山公園)[163]에 올
라 시가(市街) 형세(形勢)를 대관(大觀)하였다.

봄이 오기를 바라노라.
159) 견문이 좁고 사리가 어둡다.
160) 일반에게 널리 알리다.
161) 다니엘 커밍(Daniel James Cumming)(1892~1971): 한국 이름은 김아각
    (金雅各). 미국 버지니아주 출신의 선교사로 목포 영흥학교 교장·광주 수피
    아 여고 교장을 지냈다.
162) 현준호(玄俊鎬)(1989~1950) 호는 무송(撫松). 호남 은행을 설립한 경제인으
    로 일본 동경 유학 시절 민세와 함께 수학했다. 현정은 현대 회장의 조부.
163) 현재는 광주공원으로 불림.

동남에서 서북으로 비스듬히 놓인 길쭉한 시가가 다가산(多佳山)에서 보는 전주(全州)시가와 국세(局勢)가 비슷한데 산하의 형승(形勝)이 좀 소규모로 되었고 장원봉(壯元峰) 일대의 산악미(山岳美)가 그럴듯도 하지 아니함이 아니나 남고산성(南固山城)에 북장대(北將臺)를 점(點)쳐 놓고 비장미(悲壯味)를 띠운 만경대(萬景臺)의 준봉(峻峰)이 밑창으로 만마동(萬馬洞)에서 몰려닿는 다가천(多佳川)물과 발이봉(鉢里峰)의 기슭에 눌러지은 한벽루(寒碧樓)의 그것과 알맞게 조화(調和)된데 견주면 저절로 얼마의 손색(遜色)이 있다.

그러나 동으로 무등산(無等山)의 웅건(雄健)한 체세(體勢)가 남주(南州)를 눌러 출색(出色)하는 바 있고 서로 경호(鏡湖)의 즐펀한 물은 광주천(光州川)의 조종(朝宗)하는 바로 시가(市街)밖게 괴이어 놓인 것이 무던히 좋은데 푸른나무 그늘에 듬성듬성 솟은 높고낮은 양관(洋舘)과 조선(朝鮮)기와집이 녹수진경(綠樹秦京)의 옛광경(光景)을 어렴풋이 볼 만하다.

옛날 견훤(甄萱)이 무진주(武珍州)에 일어나 후백제(後百濟)라 일컫고 의자왕(義慈王)을 위(爲)하여 원수를 갚는다고 '서남주군(西南州郡) 망풍향응(望風響應)'[164]하는 기세(氣勢)를 얻었거늘 그로 인해 완산(完山)으로 옮겼으니 그는 북방경략(北方經略)을 위한 한 교통의 형세(形勢)를 위함이었으려니와 또 양지(兩地)의 경중(輕重)을 엿볼 것이다.

그러나 한양조 오백년에 왕왕히 소위 명상(名相)들이 이땅에서 낳고 임신역(壬辰役)의 때에는 김천일(金千鎰)·김덕령(金德齡)·정충신(鄭忠信) 등의 충의영달(忠義英達)의 인물들을 산출하였으며 시방에는 농공(農工)에 걸쳐앉은 전남부력(全南富力)을 토대로 광주의 발전이 자못 볼만한 바있으니 오천호(五千戶)가 넘어가는 주민은 이만사천(二萬四千)을 산(算)하게 되고 조

---

164) 견훤이 일어나 서라벌 서남쪽 주의 여러 주군을 공격하니 가는 곳마다 메아리처럼 호응하다.

선인의 부력(富力)은 경성(京城)·대구(大邱)를 제외한 외에 역내
(域內)에서 제3위를 바라보아 10만 인구의 평양(平壤)과도 백중
(伯仲)을 다툰다는 정세(情勢)이다.

어떻든 광주(光州)는 의연한 호남웅번(湖南雄藩)이다. 그런데
일본인의 인구가 1천여 호에 4천다인(四千多人)에 달(達)하며 그
네들이 각방면에 진출하는 사정은 새삼스러이 말할 것이 없다.
이 사이는 종연방적(鍾淵紡績)의 분공장(分工場)을 이곳에 두고
호남의 면화(棉花)를 농단(壟斷)할 것도 멀지 않으리라한다.

공원의 한옆으로 칠층석탑(七層石塔)이 있어 꼭대기가 무너졌
는데 규모가 증심사(證心寺)의 그것과 꼭같고 연대도 동일할 것
인데 그 내력(來歷)은 상고할 길 없다. 이런데서 안보는 일 없는
일본인의 충혼비(忠魂碑)와 아무개 여자의 기모노 입은 동상(銅
像)이 있고 단풍(丹楓) 든 사꾸라 나무가 몇백 주(百株)인 것 같
이 보인다. 들으니 춘사월(春四月) 사꾸라 철이면 관앵(觀櫻)하
는 광수목이(廣袖木履)[165]의 손님들이 강산(江山)도 조붓하다고
이곳에서 나댄다고한다.

시가에 내려와 다시 순회(巡廻)하니 날이 이미 저물어 신간회
관(新幹會舘)도 문이 잠겼고 청년연맹(靑年聯盟)과 근우지회(槿
友支會)와 기타 각단체 사무소도 대체로 모두 퇴출(退出)한 때이
라 이번에는 방문을 모두 그만두기로 하고 동고(同苦)하던 최한
영(崔漢泳)[166] 씨를 잠깐 찾아본 후 광양여관(光陽旅舘)에서 체
류(滯留) 하는 지국 제씨(諸氏)를 방문하고 약속한대로 무송(撫
松) 현(玄)형의 초대에 응(應)하여 다시 아무개 요정(料亭)에서
오찬(午餐)을 함께하게 되었다.

---

165) 일본인.
166) 최한영(崔漢泳)(1899~1990): 독립운동가로 3·1운동때 광주에서 독립만
    세 운동을 주도하다가 투옥되어 대구 감옥에서 민세와 함께 옥고를 치뤘다.
    1927년 창립한 신간회 광주지회 회원으로 참여했고 광주지역의 원로로 1980
    년 5.18 민주화운동 당시 수습대책위원으로 활동했다.

호은(湖銀)의 김신석(金信錫)[167] 씨의 한라산(漢拏山) 등보(登陟)한 이야기도 듣고 세헌(洗軒)·석초(石樵)·벽산(碧山)과 김창선(金昌鮮) 제씨와 함께 무송(撫松)이 자랑하시는 호남(湖南)의 명창(名唱)을 사계(斯界)에 있다는 아교(阿嬌)들에게 들었다.

여기에서는 동경행진곡(東京行進曲)이니 국경경비가(國境警備歌)니하는 얄궂은 노래란 일체로 없고 조선(朝鮮)의 향토정조(鄕土情操)를 담뿍담은 신구(新舊)의 가곡(歌曲)을 듣는 것이 일락사(一樂事)이다. 열점(點)이 지나매 나는 제씨(諸氏)와 작별(作別)하고 석초형(石樵兄)의 댁에서 온서(穩叙)한 후 하루밤 유숙(留宿)하였다(『조선일보』, 1929년 10월 6일, 4면).

○ 1929년 10월 8일 제1회 경평축구대회 참석 축사

이 날 오후 4시 15분 휘문학교 운동장에서 열린 『조선일보』 주최, 조선체육회 후원 제1회 경평축구대회에 참석해서 축사를 했다.

금년 조선축구사에 일대 기록을 짓고야말 근래 희유의 대접전! 이것은 본사 주최와 조선체육회 후원의 제1회 전경성대전평양 축구대항전이다. 만도의 인기를 통차지하여 8일 오후 4시 15분에 본사 부사장 안재홍 씨의 의미심장한 개회사가 끝난 후 동 4시 20분부터 만인이 기대하던 경평축구대항 제1회전은 평양군 선축으로 개전되어 전반전에 전경성군 최초에 꼴 1점을 득하였고 후반전에는 평양군 분투하여 꼴 1점을 회복하여 1 대 1로 동점 무승부로 종료되었는데 당일의 혈전을 말하는 경과는 다음과 같다.

---

167) 김신석(1896~1948): 호남 은행 전무를 지낸 기업인. 해방후 법무부장관을 지낸 홍진기의 부인 김윤남의 아버지로 이건희 삼성 회장의 부인 홍라희 씨의 외할아버지.

〈사진 11〉 제1회 경평축구대회 (『조선일보』 1929. 10. 8)

8일 오후 4시 20분 휘문구장
주심: 서병희 선심: 김홍렬·박종덕
전평양선축 개전
경기시간 90분간
(『조선일보』, 1929년 10월 10일, 7면).

본사 주최 조선체육회 후원의 제1회 경평축구대항전(第一回
京平蹴球對抗戰)은 예정과 같이 8일 오후 4시부터 시내 원동 휘
문고보(徽文高普) 넓은 운동장에서 본사 부사장 안재홍 씨의 "금
번 경기는 다만 경기회로써만 축복할 것이 아니라 조선의 양대
도회인 평양과 경성 두 도시의 친목을 위하여 서로 심로히 축복
하여 마지 않는다"라는 의미의 간단한 식사로써 그 경기를 열게
되었는데 넓은 운동장의 주위에는 벌써 정각 전부터 각 방면을
망라한 7,000여명 관중이 운집하기 시작하여 예기 이상의 성황

을 이루었는바 양군의 경기는 각각으로 백열화하여 일진일퇴의 형세로 격전한지 1시간 30분에 전반전에는 전경성군이 골 한 점을 얻고 후반전에는 전 평양군이 골 한점을 얻어 결국 1:1의 스코어로 무승부가 되니 때는 동일 오후 6시경이었는 바 이날의 휘문고보운동장에는 긴장된 경기에 손에 땀을 쥔 7,000명 관중의 우뢰 같은 박수소리가 이따금씩 진동하여 이날의 성의를 무한히 축복하는 듯 했다(『조선일보』, 1929년 10월 10일, 2면).

○ 1929년 10월 8일 서석산(瑞石山)의 부감(俯瞰) I

『조선일보』에 광주와 무등산 일대를 답사하고 「서석산(瑞石山)의 부감(俯瞰) 1: 무등산(無等山) 규봉암(圭峰菴)에서」이라는 제목으로 기행문을 기고했다. 이 날 증심사를 떠나 장골재에 올라 산행 중 4~5명의 학생들과 동행하며 서석산 총림(叢林)에 올랐다.

찻시간만 넘겨라! 세헌(洗軒)형의 만류(挽留)하는 말씀이다. 예까지 와서 무등산(無等山)을 안 올라 가느냐? 석초형(石樵兄)의 꾀수는 말씀이다. 27일 아침 좋은 금슬(琴瑟)로 유명(有名)하신 현덕신(玄德信)[168] 부인이 나와 인사하고 세헌(洗軒)도 같이와서 조반을 마친 후에 나는 서울서부터 그윽히 벼르고 온 무등산행(無等山行)을 단행하기로 귀가 솔깃 마음이 돌았다. 결행(決行)이다.
세헌(洗軒)형은 자동차에 향도인(嚮導人)까지 주선하였고 석초(石樵)형은 등산화에 점심거리를 만들어주고 현부인은 직업이 직업이신지라 만일의 필요로 위산(胃散)까지 몇봉 지어주신다.

---

168) 현덕신(玄德信)(1896~1962): 독립운동가 호남 최초의 여의사. 신간회 자매 단체인 근우회 활동을 했으며 광주YWCA 창립에도 기여했다.

세헌과 벽산 두사람은 다망중(多忙中)이고 등보(登踄)의 자신도 적은 듯하고 김창선 씨가 건각健脚)이요 여러 차례의 선험(先驗)이 있음으로 동반(同伴)하였다. 오전 11시가 다되어 석초(石樵) 형과 함께 일행 4인으로 떠난다.

증심사(證心寺)에 다다라서 석초(石樵)는 정양(靜養)하기 위해 떨어지고 향도자(嚮導者)까지 3인이 죽장(竹杖)을 꺾어짚고 우보(牛步)같이 올라간다. 율림(栗林)을 지나 남으로 새인봉(璽印峰)의 우뚝솟은 석대(石臺)를 바라보며 밑으로 송림(松林)이 앙상다부룩한 작은 봉 너머로 지붕도 보임직한 약사암(藥寺菴) 일대의 곱고도 안존한 경치를 내려다만 보고 군데군데 있는 오두막 초가마당으로 지나 동복(同福)으로 넘는 잿길 새로 짓는 산점(山店)앞 돌틈으로 샘에서 나는 물에 마른목 축이고 김덕령(金德齡)이 어려서 세보았다는 두어다랭이 적은 논을 치어다보며 중머리고개 민틋한 봉(峰)에 가서 벌써 눈아래에 내려깔린 화순(和順)·남평(南平) 일경(一境)을 일모(一眸)[169]에 거두면서 잔디를 자리삼아 팔베고 누었다. 여기는 해발 2000척(尺)이 되락말락한데 마치 지리산(智異山) 민새등에서 보는 것같이 박꽃 포기가 삐드름이 들어서고 다소(多少)의 고원미(高原味)가 있다. 산에 나무하러 가는 수많은 지겟꾼들을 앞서 보내고 행심일경(行尋一逕) 올라간다. 장골이재 허리가 잘룩한 중봉(中峰)인데 아래로 서남쪽에 임학(林壑)이 더욱 고와 솔푸르고 골깊숙한 곳에 광주천(光州川) 상류를 이룬 용추폭포(龍湫瀑沛)가 있어서 여름이면 광주여성들의 물맞이터로 청유(淸遊)하는 낙지(樂地)로 되었다한다. 가볼 틈은 없으나 엊그제 밤비에 산물이 더욱 샘의 좌우에서 촬, 촬, 참, 수루루 들리는 물소리가 속정(俗情)을 씻쳐버리라고 속삭이며 지나는듯 더욱 올라가매 시누대·철쭉·진달래의 아직도 푸른잎이 돌틈 덤불사이로 검성드뭇이 널려있어 춘추풍경(春秋風景)이 저절로 초속(超俗)한 바 있음을 알게한다.

169) 한눈에.

지게에 나무베어 장이고 샘물에 다슬기 밥먹고 앉아있는 초동(樵童)에게 산위의 소식을 물으면서 등성에 올라서니 산화(山火)를 방지하고자 도(道)에서 만들은 등성이를 쪽가른 큰길이 거친 풀에 덮혔는데 북쪽으로 먼비탈에 원효암(元曉菴)의 수림(樹林)이 볼만하고 지실이라 하는 정씨촌(鄭氏村)의 번지를 한 지붕들이 멀리보아도 탁탁하며 머리를 돌이키매 안계(眼界)는 더욱 넓어진다.

4~5명의 학동(學童)들이 밥그릇 메고 지껄이며 북봉(北峰)으로 가니 돈없어 박람회(博覽會)에 못간 대신 작반(作伴)하여 탐승(探勝)한 것이다. 소리쳐 불러서 동행(同行)한다. 인왕봉(人王峰)의 말단(末端)인 서쪽 제일봉에도 일부총석(一部叢石)이 깎아괴인듯한데 해발(海拔)은 3천 수백 척(尺)의 경지(境地)에서 비로소 많은 홍엽(紅葉)이 있고 허리가 묻히는 무성한 풀이 널따란 반석(盤石)들을 잠그고 있는데 곳곳이 해사한 산국(山菊)의 꽃떨기는 동떼게 청고(淸高)한 의취(意趣)를 보여준다. 함석지붕으로 된 지장암(地藏庵)이 오른편 언덕 아래에 놓였는데 얼마가니 회백색인 수정장(水晶狀)의 총석(叢石)이 부해금강(部海金剛)을 반공(半空)에 옮겨놓은 듯 기수준초(奇秀峻峭)함이 명상(名狀)하기[170] 어렵다.

이것이 곧 서석(瑞石)의 총림(叢林)으로 무등산(無等山)이 서석산(瑞石山) 된 이유이다. 거석문화(巨石文化)를 탐구(探求)하는 이들의 신석성림(神石聖林)으로 존중(尊重)하는 바이다. 총석(叢石)의 밑창으로 바짝 다다랗다. 해발 3914척(尺)이요 한라산(漢拏山)을 제외하고서는 전남 제일의 고산절정(高山絕頂)이다. 학동(學童)들은 안전(安全)한 길로 돌게한 후 바위옆 꽃장다리 밑동을 더위잡고 낭떨어지로 된 서석(瑞石)의 곧추선 벼랑을 엉큼성큼 올라간다. 아까부터 아침밥에 속이 보깨어 가까스

---

170) 사물의 상태를 말로 나타내다.

로 참고 왔더니 이제는 청상고매(淸爽高邁)한 높은 봉의 호기(灝
氣)[171]에 쌓여 심기일전(心機一轉) 문득 표표(飄飄)한[172] 느낌을
일으키는데 다만 총석(叢石)의 밑창 관목(灌木)의 덤불속으로 돌
아가는 다섯 학동(學童)들의 길찾으며 댕걸대는 소리가 그지없
이 장상애(長上愛)의 미심한 걱정을 자아낸다. 아아 째여진 길로
들어선 어린 벗들이여 잘오는가? 길은 여기에 있다!

본란(本欄) 증심사(證心寺)의 반일(半日) 제하(題下) 광해왕
(光海王) 원년(元年)을 421년이라고 한 것은 300의 오기(誤記)
(1609)입니다(『조선일보』, 1929년 10월 8일, 4면).

○ 1929년 10월 9일 서석산(瑞石山)의 부감(俯瞰) 2

『조선일보』에 광주와 무등산 일대를 답사하고 「서석산(瑞石山)의
부감(俯瞰) 2: 무등산(無等山) 규봉암(圭峰菴)에서」라는 제목으로 기
행문을 기고했다. 서석산 정상에 올라 식물의 분포 상태를 살피고
광주 일대를 조망하며 무등산을 예찬하고 있다.

서석(瑞石)의 꼭대기에 올라섰다. 거인(巨人)의 칼로 단번에
베여내친 듯이 높고낮은 그 많은 총석(叢石)의 머리들이 거의 예
외없이 판판하다. 뜀바위를 지나 학동(學童)들과 합하여 이 총
석(叢石)의 머리로부터 머리에 차례로 순례행각(巡禮行脚)을 한
다. 동남(東南)으로 최고 지점에 가서 삼각대(三角臺)의 묵은 흔
적 옆에 유달리 우뚝솟은 선돌을 곁에놓고 두 무릎 쭉펴서 암상
(岩床)에 앉았다. 양치과(羊齒科)의 고사리풀, 태선류(苔蘚類)의

---

171) 넓고 깊은 기운.
172) 가볍게 날아오르는.

몽근풀, 딸기풀의 둥글고 갸름한 입 디기탈리스의 가냘픈 잎새 하얗고도 청상(淸爽)한 선미(仙味)있는 바위에 붙은 매초(梅草)의 방렬(芳烈)한 꽃과 시방이 한철이라고 만판 벌어진 다부룩한 산국(山菊)이 기교(奇巧) 섬려(纖麗)를 아울러서 최찬(璀璨)한 총석미(叢石美)를 더할 수 없이 장식(粧飾)하였다. 북동(北東)의 산비탈 펀펀한 바닥으로 새빨간 신나무·옷나무·북나무·담작이의 진하게든 단풍(丹楓)과 우아하게 붉어가는 철쭉·진달래 잎이 개염도토리·굴참나무·동백나무 등 아직도 시퍼런 활엽수(闊葉樹)의 즐펀한 관림목(灌林木) 속에 천만점(千萬點)으로 들여박혀 만록총중만점홍(萬綠叢中萬點紅)[173]의 영롱점철(玲瓏點綴)한 광경(光景)이란 상청옥녀(上淸玉女)가 서석(瑞石)에 내려앉아 백척영침(百尺靈針)에 천만척(千萬尺) 청홍(靑紅)실을 꾀여 금심수두(錦心繡肚)를 마음껏 펼쳐 사귀어놓고 바늘끝 갓 뽑고 고대 다시 올라간 듯? 행혀 훗훗하리 바위돌 만져보니 따뜻한 볕에 매지근한 돌이 살에 닿아 다정(多情)하다.

오늘 비 개인후(後)의 가을 날이 맑고도 고요하여 4천척(尺) 높은 봉(峰)에 따뜻한 해가 등을 쪼이고 자고 있는 바람에 나뭇잎도 움직이지 않아 등산자(登山者)에게 알맞은 기후(氣候)인데 연광정(鍊光亭) 밝은 달에 꿀찍어 떡먹는 몰풍치(沒風致)한 유람객(遊覽客) 본으로 원시시대(原始時代)에 되돌아가 돌쪽으로 과실(果實)을 빠개여 어른도 한쪽 아이도 한쪽 산하경개(山河景槪) 살펴보며 흥에 취(醉)해 이야기한다.

서(西)으로 광주읍(光州邑)의 다닥다닥한 시가지(市街地)가 인세(人世)의 악착한 성패(成敗)도 한바탕 웃음으로 후끈 돌아가는데 나주(羅州) 금성산(錦城山)·장성(長城) 백양산(白羊山)·담양(潭陽) 추월산(秋月山)·화순(和順) 백아산(白鴉山)·영암(靈岩) 월출산(月出山)의 모든 산(山)이 우뚝잘룩하게 창해풍도(蒼海風

---

173) 푸른 잎 덮인 가운데 붉은 꽃이 가득함.

濤)를 안개속에 구부려보는듯 동남(東南)으로 지리산(智異山) 연봉의 방전웅대(磅礴雄大)한 꼴이 하늘에 닿아 그 장엄(莊嚴)을 극(極)하고 적벽(赤壁) 지불(砥不)의 똘같은 강(江)과 서부 전남 12군의 도수구(都水口)로 되는 영산강(榮山江)의 흰깁같은 물이 산영(山影)과 함께 영대(映帶)하면서 남쪽으로 목포(木浦)바다 명랑담백(明朗淡白)한 물나라의 광경(光景)이 구름과 연기 표묘(標渺)한[174] 중간(中間)에서 한껏 그 정원(靜遠)한 기백(氣魄)을 돕는데 오직 서북(西北)으로 영광(靈光) 법성(法聖)의 저쪽 칠산(漆山)바다 넓은 물이 아지리는 운무(雲霧)속에 쉽사리 그 허광(虛曠)한[175] 기세(氣勢)를 들어내지 않는다. 아아! 장관(壯觀)이다. 산악미(山岳美)를 보는데 연기별(年期別)이 있으니 뾰죽뾰죽 치솟은 봉(峰)에 암석(岩石)이 괴려(瑰麗)하고 계곡(溪谷)이 윤활(潤滑)하여 보드러운 곡선미(曲線美)가 황홀(恍惚)하게 사람의 정(情)을 끄는 것은 묘령(妙齡)의 처녀미(處女美)요, 우룽트룽하게 위봉(危峰)이 찬축(攢矗)한데[176] 험상(險相)스러운 암층(岩層)이 천인단애(千仞斷崖)도 이루며 어웅한[177] 계곡(磎曲) 속에 독룡(毒龍)이 춤추는 듯한 것은 쇠년(衰年)인 노옹미(老翁美)일 것이다.

궁융고대(穹隆高大)하다고 예전부터 일컬어오는 웅혼전려(雄渾典麗)한 토산(土山)으로 된 무등산(無等山)이 곳곳에 반석(盤石)이 있고 등성이에 오칠리총석(五七里叢石)을 내뽑어서 직절상(直節狀)으로 된 최찬(璀璨)한 암석미(岩石美)가 웅혼(雄渾)함에 다시 참암(巉巖)한[178] 기골(氣骨)로써 하니 이는 장년기(壯年期)의 돈후장중(敦厚莊重)한 국사미(國士美)가 아니면 중년기(中年期)의 전후청숙(典厚清肅)한 숙여미(淑女美)인 자(者)일 것이다.

---

174) 아득하게.
175) 텅비어있음.
176) 우뚝솟아.
177) 굴이나 구멍이 쑥 들어간.
178) 바위가 가파른.

오! 요조(窈窕)한 미인(美人)이여! 홀홀(忽忽)히 두고 가기에
는 군자(君子)의 발자국이 잣디디어지지 아니할 수 없다. 4~5의
학동(學童)들이 단풍든 숲속에 들어 새빨간 열매돋친 가지도 꺾
고 푸른잎 너울너울 고산식물(高山植物)의 숙근초(宿根草)도 뽑
으면서 가져다가 교정(校庭)에 심을 공론하는 것은 애교(愛校)의
마음이 자별(自別)한 것이요, 바위돌 반지를 한뺨에 명자(名字)
를 새겨두고 갈 걱정도 한다. 이애들은 큰자(者)가 열두살 작은
아이 여덟 살로 벌써 사천척(四千尺)의 고산절정(高山絶頂)을 밟
았으니 유년자부(幼年自負)의 마음이 자취라도 남겨두고 가려는
어여쁜 심사(心事)에서 나온 것이다.

이 아이 둘은 봉남용남(鳳男龍男) 형섭순종(亨爕順宗)의 최씨
형제(崔氏兄弟)의 두패와 김재수(金在洙)라는 한 사람으로 광주
공보(光州公普)에 재학중(在學中)이라한다. 다망(多忙)한 뜬세
상 생활(生活)에 일일한(一日閑)을 훔쳐서 이 순진(純眞)한 벗들
과 고산절정(高山絶頂)에 노는 것도 또한 일대(一代)의 승사(勝
事)인가? 우으로 명랑(明朗)한 창궁(蒼穹)[179]을 울얼르고 아래로
장려(莊麗)한 산하(山河)를 굽어보며 곁으로 인생(人生)의 꽃인
순진(純眞)한 어린이를 어루만지는데에 회회(恢恢)한[180] 회포(懷
抱)가 비길데 없다.

(『조선일보』, 1929년 10월 9일, 4면).

○ 1929년 10월 12일 서석산(瑞石山)의 부감(俯瞰) 3

『조선일보』에 광주와 무등산 일대를 답사하고 「서석산(瑞石山)의
부감(俯瞰) 3: 무등산(無等山) 규봉암(圭峰菴)에서」라는 제목으로 기
행문을 기고했다. 하산길에 무등산 입석지대를 답사하고 임진왜란

---

179) 맑고 푸른 하늘.
180) 넓고 큰.

기 의병장 김덕령을 추모하며 쇠락한 규봉암을 지나 광석대를 돌아
보고 무등산 지역의 거석문화에 대한 의견을 피력했다.

내가 으–째서 꺼울어저야아?
나는 안 꺼울어저야아!

천왕봉(天王峰)이라고 하는 서석산(瑞石山) 제일봉에서 산하
(山河)의 부감(俯瞰)[181]을 마음껏하고 김군(金君)이 선두(先頭)에
학동(學童)들은 중군(中軍)으로 향도자(嚮導者)와 나는 전군(殿
軍)[182]으로 동남(東南)의 비탈로 하산(下山)한다. 자못 평탄(平
坦)한 길이지만 작은 아이들은 왕왕(往往)이 엎들어진다. 엎들어
지는 자와 안 엎들어지는 자(者)들 사이에 자만(自慢)의 문답(問
答)이다. 중로(中路)에서 따먹고 남긴 머루의 넝쿨을 보았다. 현
부인(玄夫人)이 향도자(嚮導者)에게 부탁(付托)하는 머루·개염·
다래 등의 산과(山果)를 하나도 못얻어가는 것이 생각되었다.

머루–ㅇ게라우?
머루 산(山)에 많이 있어라우
많이 따먹었어라우

후딱후딱 달아나며 이처럼 주고받는 이땅의 어린이들의 곱고
도 가느단 말솜씨란 고저(高低)가 운(韻)에 맞고 억양(抑揚)이
율(律)에 합(合)하여서 거연(居然)히 조그만 예술가와 노는 맛
이 있다. 등성이를 오른쪽으로 두고 한참 내려와 문득 다시 일부
총석(叢石)이 체세(體勢) 더욱 수직(垂直)한 자를 만나니 이는
무등산(無等山) 입석(立石)으로 유명한 자(者)이다. 높은 것이

---

181) 높은 곳에서 내려다 봄.
182) 대열의 맨뒤에 따르는 군대.

40~50척(尺), 얕은 것이 10 수척(尺)으로 허구(許久)한 풍화작용(風化作用)에 동강저 금이 갔으되 그대로 포개 놓인 자, 옆으로 씰긋 빗긴자, 마치 거대(巨大)하고 둔백(鈍白)한 수정림(水晶林)을 연상(聯想)하는 바 있다. 곁으로 곳곳에 모닥불 놓은 터에 검은 재가 아직도 흐러지지 않은 것은 고신도(古神道)의 여운(餘韻)을 따르는 자들이 불을 놓아 천제(天祭)를 드려 비도(悲悼)[183]의 복도 아울러 빌은 자취인 듯.

서석(瑞石)의 머리마다 깨끔 뛰어다니면서 돌위에 돌을 포개 놓은 것이 충장공(忠壯公) 김덕령(金德齡)의 옛자취이라고 향도자(嚮導者)는 모든 것을 들어 김충장(金忠壯)의 전설(傳說)로써 설명한다. 원효암(元曉菴) 뒷봉우리에 주검(鑄劍) 등이 있고 지실의 동남(東南)으로 당시엔 석저촌(石底村)인 충효리(忠孝里)가 있어 김충장(金忠壯)이 생어사장어사(生於斯長於斯) 사어사(死於斯)[184]의 수많은 일화(逸話)와 전설을 남긴 것은 무등산(無等山)을 아는 자의 누구나의 추억거리가 되는 것이다.

풍신수길(豊臣秀吉)이 침입을 하느니 안하느니 이순신(李舜臣)이 옳으니 그르니로부터 김덕령(金德齡)이 충(忠)이니 역(逆)이니 나수(拿囚)[185]한다 친국(親鞫)한다가 모다 허망(虛妄)과 구함중상(搆陷中傷)[186]과 배제(排擠)의 사적(私的)인 불순(不純)한 당쟁파쟁(黨爭派爭)에서 나왔다는 것은 시비를 말하는 것이 입내내는 것 쯤 보이는 일이어니와 오늘날의 국면도 의연(依然)한 구설(口舌)의 당화(黨禍)의 연장(延長)인 것같은 사회실정에 돌아보아서는 아파 찡그리고 엎어져 울면서 순정대로 표현하고 홍옥(紅玉)같은 가을열매를 한가지 꺾자고 어리광하며 바쁜 길 돌아서는 어린이 동도(東途)들이 한층더 귀여웠다.

---

183) 사람의 죽음을 슬퍼함.
184) 이곳에서 태어나 자라고 죽음.
185) 죄인을 잡아 가둠.
186) 터무니없는 모략.

이윽고 동봉(東峰)의 밑창을 한참돌아 수십 장(丈) 선돌이 둘려서 한 성곽(城廓)을 형성한 곳에 다다르니 인십대(仁十臺)의 표목(標木)이 적이 빈약하고 속야(俗野)하나 퇴락(頹落)해진 규봉암(圭峰菴)의 두어채 집이 오히려 행객(行客)의 자취를 머무르게하니 여기는 광석대(廣石臺)의 총석(叢石)으로 일산(一山)의 기승(奇勝)을 대표(代表)하는 곳이다. 깎아세운듯한 거대한 암석이 숭엄(崇嚴)하게 치받은데 고송(孤松)이 돌머리에 늙고 산앵(山櫻)의 취(醉)한 잎이 벼랑옆에 번득이는데 자연석(自然石)대로 베어놓은 크고 작은 석탑(石塔)이 간격(間隔)좋게 놓였는데 그 따로 선 '선돌'에는 능엄(楞嚴) 법화석(法華石) 풍혈등(風穴等)의 십대(十臺)의 명칭(名稱)이었으며 중앙으로 가장 큰 삼존석(三尊石)은 관음존(觀音尊)이 우뚝하게 그 주축(主軸)을 지었으니 고대사회(古代社會)에 있어서 태양숭배로부터 생식기숭배(生殖器崇拜)에 생식기숭배(生殖器崇拜)에서 선돌 숭배(崇拜)에 그리하여 부동상임(不動常任)하는 여래신(如來身)으로서의 숭배(崇拜)로 전화변천(轉化變遷)한 신앙생활의 지내온 자취를 여기서 많이볼 것이요 무등산(無等山)이 거석(巨石) 문화연구상(文化研究上)으로 봐 성지신역(聖地神域)같이 추중(推重)되는[187] 이유를 짐작할 것이다.

학동(學童)들은 광석대(廣石臺) 넓은 돌에 앉혀두고 다시 층암(層岩)을 기어올러 풍혈대(風穴臺)의 기승(奇勝)을 밟기로 한다. 수간석성(數間石城)으로 석문(石門)을 떼인 데를 지나 암층(岩層)으로 돌기 수십보에 엎드려 암혈(岩穴)로 빠져 배로 다리를 대신하며 틈이 죽죽 벌어 밑창이 어웅하게 보이는 암옥(岩屋)의 위에 나앉으니 화순(和順) 동복(同福)의 일경(一境)은 의연히 안하세계(眼下世界)요 만일 맑은 밤 깨끗한 달 아래에 내리는 물에 발씻고 이 위에서 놀았으면 연하일민(煙霞逸民)을 활화(活畵)로

---

187) 높이 받들여져 귀하게 여기다.

그리겠다(『조선일보』, 1929년 10월 12일, 4면).

○ 1929년 10월 12일 무진왕국설(武珍王國說)

『조선일보』에 광주와 무등산 일대를 답사하고「무진왕국설(武珍王
國說): 무등산(無等山) 떠나면서」이라는 제목으로 기행문을 기고했
다. 고대사 연구에서 언어학적, 고증학적 연구의 필요성을 강조하고
무등의 어원은 무당 혹은 고어의 전와(轉訛)로 보고 있다. 무등산의
고대 신앙적 가치를 높이 평가하고 있다.

　　풍혈대(風穴臺)의 준초(峻峭)한 꼭대기를 더듬고 내려서 규봉
암(圭峰菴) 승방(僧房) 마루에 앉아 빵을 나누어 일행이 요기(療
飢)하고 수십척 암벽에서 내려흐르는 물에 홈을 대여 석조(石槽)
에 받는 석간수(石間水)를 받아서 두 대접 들이키고 서산에 걸린
석양(夕陽)에 서석(瑞石)이 있는 천왕봉(天王峰) 밑창을 서남(西
南) 비탈로 돌아 장골이재로 넘어 증심사(證心寺) 길을 급작인다
　　규봉사(圭峰寺)가 고래(古來)의 명찰(名刹)로 의상(義湘)의 창
(創)한 바라하니 증심사(證心寺)와 거의 개중(個仲)하고 도선(道
詵)이 이곳 은신대(隱身臺)에 앉아 저 송광산세(松廣山勢)를 살
핀 후에 송광사(松廣寺)를 개창(開創)하였다는 전설(傳說)이 있
으며 기타의 고승대덕(高僧大德)으로서도 이곳에 주석(駐錫)[188]
한 이 적지 않다고 한다. 불교상으로 보아서 다수(多數)한 사원
(寺院)을 두고 구법자(求法者)의 귀의안서(歸依安捿)하든 일대영
장(一大靈場)으로 되었던 것은 오히려 근고(近古)의 일이지만 홍
황(鴻荒)[189]의 세(世)는 제쳐두고 지업어이 · 지엄어이니(후에 부

---

188)　승려가 입산하여 안주함.
189)　중국 고대 전설상의 제왕으로 곡물 재배를 가르치고 문자를 보급함.

부(夫婦)의 어의(語意)로 바뀜. 남녀 족장정치(族長政治) 또는 추장정치(酋長政治)의 시대(時代)로부터 마을지, 머리지, 신지, 업지의 촌장(村長) 막리지신지(莫離支臣智) 읍차(邑借) 등을 중심으로 한 부족국가(部族國家) 또는 부족연합국가(部族聯合國家)로 진보전환(進步轉換)되며 사회생활(社會生活)도 수렵시대(狩獵時代)·목축시대(牧畜時代)·농경시대(農耕時代等) 등의 소위 원시공산제도(所謂原始共産制度)의 몰락(沒落)되던 때로부터서의 상태(狀態)로 전변(轉變)된 후(後) 하늘의 태양 또는 대지(大地)의 숭배(崇拜) 그리고 조선고유(朝鮮固有)의 산악숭배(山岳崇拜)의 관념(觀念)과 한가지 영산(靈山)과 선돌의 숭배(崇拜)는 자못 장구(長久)한 역사(歷史)를 가져서 오늘날까지 그 여맥(餘脈)을 남긴 것이니 기·지·치·시까지가 모두 당시(當時)에 있어서는 군공후(君公候)등의 장상(長上)과 공민(公民) 혹은 귀인계급(貴人階級)인 지배자(支配者)로서 오늘날 소위 각종의 특권을 누리던 자들의 명칭이 되었던 것이다.

이에 관하여 조선고문화(朝鮮古文化)의 천명(闡明)과 이를 통해 본 인류고대사회의 형태를 검토하는데에 좋은 언어학적 또는 고문헌(古文獻)에 의한 고증(考證)의 재료가 되는바이요 서석(瑞石) 입석(立石)과 광석대(廣石臺)의 삼존석십대석(三尊石十臺石)의 꿋꿋하고 헌걸차서 부동상주(不動常住)하는 구원생명(久遠生命)의 표상으로도 되고 민물생식(民物生殖)의 중요한 기관처럼 된 자연의 물태(物態)가 원시적인 인류신앙의 대상으로 되어온 과학적인 해석을 시인하게 하는 바이다.

무등산(無等山)의 어의(語意)가 무등(無等)이란 한자의 훈의(訓意)와도 관련된다고 못볼바는 아니나 고신도(古神道)의 중요 직능을 가진 무당의 어의(語意)에서 나왔을 것이 하나요, 남쪽 '지'국(國) 의 진산(鎭山) 혹은 그 영산(靈山)으로서 '마지앙' 산(山) 등과 유사한 고어(古語)의 전와(轉訛)[190]라고도 볼 것이니

---

190) 어떤 말이 본디 뜻과 달라져 굳어짐.

무등산(無等山)의 고명(古名)이 백제시대 무진악(武珍岳)인 것이
그 흔적이요. 광주(光州)의 고호(古號)가 무진주 (武珍州) 혹은
노지(奴只)로 된 것 등에 비추어 정씨세거(鄭氏世居)의 대촌(大
村)인 '지실'도 공성(公城) 혹은 지성(支城) 등의 족추장정치(族
酋長 政治) 혹은 추장정치(酋長政治) 시대로부터 부족국가시대
까지의 '지' 혹은 '기'의 도시로써 오래동안 변하지 않는 명칭을
남긴 것일 것이다.

'지실'이 원시적인 소추장(小酋長)의 도시로서 서석(瑞石)·입
석(立石)·광석(廣石) 등에 대한 고종교의식(古宗敎儀式)의 거행
자(擧行者)의 궁원(宮苑)으로 되어왔고 그를 중심으로 소소(小
小)한 촌락(村落) 혹은 부락정치(部落政治)의 중심지를 형성한
기간이 천세(千歲)되었다 하면 무진주(武珍州)인 광주(光州)의
넓은 원야(原野)에서는 남지국(南支國)인 무진(武珍) 나라의 공
후(公侯)를 중심으로 이 부근 열읍(列邑)에 걸쳐서 부족국가 혹
은 부족연합국가의 세습추장(世襲酋長)으로부터 진보된 문명시
대 초기의 국가의 형태를 구비한 군장(君長)을 중심으로 한 정치
경제(政治經濟)와 각종 사회생활의 중심지로 은연(隱然)한 일개
왕국을 형성하였던 것과 아울러서 무등산(無等山)의 신앙적 가
치도 더욱 진화·확대(擴大)되었던 것을 추단(推斷)할 것이다.

이제 무등산(無等山)의 동남(東南)에서 발원(發源)하고 화순
(和順) 일경(一境)을 관류(貫流)하여 영산강(榮山江)에 들어가는
지불강(砥不江)의 '지불'도 공성(公城) 혹은 군성(君城)의 어의
(語義)를 가진 것이 명백하니 사벌국(沙伐國)이 상주(尙州) 일경
(一境)에 있고 실직(悉直)(셋지)국(國)이 삼척(三陟)에 있던 전후
에서 무진국(武珍國)의 군장공민(君長公民)들이 무등산(無等山)
을 주축(主軸)으로 그 독특한 문화를 건설하고 있었던 것을 방불
(彷彿)하게 생각할만 하다.

여기에 관하여 따로이 일가견(一家見)이 될바임으로 이에서
용설(冗說)함은 도리어 무용(無用)할것이요, 이 산에 등림(登臨)

하고 자연(自然)의 경상(景象)에 접촉(接觸) 함에 의하여 이 견해
가 더욱 미덥다. 일행은 오후 6시가 되어 증심사(證心寺)에 도착
하여 자동차를 재촉하여 광주읍(光州邑)에 들어와 학동(學童)들
을 돌려보내고 제씨와 바삐 작별한 후 다시 송정리(松汀里)까지
전송(餞送)하는 이 지역 제씨를 뒤로두고 처음으로 지인무몽(至
人無夢)의 단잠자는 하루 밤을 차중(車中)에 가지면서 일로(一
路) 경성(京城)에 들어왔다(끝)(『조선일보』, 1929년 10월 13일,
4면).

○ 1929년 10월 16일 정신적(精神的) 병합(倂合) 문제

『조선일보』에 「소위 정신적 병합문제」라는 제목으로 글을 썼다. 한
일 강제병합 이후 조선의 발전에 대해 이야기 하는 일본 통치당국에
대해 조선인과 일본인은 인종적으로 엄연한 사실이며 차별적이고
대립되는 관계에서 조선인은 일본에 대해 원한의 태도를 가지고 있
다는 사실을 직시할 필요가 있다고 강조하고 있다.

조선박람회(朝鮮博覽會)가 현대 특수한 정치구역으로 된 조선
에 있어서 중요한 역사적 사실로 의의(意義) 부치려고 하는 것은
주의할 일이다. 14일 오후 아옥(兒玉) 정무총감(政務總監)의 '조선
(朝鮮)의 금석(今昔)'이라고 조선박람회 기념강연으로 방송한 말
가운데 생산물 총액이 합병 당시 연액(年額) 겨우 2억 7천만 원
이던 것으로부터 최근 20억 원을 돌파한 것 무역액이 6천만 원에
서 7억 8천만 원을 넘어간 것, 마부(馬夫)에 의한 교통이 자동차
가 각지에 종횡(縱橫)하게된 것, 철도가 2천리에 달하려는 것, 우
편저금이 3백 2십만 원에서 3천 7백만 원에 달한 것, 은행예금도
천팔백만원에서 2억 4천만 원에 달한 것, 제국대학 이하 소학교가

있는 것, 기타 사회사업이 매우 구비(具備)해진 것 등을 열거하여 그 진보발달의 정도가 대개 상상 이상 인것을 역설하였다.

여기에서 차금(借金)을 하면서까지 남녀노유(男女老幼) 학생들이 홍수같이 박람회로 밀려오지 아니하면 안 될 사정과 이 기회에 있어 조선고제왕(朝鮮古帝王)의 궁전인 근정전(勤政殿)을 회장으로 그들의 각종 회합이 빈번·강대하게 거행되는 이유가 해석되는 것이다. 그러나 그것은 다만 물질상의 진보를 탄상(嘆賞)하게 함에 그치게 함이 아니니 아옥(兒玉) 씨는 이래 20년 형(形)의 상(上)으로 병합(倂合)의 호과(好果)가 날을 쫓아 향상하는 것을 말하고 다시 나아가서 정신병합(情神倂合)의 실(實)을 들어내어 마음의 일치와 종합(綜合)을 온전히할 것을 고조(高調)하였다.

우리는 물질상의 진보경제방면의 발전을 부인할 몽상을 가지지 않는 것은 물론 이것을 저주함도 무용(無用)함을 안다. 더우기 토지·산업·무역·교통과 우편·은행저금 등 민족적 소유별(所有別)을 이에 다시 열거·지적한다든지 일본인 본위로 되어가는 각종 고등교육기관의 현황을 들어 예(例)에 의한 조선인의 불평쯤을 되풀이할 필요도 없다. 다만 조선위정 당국이 조선인의 농촌경제에 중대한 동요를 일으키는 것도 고려하지 않으면서 이 물질상의 진보에 경탄하는 채로 그대로 정신적 병합의 길에 촉진하게 하려는 본의는 이로써 명백하게 된다. 그러나 이 점에 관하여는 적본적반대론(敵本的反對論)을 떠나서도 다시 숙려(熟慮)할 필요가 있을 것이다.

아옥(兒玉) 씨의 강연과 함께 음미할 만한 것은 이번 경성에서 열린 중앙조선협회(中央朝鮮協會)에 대하여 회장인 판곡방랑(阪谷芳郞) 씨의 메시지 내용이다. 조선의 물질적 진보가 합방 이후 자못 큰 사실은 명료히 금회의 박람회로써 입증된 것을 부연하여 물질적으로나 정신적으로나 합일(合一)하여야 할 것을 반복하여 논하였다.

요컨대 소위 정신적 병합설과 이신동체(異身同體)의 논(論)이다. 판곡(阪谷) 씨는 모처럼 세계를 놀랠쯤의 급속한 물질적 진보도 이들 조선인의 처지와 일본인의 처지와를 구별하여 생각할 때는 조선인의 통계상의 숫자에 있어서는 반드시 꼭 만족을 표하지 아니할 것이다고 하여 이 점에서 불만족이 있으면 어찌하여 그 불만을 구치(救治)할 수 있을 것인가의 방법을 고구실행(考究實行)하지 않으면 안 될 것을 주장하였다.

우리는 기성 세력층을 대표하는 일본인에게 이 이상의 말을 듣기를 예기(豫期)한 적이 없으므로 이에 대하여 포폄(褒貶)[191]을 가할 필요를 인정하지 않는다. 그러나 조선인과 일본인을 인종적으로 구별하여 관찰하는 것은 현대에 있어서 편협한 국견(局見)이 아니요 엄연한 사실을 표시하는 형태로서 대립되어 있는 것이다. 여기에서 현실의 중대한 갈등이 생겨나는 것이고 조선문제가 문제로 걸려있는 이유이다.

조선의 발전이 일본인을 주인으로 한 발전이어서 향토주인인 조선인으로서는 지위전도(地位顚倒)의 처지에 있고 이러한 엄연한 대립관계의 생장발전(生長發展)은 조선인으로 표현되지 않는 원차(怨嗟)와 절망적인 암흑(暗黑)한 심리를 가지게 되는 것이요, 이에 반비례로 생장되어 가는 일본 관민(官民)의 존대적 또 경모적(輕侮的) 태도가 정치적으로 전연히 해장(解裝)된 조선인의 위에 군림하는 것이다. 현실의 정치의 불행한 특징은 발전의 반면에서 쇠퇴해가는 조선과 절망적인 암흑한 심리를 가지면서 표현이 금알(禁遏)[192]되고 있는 민중과 현하 장엄한 진정된 표면의 평온으로 호도적(塗糊的)인 낙관을 하려는 통치당로(統治當路)들의 성의없는 또는 현명하지 아니한 태도 등으로써 표기되는 것이다. 그러나 조선인은 그의 민족적 개성의 존중과 민중적 생존의 안전을 희구(希求)하나 이를 말하지를 못한다. 이 두 개

---

191) 칭찬과 나무람.
192) 눌러 막음.

의 조건을 무시하는 것은 선의(善意)의 공상(空想)으로 될 것이
다(『조선일보』, 1929년 10월 16일, 1면).

○ 1929년 10월 19일 제1회 경성소년축구대회 참석

이 날 오후 1시 15분 선인상업 운동장에서 열린 경성소년축구대회
에 대회장을 맡았고 참석해서 축사를 했다.

경성소년축구는 만반 준비가 정돈되어 19일 오후 1시에 청엽
정 선인상업운동장에서 입장식을 거행하고 1시부터 경기를 개
시할 터이며 20일에는 오전 9시부터 개시할 터인데 대회 임원은
다음과 같다.

대회 회장 안재홍
위원장 정홍교
본부위원 오덕연 외 제씨
심판부 조선아식축구심판회 담당
구호부 중앙의원 김교정
경호부 조선소년군재경호대 홍제소년군
(『조선일보』, 1929년 10월 10일, 7면).

○ 1929년 10월 19일 오후 1시 제1회 경성소년축구대회 참석 축사

조선소년연맹(朝鮮少年聯盟)주최와 본사 후원의 제1회 경성
소년축구대회(京城少年蹴球大會)는 예정과 같이 19일 오후 2시
30분부터 용산 선린상업학교(善隣商業學校)운동장에서 개최 되
었다. 이날 소년학교와 소년단체의 참가는 전부 12팀으로 (13팀

중 흥동소년단(興東少年團)이 기권) 발발한 기상에 넘치는 소년 용사들은 일찍부터 운동장에 이르러 연습에 혹은 경기 준비에 분망한 가운데 정각 전부터 모여드는 관중들은 너른 운동장에 넘치어 경기가 시작될 때를 기다리고 있었다.

오후 2시 30분에 입장식을 본사 부사장 안재홍(安在鴻) 씨의 뜻깊은 개회사로써 마치고 동 2시 50분부터 제1회전으로 소학교 공옥(攻玉) 대 흥동(興東)으로 유호기 씨의 주심으로 경기가 개막되었다. 서울소학 운동계에 그 이름을 날리는 공옥학교와 연강(沿江)에서 가장 용감하고 그 경기가 우수한 흥동 소학교의 양군의 접전인 것만큼 쌍방의 승부는 일진일퇴하여 동 오후 3시 50분에 이르러 1 대 1로 승부를 결정하지 못하고 다시 시간을 연장하였으나 역시 2 대 2로 승부가 없이 두 번째 연장하여 4시 20분까지 내리는 비를 맞고서 대격전을 연출하였으나 결국 3 대 3으로 승부를 내지 못하고 다시 20일 정오부터 연장전을 시작하기로 하고 4시 50분에 끝을 막은 후에 그 다음 일반 소년팀인 조선소년군과 시천교(侍天敎) 소년군의 대전으로 제2회전이 시작되었으나 결국은 시천교군이 3점을 얻어 3 대 0으로 시천군이 우승한 후에 5시 30분에 제1회의 경기는 끝을 막았다.

(『조선일보』, 1929년 10월 21일, 2면).

〈사진 12〉 제1회 경성소년축구대회 (『조선일보』 1929. 10. 19)

○ 1929년 10월 22일 배일반대(排日反對)와 감봉반대(減俸反對)

『조선일보』에 「배일반대(排日反對)와 감봉반대(減俸反對) : 일본인의 시위운동」이라는 제목으로 글을 썼다. 일본인과 그를 대표하는 권력계급 사람들과 위정당로(爲政當路)의 사람들은 조선인의 부르짖음과 요구하는 시대의 소리에 대하여 귀를 기울인 바 없었음을 비판하고 있다.

1924년 봄이다. 카나다의 배일운동도 그 극단에까지 간 뒤를 이어 미국(米國) 상하 양원은 동양 유색인의 입국 거절에 관한 이민법안을 상정하여 그 결과로 배일적(排日的)이나 마찬가지의 정치적 귀추(歸趨)를 나타내게 되었다. 당시 식원대사(埴原大使)의 공문중에 중대한 결과라는 부주의한 문자가 미국 배일정치가란자들의 이용하는 바로 되어 도리어 미국 일반 인사들의 적개심을 일으켰고 그 결과 배일이민법안이란 자가 예기한 대통령의 거부도 없이 상하양원을 완전히 통과되던 때였다. 그때 일본은 지식계급의 논객(論客)·투사(鬪士)를 중심으로 위로는 귀현(貴顯)[193]과 아래로는 무산노동계급에 미치기까지 전국적인 큰반대운동이 일어났다. 그들이 정의와 인도(人道)를 부르짖고 국욕(國辱)을 비분(悲憤)하고 미국의 불법을 규탄하려할 때에 노골적이 아닌 대신에 매우 침통·비통하고 장엄한 광경조차 드러냈다. 그들은 거연히 국민적 정화의 경향도 나타낼 듯 실로 희유(稀有)하고 웅대한 사극(史劇)도 발전시킬 듯했다. 이러한 것은 저절로 숭고한 동정과 경의를 표한 순수한 정감으로 대할만 했다. 압박받고 군축(窘逐)되는[194] 약자의 처지에 있어서 맹연(猛然)·의연(毅然)히 반대하는 것은 무형(無形)한 장엄웅대(莊嚴雄大)한 예

---

193) 지위가 높고 귀한 사람.
194) 가난해서 쫓겨남.

술이라고 하겠다. 그러나 그러한 일본인과 그를 대표하는 권력
계급 사람들과 위정당로(爲政當路)의 사람들은 조선인의 부르짖
음과 요구하는 시대의 소리에 대하여 귀를 기울인 바 있었던가?

빈구(濱口) 긴축(緊縮) 내각이 성립된 이래 여러 가지 삭감·연
기·절약의 안(案)이 그 선성(先聲)을 냈고, 관리감봉안(官吏減俸
案)이란 자가 명년(明年) 1월부터 단행되기로 발표되었다. 동경
(東京)의 검사단(檢事團)이 필두(筆頭)로 전일본의 각방면의 사
법교육과 교통과 일반의 봉급을 먹는 식자적(識者的)인 노동계
급의 사람들은 일체로 일어나 반대와 규탄의 봉화(烽火)를 들었
다. 수량으로 도리어 전인민의 한 작은부분이지마는 그들이 모
두 현대 일본에서 중견세력을 형성한 식자층(識者層)으로 자기
들에게 이해 관두(關頭)[195]한 일이었으니만치 그 성랑(聲浪)[196]
의 큼과 옹호(擁護)의 넓음이 반대정당의 조세(助勢)와 한가지
예상 이상으로 확대되었다. 그들의 태도는 비참울분(悲慘鬱憤)
으로 형용하게 되었다. 그리하여 조선으로 대만으로 관동주(關
東州)로 각지를 아우른 그들의 부르짖음은 진지백열(眞摯白熱)
을 극(極)하려 하였다.

무슨 소동이냐? 요컨대 일년 기백원(幾百圓)으로부터 적으면
기십원(幾十圓)의 급료(給料)의 문제이다. 돌로 빵을 만들 수 없
는 이상 무사(武士) 먹지 안해도 긴 이쑤시개[197]라는 봉건적인
우월·존대의 풍(風)은 땅을 쓸어 없어진 것이다. 이는 당연하다.
그러나 그들의 문제는 비감(悲感)과 강개(慷慨)의 초점이 결국
좀더 유족(裕足)하냐 그렇지 않으면 빈소(貧素)한 생활을 하느
냐?의 문제쯤이다.

그러나 이 문제가 그다지 중대·격렬·철저하려는 것이었다.
감봉안(減俸案)의 철회는 어떤 형식으로든지 그 질(質)로서는

---

195) 중요한 시기.
196) 세간의 평.
197) 무사 계급의 허세를 비판.

거의 확정적(確定的)인 것이다. 일본인 제군(諸君)은 이러한 미
소(微小)한 가계부상(家計簿上)의 문제로도 오히려 웅맹(雄猛)
한 생존의 부르짖음을 하지 않는가? 그러나 그들이 조선인의 그
의 전도암담(前途暗澹)함을 근신하는 조선청년의 부르짖음과 그
의 표현되지 못하는 심각한 자위적(自衛的)인 요구에 대하여 무
슨 인간적인 동정감(同情感)은 이해의 경향만이라도 가졌던가?
그들은 실로 그의 문간(門間)에서 흘러 떨어지는 부스레기를 주
워먹는 라자로에게 대하여 또 아무 감상(感想)과 동정(同情)과
고려(考慮)도 요하지 않는 유태(猶太)의 바리사이적 부자와 같
은 자들이다. 이 심리의 소유자들로서 대표되는 현하 일본은 항
상 편협한 맹목적인 국가적 이기심(利己心)에 끌리는 것이다. 일
본인 제군(諸君) 그 반성할 필요가 있지 아니한가?(『조선일보』,
1929년 10월 22일, 1면).

○ 1929년 10월 31일 조선어사전 편찬회 발기인

〈사진 13〉 조선어사전 편찬발기인회 (『조선일보』 1929. 10. 31)

이날 오후 7시 조선교육협회 회관에서 열린 조선어사전 편찬회

발기인 행사에 참석해서 축사를 했다.

　지난 31일(음력 9월 29일)은 이제부터 3년 전인 병인년부터 우리 조선 민족이 다같이 기쁘게 지킬 명절로 작정하고 해마다 지켜 나려오는 '가갸날'이니 이날은 곧 우리 역사상 대성주(大聖主) 세종대왕(世宗大王)께옵서 훈민정음을 우리에게 반포하여 주신 날이다. 눈이 있어도 보지 못하고 뜻이 있어도 펴지 못하던 우리로서 이 글을 받음으로부터 눈을 떠서 보게 되며 뜻을 펴서 나타내게 되니 이에 비로소 우리의 생명이 있게 되며 따라서 우리의 존재를 알리게된 것이다. 그러므로 아무것도 가지지 못한 우리로서는 그래도 남의 앞에 무엇을 내어 보인다면 이 글 하나 밖에는 없을 지니 이 기념이야말로 뜻이 있고 값이 있는 기념일 것이라고 식자 간에 깊이 생각하여 왔으나 올해 있어서는 특별히 여러 가지 사정으로 이 기념을 거룩하게 하지 못하게 되매 한편으로 섭섭하나 조선어 연구회원들과 교육계와 언론계의 여러분들이 그날 하오 7시에 시내 수표정 (水標町) 조선교육협회 회관(朝鮮敎育協會舘)에 모여 조선어 연구회원 중 신명균 씨의 개회사와 안재홍 씨의 축사로 간단히 축하식을 마치고 이극로(李克魯) 씨의 발의로 우리가 이날을 축하식만으로 그치는 것보다는 좀 더 뜻이 있고 힘이 있게 우리 글의 정리와 발전을 위하여 무슨 사업을 만들어보자는 제의로 이에 따라 우리글을 정리하고 발전 시키려면 무엇보다도 우리말의 사전을 급히 편찬하자고 하여 그 자리에서 곧 조선어사전편찬회(朝鮮語辭典編纂會) 발기회를 열고 이윤재(李允宰) 씨로부터 경과보고를 하고 규약을 통과한 다음 위원을 선거하여 모든 사무를 일임하고 폐회하였다.

　위원
　박승빈 유억겸 최두선 안재홍 주요한 이시목 정인보 방정환 이

광수 노기정 권덕규 최현배 장지영 이상춘 이병기 김법린 정렬모 이중건 신명균 이윤재 이극로(『조선일보』, 1929년 11월 2일, 2면).

○ 1929년 11월 1일 계모의 비극

『삼천리 3호 1929년 11월호』에 「계모의 비극」이라는 제목으로 글을 썼다. 계모가 자녀를 학대하는 문제는 학교교육의 문제라기보다 조선인 가정 방식이 시대에 부적합한데서 나왔다고 보고 개선이 필요함을 피력하고 있다.

과도기에 처해 있는 오늘날 조선 사회의 암담한 일면을 보여주는데서 이와같은 계모(繼母)가 계자(繼子)를 학대하는 비극은 상당히 우려할 만한 일인 줄 압니다. 그런데 혹 이번 일은 교육의 실패로 보는 이도 있기 쉬우나 나는 교육에는 잘못이 없다고 생각합니다. 학교 교육이란 것이 원래 많은 사람을 수용하고 가르치는 관계상 각자의 개성에 전부 적합하도록 교육을 시켜 낼 수는 도저히 없을 것입니다. 더구나 계모 아래에서 이미 이지(理智)보다도 일종 변태적(變態的)이라 할 감정의 방면(方面)이 일층(一層) 발달한 그런 여학생에게 학교교육의 힘으로 그를 구하기를 자못 어려운 일이겠습니다.

그보다도 죄는 오늘의 가정제도의 여폐(餘弊)에 있다하겠지요. 고부간(姑婦間) 관계라든지 계부모자(繼父母子) 관계라든지 누누이(屢屢)히 번복(翻覆)되는 이 모든 비극의 인자(因子)는 가령 미국(美國)과 같이 단일 부부중심의 가정이었더라면 많이 구할 수 있었을 것입니다. 그리고 남저지 책(責)할 것이 있다면 당사자가 좋지 못한 그 가정에서 이탈하려 할 때에 어찌하여 계획적 반항으로 사회적 방면에 닿지 못하였느냐 할 것이겠지요. (略) 어쨌든 이번 일은 조선인 가정 방식이 시대에 부적합한데서 나왔다 할 수 있겠습니다.

(『삼천리 제3호』, 1929년, 11월호).

○ 1929년 11월 7일 월간 잡지 중성

월간 잡지 『중성(衆聲)』에 홍명희, 이인, 이관용 등과 함께 동인으로 참여했다.

월간 잡지 『중성(衆聲)』은 그간 여러 가지 사정으로 인하여 일시 휴간 상태에 있더니 이달부터 다시 새로운 진용을 정돈하여 가지고 계속 간행한다는 바 동지의 내용은 종전보다 일층더 충실히 하고 50전이던 대금을 30전으로 인하 하여 일반 독자의 기대를 새롭게 한다 하며 더욱이 동사의 부대사업으로 시내 관훈동(寬勳洞) 30번지에 인쇄부를 설치하고 일반 민중의 이익이 될 만한 출판물을 간행하리라는데 금번에 새로이 조직된 동인 씨는 다음과 같다.

이종린 이인 홍명희 김종선 안재홍 오상준 박창서 이관용 김명동 김용기 문재근 김형원 한용순 오희병
(『조선일보』, 1929년 11월 7일, 2면).

○ 1929년 11월 12일 상식보급 단기강좌 통속대학 강사

조선일보 학예부 후원으로 저녁 7시 정동 제일예배당에서 열린 제1회 상식보급단기강좌 통속대학에 강사로 참석했다.

제1회 상식보급단기 강좌 통속대학

일시: 11월 11일부터 6일간 매일 밤 7시
(특별음악도 있음 단, 수요일는 무료 공개)
처 소 경성 정동 제일예배당
청강료 일일 15전 통용권 50전

프로그램
제1일 (월요일)
경제과 경제학사 서 춘
가정과 여자청년회 차사백
연극과 작극가 윤백남 합창(이화보육학교 합창대)
제2일 (화요일)
아동과 개벽사 방정환
상학과 상학사 손봉조
신문과 조선일보사 안재홍 합창(김현순·김윤택양)
제3일(수요일)
신학과 신학사 김인영
의학과 의학박사 반복기 합창(윤숙혜·김복실양)
이선희 양 주성은 양
제4일 (목요일)
법학과 법학사 최태영
음악과 이화전문 안기영
농학과 농촌청년사 홍병선 합창(이화전문 끌리클럽)
제5일 (금요일)
역사과 철학박사 백낙준
교육과 문학사 김활란
한글과 문학사 김윤경 합창 (이화여고 합창대)
제6일 (토요일)
철학과 문학사 최현배
사회과 정치학사 고영환

문학과 문예가 이병기 합창 (채선엽·김성남 양)

청강권예매소 : 동아부인상회·덕원상점·대창양화점·야소교
            서회
주최: 경성 정동 엡워스 청년회
후원: 조선일보사 학예부(『조선일보』, 1929년 11월 7일, 6면).

○ 1929년 11월 19일 무관심 불가(不可)한 공직자 선거

『조선일보』에 「무관심 불가한 공직자 선거: 현실은 모두가 휴척(休
戚)[198] 관계」라는 제목으로 글을 썼다. 각층 각방면의 조선인이 우선
자기의 층(層) 자기의 방면(方面)에서 최선·최강한 동작진출(動作進
出)을 하는 것은 매우 긴절(緊切)한 현하의 요구이다. 조선인이 현
명·면밀한 정치적 행동을 하려면 결코 이 공직자 선거에 무관심할
수 없다고 주장했다.

작금(昨今) 조선에는 상공업회의소 평의원(評議員)과 부협의
원(府協議員)과 면협의원(面協議員)의 선거로 인하여 경향 각도
시를 중심으로 적이 분답(紛沓)한[199] 현상을 나타내고 있다. 인
민이 현실정치에 대하여 관여가 없는 조선인의 일임으로 한편에
서는 소위 운연과안(雲煙過眼)[200]으로 보고 있고 또 한편에서는
그것도 일대입신(一代立身)의 기회로 알은 양 정원 초과가 되도
록 너도 나도 나서서 이전(混戰)·혼전(混戰) 상태를 이루고 있
다. 두가지가 아울러 불가(不可)하니 첫째 현실에서 움직이는 온

---

198) 평안함과 근심.
199) 북벅북적하고 복잡한.
200) 사물이 순식간에 사라짐.

갖 사상이 모두 우리들 정치적·사회적 휴척(休戚)과 크거나 적거나 관계를 가지고 있음으로 무관심이 결코 불가한 것이다. 온갖 지위·명예·권력의 기회로부터 밀쳐 떨어져있는 조선인이기로서니 한갓 허름한 직함(職啣)쯤을 얻어 진퇴(進退)의 자(資)를 삼고 혹은 병견(並肩)[201]의 영(榮)에 만족하려는 잔박(殘薄)한 청운(靑雲)의 뜻에 나온바 있다고 할진대 그는 스스로 조소(嘲笑)의 대상이 되고 시대의 우물(尤物)[202]노릇할 뿐이지 아무 사회적 의의를 가지지 못하게 되는 것인 까닭이다.

상공업이 대부로 일본인의 수중에 들어가 있고 또 왕왕이 대지주가 그 사이에 주거(住居)하게 되매 대도시를 본위로 한 공직자 선거에는 일본인이 거의 다 절대다수를 차지하여 상의(商議)와 부협면협(府協面協) 등에 뻗치어 많은 데는 8~9할(割)을 차지하고 적어서 간신히 호각(互角)할 쯤의 비율로 되어있으니 정원 19인중 조선인 평의원 6인을 가져서 오히려 다소(多少)의 진출임을 생각게되는 것은 대구상의(大邱商議)의 예이고 30인의 정원중 10인 미만의 조선인 의원을 두었던 것에 필경 분규(紛糾)를 일으키어 목하(目下) 일본인 17인 조선인 13인의 안(案)으로 서로 길항(頡頏)하고 있는 것같은 것은 평양상의(平壤商議)의 예가 고소(苦笑)할 현상으로서 "조선인의 배를 길러서는 아니된다"는 폭만무례(暴慢無禮)한 일본인 아무개 군(君)의 담회(談話)를 들을 쯤이거니와 온갖 점에서 항쟁(抗爭)이 단념(斷念)보다 낫고 진출(進出)은 퇴영(退嬰)을 이기는 것이니 현하에 있어서 같은 지역 상공협회(商工協會)가 결속분기(結束奮起)하여 조선인의 이름으로 역쟁(力爭)하고 있는 것은 그와 동일한 분야에서 자못 유례가 드문 동작(動作)인 것을 추칭(推稱)할 것이다.

각층 각방면의 조선인이 우선 자기의 층(層) 자기의 방면(方面)에서 최선·최강한 동작진출(動作進出)을 하는 것은 매우 긴

201) 어깨를 나란히 함.
202) 가장 좋은 물건.

절(緊切)한 현하의 요구이다. 그는 그층 그 방면에서도 최악(最惡)·최연약(最軟弱)한 경향에 빠지는 자에 비하여 당연히 과정적인 가치있는 직임(職任)을 할 수 있는 것을 인식하여야 함에 의함이다. 그러므로 이제 공직자 선거 즈음에 있어 그층 그방면의 인사들이 각각 자기들로서의 일정한 의식과 계획을 가지고 조선인으로서의 통제적(統制的)인 진출을 실현하는 것이 매우 필요하다. 재작년 통영사건과 올봄의 경남도 평의회사건 같은 것은 각각 배치되는 의미로서 일반에게 심상치 아니한 기억을 남겨둔 바이거니와 조선인이 현명·면밀한 정치적 행동을 하려면 결코 이 공직자 선거에 무관심할 수 없다. 적더라도 아래의 여러 조건이 필요하다고 본다.

1. 자기의 층에서 자기의 처지로서는 그 길로 나아가서 조선인의 이름으로 조선인의 이해를 위하여 역쟁(力爭)하는 것이 최선의 직임(職任)이라고 의식하고 결심한 사람을 내보내도록 할 일.
2. 그러므로 그 의식과 견식, 언론(言論)이 그중에서 최량(最良)한 자를 선택 지지할 일.
3. 따라서 최악(最惡)·최연약(最軟弱)한 도배(徒輩)로서 진출할 기회를 얻지 못하게 할 일.
4. 조선인 측은 되도록 최대한 수를 내어보내고 꼭 필요한 협조를 행할 일이다. 뿐만 아니라 강경·성실·예민(睿敏)한 선구자·식자(識者) 그리고 그 주위에 믿는 대중이 항상 이러한 방면의 인사들의 행동에 대하여 결코 무관심하지 아니하고 따라서 그 선악(善惡)을 방임하지 않는다는 것을 알게 되어야 할 것이다. 무릇 선전(善戰)의 사(士)는 백도공진(百道攻進)의 책(策)을 결코 등한(等閒)히 보는 것이 아니다(『조선일보』, 1929년 11월 19일, 1면).

○ 1929년 11월 23일 제4회 전문학교 축구연맹전

휘문고보 운동장에서 열린 제4회 전문학교 축구연맹전에 참석해서 대회장으로 폐회사를 하고 우승기를 수여했다.

만도인기의 초점으로 맞이되며 연중행사로 거행되는 조선 최고학부의 친목기관과 체육의 건전을 도모코자 5년전에 창설된 전문학교 축구연맹 주최의 제4회 축구연맹전은 본사 후원으로 23일 오전 9시부터 시내 휘문운동장에서 보성전문대 법정학교의 벽두전으로 열리게 되었다! 보라! 운동 씨-즌이 동면에 들어 침체 상태에 빠지려 하는 이때에 와서 혈기와 정의를 위하여『프레이』하는 용자들의 활약을!
(『조선일보』, 1929년 11월 23일, 7면).

결승전이 끝나고 우승배와 본사 후원기의 수여식이 있은 후 대회장인 안재홍 씨의 전승에 대한 간단한 식사와 축구 경기는 동방 북온대에 있는 조선에 있어 가장 적당한 운동이니 더욱 친목적으로 장려할 필요가 있다는 폐회사(閉會辭)로 마치니 공전의 대성황리에 전개되었던 제4회 전문학교 축구연맹전도 끝을 고한 다음 대회위원장인 이경호(李敬浩) 씨의 선창으로 전문교 축구연맹 만세삼창은 석양 짙은 운동장 저편 언덕에 반향되어 전승한 보전군의 개선(凱旋)을 더욱 축복하였다.

상품기증
전문학교 축구연맹전을 개최함에 있어 시내 각 방면에서 금전 또는 물품으로 동정함이 있었는데 방명은 다음과 같다.
해동은행 일금 10원 한일은행 일금 10원 태평양사진관 2원 대동인쇄회사 2원 반도 풋볼 2원 삼우 풋볼 2원 정대현 씨 5원 김여식 씨 2원 최규동씨 3원 군예빈 씨 3원 최두선 씨 2

원 조선매약회사 2원

상품기증: 삼성당, 화신상회, 동아부인상회, 우조당, 삼월오
복점, 평전백화점, 삼당운동구점, 청수운동구점

서적기증: 동양서원, 암송당, 이문당, 창문사

(『조선일보』, 1929년 11월 25일, 3면).

○ 1929년 11월 29일 광명? 광명이 없는 조선

『조선일보』에 「광명? 광명이 없는 조선」이라는 제목으로 글을 썼
다. 19개월의 예심지연으로 33명의 피고들이 옥중단식을 하였다.
수인(囚人)이 많아지는 것이 이미 광명이 아닌 일이거든 여러 가지
조건이 그들로 장구하게 철창속에 신음(呻吟)하게 되는 것은 그릇된
것임을 역설하고 있다.

조선의 하늘에는 별이 많다고 외래(外來)한 사람의 아이들이
순진하게 탄상(嘆賞)하였다. 온도 적중(適中)한 기상(氣象)이 청
명(淸明)하고 산하 또한 수려하여 소위 풍광명미(風光明媚)한 낙
토(樂土)를 생각한다. 그러나 조선은 과연 광명(光明)한가. 천상
(天象)과 지역이 아무리 정명(精明)하더라도 그의 사회를 휘덮고
있는 실망적인 생활상이 일말 암운(暗雲)에 덮혀 있는 것만은 부
인할 수 없다. 200만 kW를 돌파하여 수전(水電)의 발전력(發電
力)이 그의 상대적 견지에서 세계의 제6위를 차지한다 할지라도
거리에 황창밝은 일루미네이션의 광명은 있을지언정 민중의 생
활 위에 역사적인 광명은 좀체로 아니보일듯이 음울(陰鬱)한 기
분이 떠돌고 있을 뿐이다. 암흑한 거리에 스스로 등불을 잡히고
혼자만의 광명한 길을 호기(豪氣)있게 찾아 가는 것은 고대 전제
자(專制者)들의 하던 짓이다.

철창반야소소우(鐵窓半夜蕭蕭雨)가 암흑 그대로를 표현하는
것이겠다. 수인 (囚人)이 많아지는 것이 이미 광명이 아닌 일이
거든 여러 가지 조건이 그들로 장구하게 철창속에 신음(呻吟)하
게 되는 것은 피하지 아니하면 아니 될일이다. 땅을 그어 옥(獄)
이라 하더라도 사람이 피한다 하니 수인(囚人)됨이 누구인들 반
가워할 바 아니지만 작금(昨今)에 와서 그것이 매우 증대(增大)
하여 가는 것은 숫자로 나열하기를 기다릴 바 아니다. 목하(目
下) 예심(預審)을 마친 11건 65인의 사상범(思想犯)이란 자 경
성지방법원(京城地方法院)의 공판에 부쳤으나 아직 그 개정심리
(開庭審理)를 볼 수 없이 되었다. 법관을 증원하지 않는 한에서
는 지연되는 것은 면할 수 없다고 아무게 판관(判官)은 말했다.

19개월의 예심지연으로 33명의 피고들이 옥중단식을 하였다
는 것은 함북청년동맹사건(咸北靑年聯盟事件)의 주인들을 수용
한 청년형무소(靑年刑務所)의 일이다. 유일인(唯一人)인 예심판
사가 먼거리의 여행중이므로 너무 실망한 끝의 일이라한다. 면
죄자(冤罪者)에 대한 국가배상(國家賠償)의 법안이 인민의 권익
을 옹호하기 때문이라 하면 먼저 그들에게 무용인 고통은 경감
하는 것이 그 정신이어야 할 것이다. 근자(近者) 철산신간회(鐵
山新幹會)의 발기인 사건, 신의주청년동맹회사건(新義州靑年同
盟會事件) 등은 그 엄형(嚴刑)이 전례가 없는 바로 모두 수군거
리는 제목이 되거니와 피고로서 장시일(長時日)을 끌게하는것은
형사정책 그것으로 보아서도 이해할 수 없는 점이다.

함흥수조(咸興水組) 청부업자의 주민 살상사건은 희유(稀有)
한 사건이라 아니할 수 없다. 원사자(冤死者)[203]가 난 후 일대의
주민들은 일층의 계엄중(戒嚴中)에 빠져 있었다. 이제 그 원사자
(冤死者)의 장의행렬이 도중에서 포위되었고 상여군(喪輿軍)은
도리어 구타 당했고 사상(死傷) 사건에 질문간 6명의 주민은 의

---

203) 억울하게 죽은 사람.

연히 구수(拘囚)[204]되었다. 귀족으로 진정(陳情)갔던 자도 구금의 몸이 되었다. 수조사업(水組事業) 그것이 반대할 이유는 없지만은 토지의 사정과 주민의 생활조건을 각각 특수한 처지에 의해 고려하지 아니하는 까닭에 항상 분규(紛糾)가 일어난다. 더우기 조선인에게는 사회의 식자층(識者層)에 대해서도 집회(集會)·토의(討議)·행동(行動)의 근소한 이유도 허락하지 않는 당국으로서 이본의웅(二本懿雄) 무리의 청부업자에게 흉기를 사용하고 촌락을 횡행(橫行)하여 양민으로 살상하게 되도록 한것이 편드는 사람으로도 변호할 일이 없는 일이거든 그 뒤를 이은 모든 처치는 기괴(奇怪)의 정도를 멀리 지난 자이다. 하물며 중중(重重)한 정치적·사회적 제기구(諸機構) 밑에 가장 안태(安泰)한 신주민(新住民)의 생활을 뽐내면서 경미한 사건에 이유를 빌어 일층의 무사적 안전(武事的安全)을 상망소구(想望訴求)하는 것은 경박(輕薄)이 아니면 암우(暗愚)일 것이다. 현하(現下)의 위정당로자(爲政當路者)들이 그들을 당면갈퇴(喝退)[205]할 견식이 없고 서로 이끌리어 편굴(偏屈)[206]에 빠지는 바 있다하면 그는 더욱 암흑을 크게하는 인소(因素)로 될 것이다. 요컨대 목하(目下)의 조선은 심상(尋常)치 아니한 환경속에 있는 것을 일반이 의식하고 있다. '광명한 정치'가 표방되는 현 위정당국(爲政當局)에 있어서는 아마 무관심 할 수 없는 문제인 줄 생각된다.

　(『조선일보』, 1929년 11월 29일, 1면).

204) 판결을 받지 못해 오랫동안 옥에 갇혀있는 살인범.
205) 눈앞에서 꾸짖고 물리침.
206) 한쪽으로 치우침.

○ 1929년 12월 1일 기사(己巳)년간에 읽고 느낀 서책(書冊)과 일편문(一篇文)

『신생 제15호: 1929년 12월호』에 「서책(書冊)과 일편문(一篇文)」이라는 제목으로 글을 썼다.

　　이번 1년간에 읽고 느낀 저서(著書)라고는 하나도 없습니다. 금년 4월에 두번째 조선일보사에 시무(視務)하게될 때 쉬어가면서 독서와 연구를 하리라고 하였더니 필경(畢竟) 헛일이 되었습니다. 참고를 위하여 사무적으로 열독(閱讀)하는 것 외에 따로이 읽고 크게 느낀 것이 없습니다. 참 불행입니다. 일편문(一篇文)에도 그다지 느낀 것이 없습니다. 조선일보 당일치씩 받아서 무엇이고 좀 잘된 것이 있으면 읽어보아서 조금 만족하고 너무 안된 것이 있을때는 "에잉!"하고 내던지면서 그 책무를 다하지 못하는 우리 일을 새로이 안타까워 하는 일이 있을 쯤입니다. 누구나 이러한 생활이 소위 식자층(識者層)에 많다 하면 조선의 큰 불행의 하나일 것입니다(『신생 제12호』, 1929년, 12월호).

○ 1929년 12월 6일 무언(無言) : 무언(無言)은 과연 위대(偉大)이냐

『조선일보』에 「무언(無言): 무언(無言)은 과연 위대(偉大)이냐」라는 제목으로 글을 썼다. 침묵은 그대로 큰 해악이 아닐 수 없다. 언론의 비판적 활동을 제약하는 당대 현실을 이야기하고 있다.

　　웅변(雄辯)은 은(銀) 침묵(沈黙)은 금(金)이라고 서양인은 그 속담을 가졌다. 웅변은 위대하고 침묵은 더욱 위대(偉大)하다고 카알라일은 부르짖었다. 그들은 너무 지껄이는 인민이 다 식불언(食不言)이라고 밥만 꾸역꾸역 먹고있는 동양인과 달라서 식탁이 아니면 이야기할 기회가 없는 듯이 떠들어대는 것이 서양인들의 관습이다. 경쾌한 해학(諧謔)을 교환하는 것이 그들의 생활하는 한 취미요 하이드 파크같은 큰 공원이 팔자에 겨워 발광(發狂)한양 한 남녀의 댄스군(群)과 한가지 자기의 주의와 사상을 마음껏 실현하노라고 악써 소리치는 패들로 들끓는 터인 사정에 비추어 자유가 있노라고 쇠소리·개소리 지껄여대는것에 비하면 웅변은 은 침묵은 금도 좋고 웅변은 위대하고 침묵은 더 위대할지라도 빙충맞은[207] 자의 어림없는 소리라고 구대여 타내고 가리자할 맛도 없을 것이다. 그러나 말할 입이 막히고 기별(寄別)할 붓이 꺾이는 조선사람으로서는 침묵이 어찌하여 금일까? 무엇이 위대일까? 침묵은 그대로 큰 해악이지 아닐 수 없다.

손짓·입짓·몸짓이 원시인의 의사표시 방법이었다. 외마디말- 단철음(單綴音)의 말도 그들에게는 위대한 발명이었고 창작이었고 위대한 선전의 기관이었다. 그들의 문화가 생장(生長)·확대(擴大)·계승(繼承)·전수(傳授)되는 것은 이 위대한 말-언어의 힘이었다. 그러나 이 언어는 다만 편무적(片務的)으로 한편의 누구만 편리하게 하는 것이 아니니 언론보도가 사상(事象)이 그 정상적 발전을 걸어 나아가게하는 기관이라면 애를 써서 금알옹색(禁遏壅塞)[208]할 필요도 없을 듯한 일이다. 이 언어와 언론이 금알옹색(禁遏壅塞)되는 곳에 왕왕히 개방한 이상의 전파선전의 작용이 진행되는 바 있으니 세간(世間)에 권병(權柄)을 잡은 자들이 언론을 금알(禁遏)함에 임하여 고려할 즉도 한 일이다. 행걸(行乞)하는 노예(奴隸) 원하는 바 일금(一金)에 불과(不過)하되 필경(畢竟) 구렁에 굴러 넘어지는 것은 명(命)이 정한 바 있음이라고 그것조차 숙명(宿命)에 부치고 까닭없는 안심입명(安

---

207) 어리석으며 수줍음을 타는.
208) 명령이나 규칙 따위로 어떤 행위를 하지 못하게 함.

心立命)을 하려던 신권론자(神權論的)인 학자가 없지도 않은 바이지만 난국에 처한 인민의 원하는 바가 오직 언론보도의 어떤 정도의 자유이겠지만 그것도 필경(畢竟) 될수 없는 바라고 하면 또한 숙명(宿命)에 부칠 자인가? 오늘날에 있어 누가 이런 것을 숙명(宿命)이라고 믿을 자이냐? 아니 누가 숙명 그것을 승인(承認)할 자냐? 그러면 우리는 침묵을 사랑하고 무언극(無言劇)의 침묵한 배우가 될 것이냐? 카알라일이 있으면 더욱 위대하다고 규정할 것이냐? 그가 이미 간 지 오래니 말할 수 없음이 갑갑할 것이다.

예전에 백이숙제(伯夷叔齊)란 자가 있었으니 한토(漢土)의 선민(先民)이다. 그는 왕조가 변혁되어 주(周)의 군병(軍兵)이 은(殷)의 왕업을 둘러 엎치려 할 때 발을 박으며 직간(直諫)하였다 한다. 이것더 언론의 자유이냐? 현대의 사람이 극언직간류(極言直諫流)의 언론을 못마땅하게 생각하는 것은 우리의 변(辯)함을 기다릴 바가 아니다. 그러나 백이숙제(伯夷叔齊)가 말하되 드디어 될도리도 없으매 주(周)의 천하를 밟기가 싫다고 하여 서산(西山)에 올라 아사(餓死)하였으니 백세(百世)의 청풍(淸風)이 후세(後世)의 탐(貪)하는자 염(廉)하고[209] 유부(儒夫)[210]로 일어서게 된다 한다. 그러나 백이(伯夷)가 죽으니 못미더운 바 없고 자기가 가서 앞길이 오히려 거뜬하니 그는 가서 서슴지 않고 다시 소위 천하민생(天下民生)을 위하여 눈을 감지못할 세루(世累)[211]가 없던 바이다. 고사를 이야기 하는 자 백이(伯夷)의 청성(淸聖)함을 독(讀)하되 그의 처지가 오히려 풍연히(飄然)히 홀로 갈 수 있던 행운을 아는 자는 적다(『조선일보』, 1929년 12월 6일, 1면).

---

209) 청렴하다.
210) 선비.
211) 세상의 번잡함.

O 1929년 12월 7일 평화: 세계는 언제 평화할까?

『조선일보』에 「평화: 세계는 언제 평화할까?」라는 제목으로 글을 썼다. 중국의 계속적인 전쟁상황과 유럽과 러시아, 일본의 군비경쟁을 비판적으로 분석하고 있다.

인(仁)을 행하고 의(義)를 베풀고 왕도(王道)를 편다고 하던 일도 거의 다 허사가 되었고 자바(慈悲)를 외치고 박애(博愛)를 부르짖는 것도 도로(徒勞)로 되는것이 앞뒤에 대어선다. 기득농 (旣得隴) 복망촉(復望蜀)[212]이냐고 무염(無厭)한 전사(戰事)를 치르면서 매양 한번 발병(發兵)할 때마다 두수(頭鬚)[213]때문에 희어진다고 걱정을 한 사람도 있지만은 세계의 정국은 평화는 그리우면서 하늘에서 이룬것같이 땅에서도라고 지상의 평화로 일개의 천국을 나타내려고하는 성자(聖者)의 발원(發願)도 현실에 있어서는 결국 아름다운 공상(空想)인 것을 깨닫게 하는 때가 너무 많다. 휴전 10년 평화를 위하여 기쓰는 정치가란 사람들도 잠시적인 반발적(反撥的)인 평화를 누리는 듯 건듯하면 그 환멸의 비애를 만나는 것 같다.

중국의 얼[214]을 보라. 하남(河南)의 전국(戰國)은 일단락을 지었다. 호북(湖北)의 전국은 흐지부지로 되었고 광동(廣東)의 전국조차 그다지 꼭 중대할 것을 믿을 수 없이 되었다. 이때에 장개석 (蔣介石)이 만일 왕조명(王兆銘)으로 더불어 타협하고 서로 국면을 취사(取捨)하는 바 있다하면 일시적 소강(小康)은 우선 얻었을 것이다. 그러나 하남·호북도 광동도 아니요 남경(南京)의 핍근 (逼近)한 땅에서 다시 전화(戰火)가 일어나 반장(反蔣)의 성랑(聲

---

212) 농나라를 얻으니 촉나라를 가지고 싶다는 뜻으로 인간의 욕심은 한이 없음을 비유.
213) 머리카락과 수염.
214) 다른 사람 때문에 당하는 고통.

浪)은 새로이 컸다. 풍성학루(風聲鶴唳)[215]는 제대로 크라고 오인 (吾人)은 크게 관심할 바가 아니다. 그러나 밖으로 제국주의 열국 (列國)의 서로 견제(牽制)함이 있고 안으로 그의 연장(延長)의 암 (癌)인 각조계(各租界)가 있고 그리하여 각파 군벌과 좌우각익(左 右各翼)이 그 사이에 교착(交錯)한 바 있어 끝이없는 병란(兵亂) 을 일으키매 만골(萬骨)이 부질없이 녹아지고 만민이 부질없이 부대끼고 둔서(遁鼠)하는 자, 호읍(號泣)[216]하는 자, 신음하는 자 거푸쳐나고 뒤따라 일어나는 것이 평화 그것과는 전연히 배치(背 馳)되는 자이다. 누가 중국만의 일이라고만 하랴?

모병문(毛炳文)·주소랑(朱紹良)이 서주(徐州)에서 뜨고 남경 (南京)의 병비(兵備)가 엷은 것이 그 원인이라 보아도 좋고 장씨 (蔣氏)의 군병(軍兵)이 사방에 헤어져서 근본이 흔들린 소이(所 以)라고 보아도 좋을 것이다. 순망치한(脣亡齒寒)이라고 필경 자 기들에게까지 미치겠는고로 그러나 일어난 것이라고 봄도 좋지 않으나 이러한 비보(飛報)는 대부(大部)를 에누리하지 않고서는 그대로 믿을 바 아니라는 관측담(觀測談)은 차라리 모두 지엽문 제(枝葉問題)로서 오인(吾人)에게 아무 중대(重大)한 의의를 가 져 오지 않는다. 다만 낙후한 국민으로서 그들이 오직 분규(紛 糾)·갈등(葛藤)으로 비상한 화란중(禍亂中)에 그 신생(新生)의 진통을 호되게 하고 있는 것만은 각파(各派)의 승패성장(勝敗消 長)이라는 강목(綱目)을 떠나서 전적으로 일대 특수상(特殊相)을 일으키는 것이다. 일축도(一縮圖)로서 그 낙후자(落後者)로서의 필연적이고 과중한 부담을 지고 가는 것이다.

일영미(日英米)가 그 보조함(補助艦)의 비율을 다투느냐? 군 비를 다투는 것은 전쟁의 의사를 다투임이다. 불국(佛國)은 잠 수함의 이용을 다투느냐? 잠수함은 약자의 무기(武器)하고 그 는 언제이고 영제국(英帝國)의 함대를 물속에서 내받을 전의(戰

215) 겁먹은 사람이 하찮은 일이나 작은 학의 울음에 놀람.
216) 목놓아 욺.

意)의 단련(鍛鍊)이라고 보아도 좋다. 노중(露中) 양국은 협정이
조인이 되었다. 혹은 또 파의(罷議)로 된다고 갈래를 잡을 수 있
다. 갈래를 잡는 것은 오히려 한사(閑事)이다. 그러나 그들의 하
는 바는 평화(平和)이냐 비평화(非平和)이냐? 평화를 위하여 다
툰다고하고 다투니 평화가 깨진다고한다. 그들이 무사(無事)함
이 아니어서 기써서 동작하거늘 오인(吾人)이 무사하다고 앉아
서 한갓 필설(筆舌)을 농(弄)하랴? 무용한 변(辯)을 하는것은 침
묵이 금이라는 속담을 차라리 긍정함만 같지못할지니라(『조선일
보』, 1929년 12월 7일, 1면).

O 1929년 12월 8일 침울한 조선의 겨울

『조선일보』에 「조선의 겨울: 침울한 조선의 겨울」이라는 제목으로
글을 썼다. 추위와 빈곤, 반복되는 재해와 이상 기후 속에 고통받는
조선의 우울한 현실에 대한 소회를 적고 있다.

음풍(陰風)이 불어온다. 초목은 앙상하게 그 옷을 다 벗었다.
고애추월(枯厓秋月)에는 우주의 참자취를 본다고 선가(禪家)의
사람들은 이야기하지만 가을 가고 겨울이 닥치어 숙살소조(肅殺
蕭條)[217]의 기운이 쓸쓸하게 후리칠 때에는 사람의 마음조차 숙
살소조(肅殺蕭條) 그것으로 된다. 조선은 북국이라 추위가 호되
다. 공기가 건조하고 천상(天象)이 정명(精明)하니만치 겨울의
추위는 살을 에이는 듯 매운 것이다. 조선인의 기질이 명민한아
(明敏閒雅)의 경향이 있고 결백양명(潔白陽明)함을 좋아하여 일
찍이 위이굴곡(逶迤屈曲)[218]을 속썩여 지나가려 하니하니 이것

---

217) 매우 쓸쓸함.
218) 구불구불함.

도 천연(天然)의 영향인가? 그러나 인류 사회에서 득지(得志)하지 못한 역경에 침륜(沈淪)한 그들은 근자(近者) 천후(天候)에 있어서도 왕왕 괴이(乖異)한 장면속에 다닥치기 쉽다.

태양의 흑점은 인간세계까지 그의 생활상에 엄청난 암시와 영향을 미친다 한다. 그것이 세력을 주리어서 기온이 겨울답게 식어짐으로 지구의 세계에 여름이 없는 괴기후(乖氣候)로 되리나 하더니 그는 흔한 거짓말로 돌아갔지만 그 관계인지 아닌지 조선에는 근년에 많은 천재(天災)가 가뜩이나 시달리는 인간고(人間苦)의 나라 조선을 거듭거듭 찾아왔다. 인세(人世)의 일에 있어서도 발버둥치며 노력하는 바가 많아 도로(徒勞)로 되는 일이 금고사상(今古史上)에 있어서 동서각지에 있어 하나 둘뿐 아니지만 천후(天候)의 괴려(乖戾)함[219]이라든지 천재(天災)가 뒤쫓아 덥치는 데는 인력의 미약함이 자연정복이라고 기고(氣高)한 소리를 내놓을 나위도 없는 적이 한두번이 아니다.

기미(己未)에 천재(天災)가 있었고, 임술(壬戌)에도 천재(天災), 갑자(甲子)·을축(乙丑)에도 한재(旱災)와 수재(水災)가 겹들이어 사나웠고 작년의 한수재(旱水災), 금년의 대한재(大旱災)에 약간의 수재(水災)까지 아울러 조선은 재해(災害)의 나라로 된 양하다. 그러한데 중동(仲冬)의 절(節) 동지(冬至)도 멀지 아니하려는 이때 음운몽몽(陰雲濛濛)[220] 음우비비(陰雨霏霏)[221] 음풍(陰風) 따라서 습습(習習)할 뿐이요, 남북수천리 명랑(明朗)을 일컫는 산하 오로지 음울(陰鬱)의 속에 빠진 것은 근래의 괴기후(怪氣候)이다. 음울(陰鬱)은 삼엄정숙(森嚴淸肅)한 성한(盛寒)의 기상(氣像)만 못하기가 어림이 없다.

겨울이 춥되 안식의 시가가 되는 것이니 농작이 이미 이루어

---

219) 사리에 어그러져 온당하지 않음.
220) 검은 구름에 가랑비가 오고.
221) 오랫동안 내리는 비에 눈이 펄펄 내리고.

창름(倉廩)[222]이 듬뿍하고 신탄(薪炭)이 추위를 막기에 족하며 온집안의 친자노유(親子老幼) 그 전도(前途)의 행운을 생각함으로써 비로소 안식할 수 있고 단락(團樂)할 수 있고 빙설의 위에 오히려 일진화풍(一陣和風)을 그 자신 심경 위에 가지게 되는 것이다. 그러나 해를 거듭한 기근(饑饉)이 빈궁(貧窮)의 문을 찾아 이미 주렸거늘 또 차고차거늘 또 졸리여 나간자 몰아오지 않고 있는 자 또 나아가서 유랑과 별리가 저절로 황량의 정을 돋울진대 농(農)하되 농(農)함이 아니요 공(工)하되 공(工)할 바 없어서 사랑이 오직 우울(憂鬱)을 더할지니 올해의 겨울은 실로 우환(憂患)의 겨울이로다.

조선 정명(貞明)한 하늘이거늘 어찌 음울이 영속(永續)하는가? 풍(諷)하는 자 왈(曰) 노천(老天)이 용(勇)이 없다하니 또 음미할 만하다. 음풍(陰風)이 불어오매 소리 있으되 그 형체가 없다. 불어서 오고 불어서 간다. 동일한 바람이로되 그 감하는 바 다르니 그 처한바 경지가 그 심금을 다르게 울림이라. 준우광택(峻宇廣宅)[223]에서 유탕(遊蕩)과 혹 안일(安逸)의 기(期)를 지을 수 있으되 광야(曠野)에 헤매는 자 스스로 다르고 한사냉궁(寒舍冷宮) 우수(憂愁)에 사는 자 또 다르니 천하만민만종(天下萬民萬種)의 관감(觀感)과 의식이 어찌 일률로 범주(範疇)할 바이랴. 이제 천후침음(天候沈陰)하여 오히려 호한(冱寒)[224]에 이르지 아니하니 그 늠열(凜熱)한 혹한(酷寒)의 전조(前兆)이냐? 겨울에 춘령(春令)을 행하는 것은 사시의 재변이라고 과학을 모르는 전대인(前代人)은 의구하던 바이다. 오호(嗚呼) 그러나 조선의 일역(一域) 천후인사(天候人事) 그 재해를 거듭하되 광구(匡救)의 길을 열 자 없으니 음풍(陰風) 부질없이 인의(人意)를 편치 않게 한다(『조선일보』, 1929년 12월 8일, 1면).

---

222) 쌀을 넣어 두는 곳간.
223) 크고 높게 지은 집.
224) 몹시 추운 날씨.

○ 1929년 12월 10일 추회(秋懷)

『조선일보』에 「추회(秋懷)」라는 제목으로 글을 썼다. 가을이 주는 쓸쓸함에 대해 이순신 장군 등 역사적 인물들의 사례를 들었다. 봄의 이별이 쓰라리지만 가을의 이별은 더욱 쓸쓸하며 이 쓸쓸함 속의 이별은 더욱 어렵다는 감회를 쓰고 있다.

　　대현(大賢)은 우(愚)와 같다고한다. 대망(大忙)은 한(閑)과 같을 수도 있을 것이다. 그러면 대수(大愁)는 안(安)과 같다고 귀결(歸結)될 것 아닌가? 감상(感傷)이 원래 불가하니 회(懷)를 말함은 망중(忙中)의 인(人)으로 한 건과(愆過)[225]일 것이다. 회(懷)는 주관적인 정서의 발동이니 반드시 시기가 있는 것은 아니지만 인생이 결국 경우(境遇)의 동물이요 느낌은 반드시 부딪힘에 따름이니 계절이나 시기가 감회에 기연(機緣)을 주는 것은 중요하다. 추회(秋懷)라 하니 반드시 춘수(春愁)와 마주치인다. 봄날이 따뜻하고 백화가 시새워 곱을 때에 기쁨이 저절로 앞서는 것이지만 그것은 단순한 정감의 소유자일 것이요 곱고 빛나고 흠벅진 경지에서도 맑고 그윽하고 아득한 근심이 어떻게 형언할 수 없는 바 있으니 그것은 봄의 비애(悲哀)라고 하여 섬려(纖麗)한 듯 실로 심원한 인생의 정서로서 되는 것이다. 그러나 이것은 한인(閑人)의 한사(閑事)도 아니요 노년의 쇠퇴적(衰頹的)인 경향도 아니요 감상 시인적의 값싼 충동도 아니어서 인생에 의의있게 살자하는 생명력이 넘치어 쏘치려는 자로서의 본능의 한 소극적인 발로의 형태일 것이다.

　　봄의 비애는 번화(繁華)한 속에서의 낙막(落寞)한 정곡(情曲)이니 생장(生長)되는 한복판에 있어 환멸의 반면(反面)을 병감(並感)하는 것은 정감(情感)의 고급적인 자이다. 그러나 가을에

---

225) 허물.

있어서는 감(感)하지 않을 자 거의 없으니 말숙한 기상(氣像) 높다란 하늘에 저절로 징징정명(澄澄貞明)[226]한 느낌이 사람의 가슴속에 도는 것이다 그러나 우세추민(憂世愁民)의 정(情)이 가장 많던 인물로서 이러한 정회가 더욱 깊고 크고 또 높은 바 있었으니 물나라의 가을빛 저물었는데 추위 놀란 기러기떼 높이 떠나고 지는 달이 희미하게 활과 칼에 비쳤는데 근심속에 둥싯둥싯 잠못든다는 것은 한산도(閑山島) 달밤에서 일역창생(一域蒼生)을 걱정하던 수회중(愁懷中)에 가장 큰 발로(發露)인 자이었을것이요 평양성외(平壤城外) 묵은절 가을 바람 지는 해에 함께 유악(帷幄)[227]의 대책(大策)을 토의(討議)하던 고승(高僧)을 만나 감루종횡(感淚縱橫)하였다고 전설을 남긴 실패한 국사(國士)의 비회(悲懷)란 자도 또 수회(愁懷)의 큰 자일 것이다. 수회(愁懷)가 원낙 회회(恢恢)하여서 걷잡을 수 없는 것인데 세수(世愁)가 이에 보태어져서 더욱 심각하여지는 것은 현대의 조선사람으로서는 그런 경향을 많이 가졌을 것이다.

"녹양(綠楊)이 천만사(千萬絲)인들 가는 춘풍(春風)어이하며"라고 가는 봄에 대하여 회포를 읊조린자 있다. 그러나 "아무리 사람이 지중(至重)한들 가는 님을 어이하리"라고 가는 사람을 이별함에 인하여 춘풍조차 더욱 안타까운 것을 걱정한 것이다. 수회(愁懷)가 깊은 것은 절물(節物)의 변함이 그 자연의 동인(動因)으로 됨이지만 가을에 있어 다시 사람을 이별하면 가을의 비애 이별의 비애를 합쳐서 일단(一段)의 감회를 느껍게 하는 것이다.

'심양강두야송객(潯陽江頭夜送客)'[228]이라고 당대(唐代)의 시인 백낙천(白樂天)은 풍엽노화(楓葉蘆花)가 쓸쓸하게 우거진 가을밤의 강변에서 배위에 가는 손을 별리(別離)하는 수탄(愁嘆)을

---

226) 맑고 밝은.
227) 장막(帳幕).
228) 심양강 나루에서 손을 밤에 보내려니. 중국 당나라 시인 백낙천의 한시 비파행(琵琶行)의 첫구.

하소연 하였다. 가을이요 밤이 또 가는 자를 이별하면 그는 겹겹
의 가을 회포가 그야말로 걷잡을 수 없을 것이다 그럼으로 봄의
이별이 이미 쓰라리거늘 가을의 이별은 더욱 쓰라린것이요 평상
(平常)한 이별이 워낙 안되었는데 수회(愁懷)속의 이별은 일층
(一層) 어려운 것이다. 하물며 추심인(愁心人)이 추심인(愁心人)
을 보내고 부노(父老)로서 자제(子弟)를 보내는 것은 남으로서
는 그 가슴 속을 짐작할 수 없는 것이다. 도화담수심천척(桃花潭
水深千尺) 불급왕륜송아정(不及王倫送我情)[229] 이백(李白)은 천
고(千古)의 초탈한 인물이다. 오히려 이별의 정을 하소하니 그는
더불어 수회(愁懷)를 말하기에 적합한 사람인가? 백세(百世)의
후에 누가 오인(吾人)의 해회(解懷)[230]를 할 자이뇨?(『조선일보』,
1929년 12월 10일, 1면).

○ 1929년 12월 24일 신간회 민중대회 사건

신간회 광주학생운동 민중대회 사건으로 송진우 등과 함께 불구
속 송치되었다.

광주사변이 직접 도화선이 되어 각처에서 학생층(學生層)을
중심으로 한 일대 시위 운동이 일어 이미 운동 발생한 지방만
이 경성 평양 등 10여 개소에 달하였고 또 그 동요 학생 총수가
서울의 1만2천 명을 필두로 약 2만여 명의 다수를 헤이기에 이
르렀는데 이와 같이 형세가 중대화하여가자 조선 사회의 각층
을 망라한 유력한 모종 운동이 전개되려할 즈음에 미연에 경찰
에 알린바 되어서 다수한 인물들이 체포된 사건이 돌발하였으니

---

229) 도화담의 물은 깊이가 천자라지만 왕륜이 나를 전송하는 정에는 미치지 못하
      리다.
230) 회한을 풀다.

이제 그 내용을 상보 하건대 지난 13일 아침에 경기도 경찰부는 아연 긴장하여지며 다수한 형사대가 자동차를 몰아 광화문통 방면에 이르러 그곳 신간회중앙위원장 허헌(許憲) 씨를 검거하는 한편 엄밀한 가택수색을 하여 여러 가지 서류를 압수하여 돌아간 것을 비롯하여 전경성 시중의 각 단체 영수급(領袖級) 인물에게 일제히 검거의 손이 펼치어 그날 저녁까지에 벌써 70여 명이 체포되었는데 전기 운동의 내용을 탐문한 바에 의하면 금번 광주 사건으로 검거, 투옥이 된 다수한 학생들을 ○○할 운동을 일으키는 동시에 모종의 중대 운동을 일으키기로 각 단체 수뇌 간에 결의가 되어 그 방법으로 민중대회를 개최하며 ××으로 ○○○○을 단행할 것은 물론 ○○회와 ○문 다수를 배포하는 등이었다는데 경기도 경찰부에 검거된 사람 중 대부분은 무실한 것이 판명되어 석방되고 24일에 이르러 아래의 열다섯 사람이 취조를 끝마치고 일건 서류와 함께 보안법위반(保安法違反)이란 죄명으로 검사국에 송치되었다.

권동진 허헌 홍명희 조병옥 이원혁 이관용 한용운 주요한 손재기 김무삼

(이하 3명 불구속 송치) 송진우 이시목 안재홍

(『조선일보』, 1929년 12월 28일, 호외).

『민족지도자 안재홍 연보 3』요약

○ 1928년 1월 25일 조선일보 사설 '보석지연의 희생'으로 수감(2차 옥고).

○ 1928년 2월 15일 신간회 창립 1주년 기념대회 참석.

○ 1928년 3월 30일 월남 이상재 선생 1주기 추모식 참석.

○ 1928년 4월 28일 조선일보 필화 금고 4개월. 언더우드 박사 동상 제막식 참석.

○ 1928년 4월 30일 조선물산장려회 이사 선임.

○ 1928년 5월 5일 제1회 경성 어린이날 행사 참석.

○ 1928년 5월 9일 조선일보 사설 '제남사건의 벽상관' 집필.

○ 1928년 5월 28일 조선일보 사설 '제남사건의 벽상관'으로 수감(3차 옥고).

○ 1929년 1월 26일 서대문형무소 출옥.

○ 1929년 4월 2일 조선일보 부사장 선임.

○ 1929년 4월 30일 생활개신 간담회 참석.

○ 1929년 5월 5일 조선비행학교 개교 행사 참석.

○ 1928년 5월 15일 조선일보 사설 '생활개신을 선양함' 집필.

○ 1929년 5월 16일 생활개신운동 홍보 소년 소녀 기행렬 행사 참석.

○ 1929년 5월 17일 상공연합 대운동회 참석.

○ 1929년 6월 10일 중등학교 야구연맹전 참석.

○ 1928년 6월 16일 조선일보 사설 '하기와 귀향학생' 집필.

○ 1929년 6월 29일 전조선 여자농구대회 참석.

○ 1929년 9월 7일 신간회 경성지회 강연회 강사 참석.

○ 1929년 9월 17일 조선권투구락부 발회식 참석.

○ 1929년 9월 30일 근화학교 졸업식 참석.

○ 1929년 10월 4일 광주 서석산 기행문 조선일보 연재.

○ 1929년 10월 8일 제1회 경평축구대회 참석.

○ 1929년 10월 19일 제1회 경성 소년축구대회 참석 축사.

○ 1929년 10월 31일 조선어사전 편찬회 발기인 참여.

○ 1929년 11월 7일 월간 잡지 중성 동인 참여.

○ 1929년 11월 23일 제4회 전문학교 축구연맹전 참석.

○ 1929년 12월 24일 신간회 민중대회 사건으로 불구속 송치(4차 옥고).

_____ 참고문헌

1. 신문자료

『동아일보』 1928년 1월 27일 2면 1단.
『동아일보』 1928년 2월 5일 2면 10단.
『동아일보』 1928년 4월 17일 2면 3단.
『동아일보』 1928년 5월 23일 2면 9단.
『동아일보』 1928년 5월 26일 2면 5단.
『동아일보』 1928년 5월 30일 2면 10단.
『동아일보』 1928년 8월 3일 2면 8단.
『동아일보』 1928년 11월 11일 2면 1단.
『동아일보』 1929년 1월 27일 2면 5단.
『동아일보』 1929년 9월 10일 2면.
『조선일보』 1928년 1월 1일 1면 3단.
『조선일보』 1928년 1월 7일 2면.
『조선일보』 1928년 1월 10일 1면 1단.
『조선일보』 1928년 1월 27일 2면.
『조선일보』 1928년 2월 4일 2면.
『조선일보』 1928년 2월 11일 2면.
『조선일보』 1928년 2월 15일 2면.
『조선일보』 1928년 2월 25일 2면.
『조선일보』 1928년 2월 28일 1면 1단.
『조선일보』 1928년 3월 1일 1면 1단.
『조선일보』 1928년 3월 5일 1면 1단.
『조선일보』 1928년 3월 6일 1면 1단.
『조선일보』 1928년 3월 25일 1면 1단.

『조선일보』1928년 3월 26일 2면.

『조선일보』1928년 3월 27일 1면 1단.

『조선일보』1928년 3월 28일 1면 1단.

『조선일보』1928년 4월 2일 1면 3단.

『조선일보』1929년 4월 5일 1면.

『조선일보』1928년 4월 9일 1면 5단.

『조선일보』1928년 4월 15일 1면 1단.

『조선일보』1928년 4월 16일 1면 3단.

『조선일보』1928년 4월 17일 2면.

『조선일보』1928년 4월 26일.

『조선일보』1928년 4월 29일 2면.

『조선일보』1928년 4월 30일 2면.

『조선일보』1928년 5월 1일 1면 5단.

『조선일보』1928년 5월 4일 4면.

『조선일보』1928년 5월 7일 1면 5단.

『조선일보』1928년 5월 9일 1면 1단.

『조선일보』1928년 5월 30일 5면.

『조선일보』1928년 11월 13일 2면.

『조선일보』1929년 1월 21일 2면 1단.

『조선일보』1929년 1월 27일 2면.

『조선일보』1929년 3월 7일 4면.

『조선일보』1929년 3월 20일 3면.

『조선일보』1929년 4월 2일 1면.

『조선일보』1929년 4월 7일 1면 1단.

『조선일보』1929년 5월 2일 1면 1단.

『조선일보』1929년 5월 2일 2면.

『조선일보』1929년 5월 4일 1면 1단.

『조선일보』1929년 5월 6일 2면.

『조선일보』1929년 5월 12일 2면.

『조선일보』 1929년 5월 15일.

『조선일보』 1929년 5월 17일 2면.

『조선일보』 1929년 5월 18일 2면.

『조선일보』 1929년 5월 21일 2면.

『조선일보』 1929년 5월 21일 5면.

『조선일보』 1929년 5월 28일 1면 1단.

『조선일보』 1929년 6월 10일 2면.

『조선일보』 1929년 6월 15일 3면.

『조선일보』 1929년 6월 16일 1면 1단.

『조선일보』 1929년 6월 29일 5면.

『조선일보』 1929년 6월 30일 1면 1단.

『조선일보』 1929년 7월 1일 2면.

『조선일보』 1929년 7월 2일 1면 1단.

『조선일보』 1929년 7월 6일 1면 1단.

『조선일보』 1929년 7월 10일 1면 1단.

『조선일보』 1929년 7월 14일 1면 1단.

『조선일보』 1929년 7월 18일 1면 1단.

『조선일보』 1929년 7월 27일 2면.

『조선일보』 1929년 8월 9일 1면 1단.

『조선일보』 1929년 8월 16일 1면 1단.

『조선일보』 1929년 8월 17일 1면 1단.

『조선일보』 1929년 8월 22일 3면.

『조선일보』 1929년 8월 23일 3면.

『조선일보』 1929년 9월 1일 3면.

『조선일보』 1929년 9월 7일 2면.

『조선일보』 1929년 9월 10일 1면.

『조선일보』 1929년 9월 20일 5면.

『조선일보』 1929년 10월 1일 5면.

『조선일보』 1929년 10월 3일 4면.

『조선일보』1929년 10월 4일 4면.
『조선일보』1929년 10월 5일 4면.
『조선일보』1929년 10월 6일 4면.
『조선일보』1929년 10월 8일 4면.
『조선일보』1929년 10월 9일 4면.
『조선일보』1929년 10월 10일 2면.
『조선일보』1929년 10월 10일 7면.
『조선일보』1929년 10월 12일 4면.
『조선일보』1929년 10월 13일 4면.
『조선일보』1929년 10월 16일 1면.
『조선일보』1929년 10월 21일 2면.
『조선일보』1929년 10월 22일 1면.
『조선일보』1929년 11월 2일 2면.
『조선일보』1929년 11월 7일 2면.
『조선일보』1929년 11월 7일 6면.
『조선일보』1929년 11월 19일 1면.
『조선일보』1929년 11월 23일 7면.
『조선일보』1929년 11월 25일 3면.
『조선일보』1929년 11월 29일 1면.
『신생 제12호』1929년 12월호.
『조선일보』1929년 12월 6일 1면.
『조선일보』1929년 12월 7일 1면.
『조선일보』1929년 12월 8일 1면.
『조선일보』1929년 12월 10일 1면.
『조선일보』1929년 12월 28일 3면.

2. 잡지자료

『별건곤』1928년 5월호 12호·13호.

『별건곤』 1929년 6월호.
『별건곤』 제23호 1929년 9월호.
『삼천리』 1호 1929년 6월호.
『삼천리』 1929년 9월호.
『삼천리』 1929년 11월호.
『신민』 50호 1929년 6월호.
『신생』 8호 1929년 5월호.
『신생 제13호』 1929년 10월호.
『조선농민』 34호 1929년 6월호.
『조선지광』 75호 1928년 1월호.
『조선지광』 85호 1929년 8월호.
『조선지광』 1929년 9월호.

_____ 찾아보기

ㅈ

242

안재홍 (1891~1965)

민족운동가·언론인·사학자·정치가·교육자

호는 민세(民世). 1891년 경기도 평택에서 태어났다. 황성기독교청년회 학관을 마치고 일본 동경 와세다 대학을 졸업했다. 유학 후 돌아와 중앙학교 학감과 서울 중앙YMCA 간사를 지냈다. 일제 강점기에 언론 필화와 대한민국청년외교단·신간회 민중대회·군관학교·조선어학회 사건 등으로 9번에 걸쳐 7년 3개월간 옥고를 겪었다. 시대일보 논설기자, 조선일보 주필·사장을 지내며 언론을 통해 민족계몽에 힘썼으며 식민사관에 맞서 한국 고대사 연구에 몰두했다. 조선학운동을 주도하며 정인보와 함께 다산 정약용의 문집『여유당전서』도 교열·간행했다. 1945년 8월 16일 국내민족지도자를 대표해 최초 해방연설을 했다. 건국준비위원회 부위원장, 국민당 당수, 한성일보 사장, 한독당 중앙상무위원, 좌우합작위원회 우측 대표, 미 군정청 민정장관, 서울중앙농림대학 학장, 대한올림픽후원회 회장, 초대 대한적십자사 부총재, 2대 국회의원 등으로 통일 민족국가 수립에 헌신했다. 1947년 8월 울릉도·독도에 학술조사대를 파견 독도수호에도 크게 기여했다. 1950년 6·25 때 북한군에 납북되어 1965년 3월 1일 평양에서 별세했다. 1989년 대한민국 건국훈장 대통령장이 추서됐다. 저서로『백두산등척기』,『중국의 금일과 극동의 장래』,『조선상고사감』,『신민족주의와 신민주주의』,『한민족의 기본진로』등이 있다.

엮은이 황 우 갑

한경국립대 백두산연구센터 운영위원

경기도 평택에서 태어나 고려대 국문학과를 졸업하고 성공회대 문화대학원에서 문화예술경영학 석사, 숭실대 대학원에서 안재홍의 성인교육 연구로 교육학 박사학위를 받았다. 현재 민세아카데미 회장, 민세안재홍기념사업회·신간회기념사업회 사무국장, 한경국립대 백두산연구센터 운영위원으로 활동하고 있다. 저서로는『한국근대성인교육자의 온정적 합리주의 리더십』(공저),『평생교육론』(공저),『성인교육자 민세안재홍』, 엮은책으로『안재홍 연보 1』,『안재홍 연보 2』,『민족지도자 안재홍 공식화보집』등이 있다.